江苏高校优势学科建设工程资助项目（PAPD）

家庭暴力『恶逆变』犯罪的实证研究

刘彬 周寅 杨蕊宁 王小草 著

江苏人民出版社

图书在版编目(CIP)数据

家庭暴力“恶逆变”犯罪的实证研究/刘彬等著
.—南京:江苏人民出版社,2021.12
ISBN 978-7-214-25763-5

Ⅰ.①家… Ⅱ.①刘… Ⅲ.①家庭问题—暴力—侵犯人身权利罪—研究—中国 Ⅳ.①D924.344

中国版本图书馆CIP数据核字(2020)第266331号

书　　名　家庭暴力“恶逆变”犯罪的实证研究
著　　者　刘　彬　周　寅　杨蕊宁　王小草
责任编辑　陆　宁
装帧设计　黄　炜
责任监制　王列丹
出版发行　江苏人民出版社
地　　址　南京市湖南路1号A楼,邮编:210009
照　　排　江苏凤凰制版有限公司
印　　刷　江苏凤凰数码印务有限公司
开　　本　718毫米×1 000毫米　1/16
印　　张　19.25　插页2
字　　数　292千字
版　　次　2021年12月第1版
印　　次　2021年12月第1次印刷
标准书号　ISBN 978-7-214-25763-5
定　　价　88.00元

目　录

第一章　绪　论

随着时代的持续发展，社会也在不断进步。无论社会如何改变，家庭始终是国家和社会的基本单元，发挥着极其重要的作用。然而，家庭问题从来没有消失过，只是以不同形式存在于社会中。其中家庭暴力（domestic violence）从古至今一直存在于家庭内部，封建社会丈夫对妻子实施家庭暴力行为是被社会制度和社会观念所默许的，中国古代的法律中杀夫即“十恶”之“恶逆”，而杀妻只是“不睦”。古代的法律和观念反映出了男女不平等，时至今日，某些人的内心深处仍然存在着夫权至上、男尊女卑的思想。家庭内部的暴力并不像家庭外暴力（即家庭成员以外的人实施的暴力行为）那样受到重视并在立法上施以重刑，人们普遍的认识是，家庭暴力是家务事，夫妻打架司空见惯。但是随着社会文明的发展，人们的思想观念开始发生转变，男女平等的意识越来越强，女性地位开始崛起，越来越多的有识之士也在推动着平权的进程，逐渐将反家庭暴力纳入法律化的轨道。现今，人们已经普遍认识到家庭暴力的危害性，很多国家对禁止家庭暴力制定了相关法律，但是家庭暴力犯罪的发生仍然屡禁不止。这里不但施暴者对受害者的暴力虐待可能会构成犯罪之外，受暴者“恶逆变”为加害人的犯罪事件也不少见。原本在家庭暴力中的受害人，却成了施暴者，这更值得让人深思。因此，本书便是从家庭暴力犯罪中的“恶逆变”为切入点，通过在监狱中调研35名因家庭暴力而犯故意杀人罪的女犯，实证分析了家庭暴力犯罪中“恶逆变”产生的诱因，从而寻求解决家庭暴力犯罪中“恶逆变”的切实有效的方法，避免此类悲剧再次发生。

第一节　引　言

一、研究背景

习近平总书记在2015年春节团拜会上强调：“家庭是社会的基本细

胞,是人生的第一所学校。不论时代发生多大变化,不论生活格局发生多大变化,我们都要重视家庭建设,注重家庭、注重家教、注重家风……使千千万万个家庭成为国家发展、民族进步、社会和谐的重要基点。"2016 年习近平总书记在会见第一届全国文明家庭代表,发表讲话时强调:"我们要重视家庭文明建设,努力使千千万万个家庭成为国家发展、民族进步、社会和谐的重要基点,成为人们梦想启航的地方。……动员社会各界广泛参与,推动形成爱国爱家、相亲相爱、向上向善、共建共享的社会主义家庭文明新风尚。"

家庭是国家和社会的基本单元,家与国是一体的、是密不可分的,只有和谐的家庭才能构成社会的安定,才能促进一个国家的繁荣与稳定。此外,家庭幸福也关系着公民文明素质、国家文明程度。和谐家庭的构建是和谐社会的基础,也是人们所向往和憧憬的目标。但是在现实生活中,家庭并不总是和谐的。我国大约有 24.7%的家庭存在不同程度的家庭暴力。据最高人民法院的统计,涉及家暴的故意杀人案件,占到全部故意杀人案件的近 10%。[①] 家庭应该是温暖的港湾,然而家庭暴力却让家庭变成了一个阴霾的场所,这不仅对家庭成员的生活造成了严重损害,也不利于社会的稳定安宁,这与新时代幸福家庭建设和幸福中国建设的目标背道而驰。

《中华人民共和国反家庭暴力法》(简称《反家庭暴力法》)于 2016 年 3 月 1 日起正式施行。该部法律旗帜鲜明地表明了反对家庭暴力是国家、社会和每个家庭的共同责任,引导家庭成员互相帮助、互相关爱、和睦相处,每个家庭成员都应履行家庭责任和义务,这体现了法律的宣示性,彰显了社会主义核心价值观。值得庆幸的是,中国裁判文书网上记载的家庭暴力案件数量从 2016 年的 8 948 起到 2019 年的 971 起,案件数量的大幅度减少说明了《反家庭暴力法》实施的作用。但是,这部法律在很多方面还存在着不足,由家暴引起的恶性案件还在持续发生,所以我国防治家庭暴力研究还有很长的路要走。

在家庭暴力中,我们应着重注意到家庭暴力被害人(即受暴妇女)的"恶

---

① 最高法:涉家暴故意杀人案占全部故意杀人案近 10%[EB/OL].(2014-02-27)[2021-07-23].http://roll.sohu.com/20140227/n395770195.shtml.

逆变”的现象，研究受暴妇女是在何种情况下由被害人转变为施暴者的，受暴妇女“恶逆变”犯罪现已经成为女性犯罪的重要组成部分。

二、研究内容

近些年来针对家庭暴力犯罪，我国理论和实务部门的工作者开展了积极有效的研究工作，对家庭暴力的诱因从不同角度进行了探索，并提出了有价值的对策建议。这些建议在现实中也发挥了不可忽视的作用，同时为后续家庭暴力的研究奠定了理论与实证基础。

本研究从理论出发，在为时一年多的走访调研的基础上，深入剖析了家庭暴力“恶逆变”犯罪，以期对此问题有所揭示。

第一章，通过搜集相关文献，对“家庭暴力”和“恶逆变”两个核心概念进行界定；对国内外关于家庭暴力、家庭暴力犯罪和家庭暴力调查的研究方法等研究进行了阐述，在已有的研究基础上做进一步的分析。

第二章，分析家庭暴力的基本概况，根据裁判文书网中家庭暴力案例总结目前我国家庭暴力的现状、形成原因、分类和发展趋势等。

第三章，在家庭暴力的影响方面，着重分析了父母家暴对孩子的影响，通过生理、心理和行为三个方面分析了家庭暴力对孩子的危害，尤其是目睹家庭暴力的儿童更应该引起社会的关注，强调创造一个良好的家庭环境对孩子的健康成长起着至关重要的作用。

第四章，对于受暴者，在犯罪学和心理学的基础上以受暴妇女从被害人转化为施暴者即“恶逆变”的角度进行分析，通过访谈35名受暴妇女的犯罪过程，提出受暴妇女“恶逆变”的表层及深层原因，对“恶逆变”行为给出了预防和恢复措施。

第五章，对于家庭暴力的施暴者，通过对其外在诱发因素及内在驱动因素的分析，探讨施暴者实施家暴的原因。

对当前我国家庭暴力现象进行认真的审视和思考后，我们认为家庭暴力的产生并不仅仅是施暴者和受暴者个人因素的原因，也有来自法律和社会方面的客观原因。第六章，对于社会环境，我们通过田野调查，对警察以及社会民众进行了问卷调查，在真实数据的基础上进行了数据统计和分析，总结出警察和民众对家暴的认识和态度并给出对策建议。

第七章，虽然近些年我国在法制建设上面取得了长足的进展，尤其是《反家庭暴力法》的颁布可以说具有里程碑的意义。但是，关于反家庭暴力的法律体系尚未完备，对此我们通过典型家暴案例分析给出了相关建议。

综上所述，防治家庭暴力需要全社会的齐抓共管、协同治理。第八章，从防治家庭暴力的流程和构建家庭暴力预警机制提出了对策。只有从根本上减少了家庭暴力的发生，受暴妇女“恶逆变”犯罪率才会随之降低。

三、研究意义

家庭暴力问题的研究起源于20世纪70年代的西方国家，且已经有很多成熟的理论。而我们国家整体来讲，发展较晚，水平不高，[①]实践性较低，整个社会还没有形成完整的防治家庭暴力网络体系。尤其对受暴妇女“恶逆变”的研究鲜有全面且深刻剖析的著作，对预防受暴妇女“恶逆变”犯罪也缺乏具体有效的针对措施。本研究在田野调查的基础上，提出了一系列具有现实意义和可操性的防治家庭暴力和“恶逆变”犯罪的措施，为当今操作性不强、效果不明显的防治措施提供了借鉴性意义。

此外，本研究可以使社会充分认识到家庭暴力的危害性。受暴妇女“恶逆变”犯罪是家庭暴力带来的极端后果之一，没有家庭暴力的发生就不会有“恶逆变”犯罪行为的存在。通过本研究的分析，我们可以了解受暴妇女在从受害人转变为犯罪人这一过程中受到了哪些因素的影响，找到根源性的因素，这对于防治家庭暴力具有重大的意义。

最后，本研究从多个角度探究了受暴妇女发生“恶逆变”行为的诱因，从而有针对性地从受暴妇女本身、施暴者、社会环境和法律环境为防治受暴妇女“恶逆变”犯罪提供多种建议和对策。

四、研究方法

本研究采用田野调查法、文献研究法、案例分析法等研究方法，对家庭暴力“恶逆变”犯罪进行研究。

---

① 邢红枚. 家庭暴力受虐妇女杀夫犯罪问题研究[D]. 北京：中国政法大学，2009.

(一) 田野调查法

本研究用访谈法收集数据资料，一是访谈因家庭暴力而走上犯罪道路的35名在押女犯；二是访谈女子监狱的狱警，访谈因家暴“恶逆变”犯罪的现状及走势；三是问卷调查在押家暴“恶逆变”犯罪的女犯。

(二) 文献研究法

课题组广泛收集国内外有关家庭暴力犯罪相关方面的期刊、论文、书籍以及政策、法规等作为基础材料，深入钻研有关家庭暴力犯罪的历史文献，从文献中梳理出有关家庭暴力犯罪的系统理论，为本研究的深入研究提供理论依据和经验借鉴。

(三) 案例分析法

本研究主要以裁判文书网上公布的家庭暴力犯罪案例为主要研究对象，辅以网络案例，结合案例特征，分析家庭暴力犯罪的现状、特点、趋势及诱因。

第二节 核心概念界定

一、家庭暴力

家庭暴力一词始于20世纪70年代初，是由当时的女权主义者和社区妇女所提出。国内外的法律和有关组织的文件中对家庭暴力的定义不尽相同。比较有代表性的有以下几种：

联合国经济及社会理事会家庭暴力示范立法框架建议。家庭暴力立法范畴内的各种关系包括：妻子、居住伙伴、前妻或以前的伴侣、女朋友(包括不住在一起的女朋友)、女性亲属(包括但不局限于姐妹、女儿、母亲等)以及其他的女性家务工作者。家庭成员对家庭中的妇女施加的以性别为基础的肉体上的、精神上的以及性的侵害行为，从简单的攻击到严重的肉体上的殴打、绑架、威胁、恐吓、强迫、盯梢、口头上的侮辱谩骂、强行或非法闯入住宅、纵火、损害财产、性暴力、婚内强奸、因嫁妆或聘礼引起的暴力、女性生殖器残害、强迫卖淫、对家务工作者的暴力以及具有上述行为倾向的行为都可以视为家庭暴力行为。

美国各州法律对家庭暴力的规定不同，但是对家庭暴力多采用广泛的定义。例如，俄亥俄州法律将家庭暴力定义为对家人或家属实施下列行为者：(1) 意图或贸然引起人身伤害；(2) 威吓他人致其心生紧迫重大身体伤害之畏怖；(3) 对孩童实施犯行致其成为修正案第 2151.031 条所定义之受虐儿童。大体涵盖任何企图伤害、殴击、性攻击或保护令的违反、跟踪、强奸、绑架、抢劫、盗窃、毁坏财产、限制人身自由、精神虐待等等。各州并将家人或家属定义为与被告同居中或同居过之下列人士：(1) 被告之配偶、前配偶或生活如配偶者；(2) 被告之父母、子女或其他血亲或姻亲；(3) 被告之配偶、前配偶、生活如配偶者之父母、子女或其他血亲或姻亲；(4)"生活如配偶者"是指与被告在普通法婚姻关系中同居或同居过者，或与被告以其他方式同居中或于系争行为实施前一年内曾经同居者。关于家人或家属之定义，有些州法律还包括"现在或过去之性伴侣或亲密伴侣，或有生理上之亲子关系者"。有些州法律的保护对象尚包括现在或过去分享共同住所之成年人、与施虐者有约会或有亲密关系者、养父母或养子女等。因此，在现今美国许多州的家庭暴力法有关规定中，不仅保护无婚姻或血缘关系的同居者，连同性恋者有时亦在受保护之列。①

英国《家庭法案》中对家庭暴力的定义是："家庭暴力包括个人为了控制和支配与之存在或曾经存在过某种亲属关系中的另一个人所采取的任何暴力或虐待行为(不论这种行为是肉体的、性的、心理的、感情的、语言的或经济上的等等)。"英国的皇家警察督察提供的家庭暴力定义为："家庭暴力是指在曾经或现在有亲密关系的伴侣之间发生的身体、性、情感或经济方面的伤害行为，行为性质不由发生的时间和地点决定。"英国内务部在相关宣传品上表述如下："如果你受到和你共同生活者的身体或性的侵害，或受到此类威胁，这就是家庭暴力。家庭暴力属于控制行为，包括在各种亲密关系中发生的一切形式的身体、性和情感上的虐待。"

韩国《惩治家庭暴力专项法案》规定："家庭暴力是指发生在家庭成员之间的，造成肉体、精神或财产上的损害的行为。家庭成员是指任何符合以下规定者：(1) 配偶(包括任何法定结婚的人，此后类同)和任何有配偶关系者；

① 邢红枚. 家庭暴力受虐妇女杀夫犯罪问题研究[D]. 北京：中国政法大学，2009：16.

(2) 任何是或曾是其或其配偶的直系尊亲属或后代的(包括法定领养、血亲关系、此后类同);(3) 任何与其继父母或者曾有父母子女关系的,是或曾是其父亲法定配偶的私生子的;(4) 任何有直系亲属关系并且共同居住的。"

日本《配偶暴力防止及被害人保护法》规定:"本法律中所谓'配偶暴力',是指配偶(含虽然没有进行婚姻登记,但事实上处于与婚姻关系同样情况下者。下同)实施的对身体的不法攻击,对生命或者身体带来危害的行为。本法律中所谓'被害人',是指受到配偶暴力者(含受到了配偶暴力之后解除了婚姻者,又继续受到来自该配偶的生命或者身体危害的危险者)。"①

通过上述各国对家庭暴力的界定,家庭暴力的概念有广义和狭义之分,广义的家庭暴力是指发生在家庭成员的,成员一方对另一方所进行的肉体和精神上的伤害以及性虐待等违法犯罪行为;狭义的家庭暴力主要是指丈夫对妻子所进行的肉体和精神上的伤害以及性虐待等违法犯罪行为。在上述的定义中,联合国经济及社会理事会、美国的大部分州和英国采用的是广义定义,而韩国、日本采用的是狭义定义。

我国采用的是广义定义,《中华人民共和国反家庭暴力法》规定:家庭暴力是指发生在家庭成员之间,以殴打、捆绑、残害、限制人身自由以及经常性谩骂、恐吓等方式实施的身体、精神等方面的侵害行为。② 由此可见,家庭暴力直接或间接作用于受害者身体,使受害者身体上或精神上感到痛苦与折磨,直接损害其身体、心理健康。家庭暴力通常发生于因血缘或婚姻关系生活在一起的家庭成员间,如丈夫对妻子、父母对子女、成年子女对父母等。妇女和儿童是家庭暴力的主要受害者,有些中老年人、男性和残疾人也会成为家庭暴力的受害者。随着时代的发展,家庭暴力的方式也随之变多,所以对家庭暴力的定义范畴越来越广,因此,若用列举的方式将家庭暴力的行为规定下来总会略显狭隘,所以一般建议采用概括性的描述来界定家庭暴力的概念。

---

① 陈明侠,夏吟兰,李明舜等.家庭暴力防治法基础性建构研究[M].中国社会科学出版社,2005:442—443.

②《中华人民共和国反家庭暴力法》编写组.中华人民共和国反家庭暴力法[J].中国民政,2016(1):4.

二、“恶逆变”

对“恶逆变”一词进行概念界定首先要从被害人的概念说起。被害人(victim)一词,源于拉丁文中的 victima。现今对于被害人的称谓有很多,但是其基本内涵是基本一致的,国际通则将“被害人”限定为犯罪遭遇中的被害人。① 被害人是指“犯罪行为所造成的损失或损害即危害结果的担受者”②。家庭暴力的被害人也就是家庭暴力行为所造成的损失或损害即危害结果的担受者,通常是与行为人共同生活的家庭成员。被害人的外延在不断被扩大,在这里我们研究的主要是家庭暴力中的受害人。家庭暴力中的被害人可以分为直接被害人和间接被害人两种,前者例如是遭受丈夫暴力侵害的妻子,后者是指家庭暴力的行为人反过来遭受到被害人的暴力反抗,从而自己又成为被害人的一种情况。③ 在被害人学产生之前,犯罪学界基本将犯罪行为人和被害人的关系割裂开来,在被害人学产生之后,有学者指出“应当将犯罪与被害置于社会互动过程中加以研究,明确在犯罪的发生及其控制的社会过程中,加害与被害双方都是作为主体而进行着各自的活动并融入互动过程中的”④,至此,对被害人和犯罪人的研究揭示出两者的关系是既相互依存又相互作用和相互转化的关系。辩证唯物主义范畴内,世间万物都是运动的并且在不断发展中。在犯罪学中,“被害”与“犯罪”均属于动态概念,这两者均有其动态发展过程,而不是一种静止的“量”或者静止的“结果”,两者的动态过程体现了双方彼此间相互作用的关系。在被害人和犯罪人的互动中,被害人推动模式中的犯罪行为人和被害人发生了角色转换,即被害人向犯罪行为人的转化和犯罪行为人向被害人的转化。这种转化分为两种,一种是逆向角色转化,即犯罪行为人向被害人的转化;另一种是正向角色转化,也称为被害人的“恶逆变”,指被害人在其合法权益受到犯罪行为侵犯后,在不良心理的支配下和其他因素的推动下导致被害人的逆

---

① 杨莹莹. 被害人“恶逆变”犯罪预防研究[D]. 泉州:华侨大学,2016.
② 许章润. 犯罪学:第三版[M]. 北京:法律出版社, 2007:123.
③ 李建伟. 浅谈家庭暴力及家庭暴力中的被害人[J]. 湖北警官学院学报,2012 (11):154—156.
④ 许章润. 犯罪学:第二版[M]. 北京:法律出版社,2004:14.

向变化，[①]通常使被害人向犯罪人的方向转化。

在犯罪事件中，被害一方通常是弱势的一方，而加害一方则是强势的一方。当被害人被害后的主观心理发生变化，由处于弱势的一方转化为强势的攻击地位时，其主观心理和外部形态就表现出“恶”的特征，转而拥有原本犯罪人才拥有的“恶”。

在对被害人“恶逆变”的概念有了一定的了解之后，家庭暴力犯罪中受暴妇女“恶逆变”犯罪的内涵也就一目了然，即受暴妇女在自己的身体和心理承受家庭暴力的折磨和伤害之后，基于或是反抗、或是报复的消极心理的支配下，而对施暴者实施了犯罪的行为。[②]

第三节 受暴妇女“恶逆变”研究综述

对于家庭暴力中受暴妇女的“恶逆变”问题，许多学者曾做出相关研究，“恶逆变”在犯罪学上是一种较为特殊的犯罪行为，它不同于普通犯罪，而是一种由被害人转化为犯罪人的动态过程。这种互动性导致了在学术研究上具有一定的难度。

一、受暴妇女“恶逆变”形成机制

已有的犯罪学对于暴力犯罪的研究根源有如下：

首先，从古典犯罪学的角度而言。它将暴力行为者视为“理性人”，进而将暴力行为看作一种工具性行动。例如，贝卡里亚主张的“自由意志论”认为，犯罪是人们理性选择的结果，犯罪者从犯罪行为中获得的快乐、收益要大于他们付出的痛苦、成本，因此政府需要用超过犯罪收益的惩罚来威慑潜在的犯罪者。[③] 新古典犯罪学继承了古典犯罪学的衣钵，仍然将犯罪人视为理性人，将威慑作为理论的核心概念。但是当代的威慑力研究却显示，人们对刑罚威慑力的感知是存在差异的，而且个体的是非观念以及对规范的评

① 宋践，刘洪广. 犯罪学[M]. 北京：中国人民公安大学出版社. 2014：128.
② 简文宸. 家庭暴力犯罪中“恶逆变”的实证研究[D]. 南昌：南昌大学，2016.
③ 贝卡里亚. 论犯罪与刑罚[M]. 黄风，译. 北京：中国大百科全书出版社，1993.

价都会影响到他们对违法与否的选择。①

其次,精神病学对暴力行为的诊断。这一研究传统认为,暴力行为者是受魔怔支配的"非正常人",暴力行为是精神疾病和神经官能症的结果。暴力的精神病学研究结果也确实告诉我们,精神疾病与暴力行为确实有关,并且由精神疾病引发的暴力犯罪与正常人的暴力犯罪在犯罪行为模式上存在差别。这种差别大致可归纳为:精神疾病型犯罪没有确切的行动动机和目标,与利益纠葛无关,无预谋,不虑及后果,攻击对象多为家人和熟人;正常人的暴力犯罪有明确的动机和目标,有计划性,考虑风险和后果,伤害对象多为陌生人或者有利害冲突的熟人。②

最后,是犯罪生物学,它与精神病学的立场相似,犯罪生物学也对古典犯罪学的理性人假设进行了批评,强调犯罪人与正常人之间存在本质差异。这一研究范式的代表人物龙勃罗梭在《犯罪人论》中提出了天生犯罪人论,认为犯罪人是未脱野性之人,进化水平低于常人,他们与癫痫病人在身体特征上具有诸多相似性,如大颌骨、突出的颧骨。③ 另外,当代的生物学研究同样认为某些个体的犯罪行为是人的理性之外的因素——生物学因素作用的结果,并且将研究对象扩展到家族遗传、智商、染色体、荷尔蒙,甚至女性的产后综合征。

邢朝国基于上述理论的不足,提出了基于情境、情感和力三个因素,构建了 SEPV 分析框架,以此来解释暴力行为产生及再生产的机制。他的研究发现,力的不均衡容易促发暴力行为,并且在纠纷演变过程中,当事人双方的力并不是一个恒量,而是会随着情境的不同而发生改变;负面情感是暴力行为的重要促动力,其强度在纠纷演变过程中同样不断变化;情境是暴力产生的环境因素,对情感和力的施与产生刺激或抑制作用。④

被害人的被害遭遇和人格缺陷是导致"恶逆变"犯罪的表层和深层原因。⑤ 女性"恶逆变"犯罪的原因主要是由主观原因(婚姻和家庭因素、个人

---

① 博格等.犯罪学导论:犯罪、司法与社会[M].刘仁文,等译.北京:清华大学出版,2009.
② Malcolm Weller.暴力行为与精神疾病[J].张磊,译.上海精神医学,1985(4).
③ 龙勃罗梭.犯罪人论[M].黄风,译.北京:中国法制出版社,2000.
④ 邢朝国.情境、情感与力:暴力产生的一个解释框架[J].中国农业大学学报(社会科学版),2014(3).
⑤ 马驰.被害人恶逆变犯罪问题研究[D].上海:华东政法大学,2016.

因素)和社会原因(社会风气与体制因素、社会保护制度缺陷、人际交往不慎)共同构成的。[①] 林少菊从受暴妇女的内在直接原因(消极的不良情绪的长期积累、急于摆脱现状和对人生的绝望)分析,尤其是从心理结构来分析"恶逆变"行为的产生原因。[②] 邢红枚提出受虐妇女杀夫行为主要由主体外原因(施暴者的施暴、社会支持薄弱、法制不健全)和主体内原因(心理、生理、文化程度和职业以及法律观念)共同构成。[③]

以上学者从不同的角度出发,分析了受暴妇女"恶逆变"行为的形成机制,内部性与外部性共同作用导致了"恶逆变"犯罪行为的产生。但是徐钰在其硕士学位论文中分析了在受暴妇女"恶逆变"行为的形成过程中与其他犯罪行为所不同的环境诱因,尤其强调了受虐妇女"恶逆变"犯罪从量变到质变的动态形成过程,以及受虐妇女"恶逆变"犯罪人比一般犯罪人更为复杂的人格缺陷。[④] 这启示我们不能只关注受暴妇女"恶逆变"行为产生的静态原因,还要从被害人到犯罪人的角色转化这一动态过程着手分析。

二、受暴妇女"恶逆变"犯罪特征

简文宸在其硕士学位论文中通过选取北大法宝司法案例库以及中国裁判文书网中记录的较为具体的受暴妇女"恶逆变"案例提炼出受暴者在"恶逆变"前、中、后的特征,即常发于夫妻之间且犯罪对象特定,施暴者与受暴者的婚姻感情基础薄弱,受暴者恶逆变后的行为方式通常与施暴者的施暴方式类似,家庭暴力犯罪中恶逆变人心理反复,受暴者隐忍暴力行为的时间普遍较长,受暴者"恶逆变"后多会选择自首等。[⑤] 四川省女性"恶逆变"犯罪研究课题组通过分析 33 件受暴妇女"恶逆变"犯罪案件总结出犯罪主体、犯罪对象和犯罪诱因等方面的特点。[⑥] 从不同的角度总结出受暴妇女"恶逆变"行为的不同特征,从而根据特征对受暴妇女"恶逆变"行为进行针对性预

---

① 刘凡镇.关于近几年女性犯罪原因的调查与分析[J].济南职业学院学报,2013(3).
② 林少菊.浅析女性犯罪人由被害到犯罪的"恶逆变"[J].公安大学学报,2002(1):39—43.
③ 邢红枚.家庭暴力受虐妇女杀夫犯罪问题研究[D].北京:中国政法大学,2009.
④ 徐钰.受虐妇女"恶逆变"犯罪问题研究[D].上海:华东政法大学,2018.
⑤ 简文宸.家庭暴力犯罪中"恶逆变"的实证研究[D].南昌:南昌大学,2016.
⑥ 女性"恶逆变"犯罪研究课题组.受家暴女性"恶逆变"犯罪现状透视及防控构想[J].法制与社会,2016(6):180—181.

防以及恢复。

三、受暴妇女"恶逆变"犯罪刑事责任定罪

总体来看，恶逆变伤害属于故意伤害罪，故意杀人罪是侵害公民人身权利里面最重的罪名，其量刑幅度也相对其他的罪行要高。《刑法》第二百三十二条规定 故意杀人的，处死刑、无期徒刑或者十年以上有期徒刑；情节较轻的，处三年以上十年以下有期徒刑。即只要实施了故意杀人的行为，一般的量刑起点都是十年有期徒刑以上。在情节较轻这一档量刑最低是三年，可是我国《刑法》对这一"情节较轻"缺乏明确的解释，使得实践中对此认定标准不一，那么"恶逆变"的情况能不能算是情节较轻，就要从各方面的因素来综合考量。

就受虐妇女恶逆变犯罪人的犯罪特征来说，王新通过对受虐妇女恶逆变犯罪行为与正当防卫成立条件逐个对比，得出受虐妇女恶逆变犯罪构成正当防卫具有可能性的结论；①丁楠、钱伟提出我国司法实践中可以借鉴外国经验，将"受虐妇女综合征"以专家证词的方式作为正当防卫的可采证据；②钱泳宏提出应当将"受虐妇女综合征"作为从宽量刑出发的重要依据；③张宁提出虽然对考虑妇女恶逆变犯罪人的刑罚有"轻量化"趋势，但是各级法院量刑上没有统一标准，应当加快制度建设；④张书霞提出鉴于犯罪人原本属于受虐人，其丈夫作为原侵害人具有严重过错，所以不应对其处以过于严厉的刑罚。⑤

四、受暴妇女"恶逆变"犯罪预防

受暴妇女"恶逆变"行为预防机制应从女性被害预防和女性犯罪预防两个方面构建。⑥ 对于被害人恶逆变的预防实质上就是完善被害人合法权益的维护和保障，只有被害人物质上得到补偿，心理上得到疏导，才有可能抑

---

① 王新. 受虐妇女杀父案的认定问题[J]. 法学杂志，2015(7).
② 丁楠、钱伟. 论受虐妇女综合征与正当防卫[J]. 理论观察，2015(10).
③ 钱泳宏. "受虐妇女综合征"对正当防卫要件的质疑[J]. 郑州轻工业学院学报，2006(4).
④ 张宁. 论受虐妇女杀父案的量刑[J]. 法制与社会，2006(10).
⑤ 张书霞. 受虐妇女杀夫案的量刑问题浅析[J]. 宜春学院学报，2008(12).
⑥ 李永红. 女性家庭暴力犯罪与防治[D]. 北京：中国政法大学，2006.

制由于受家暴而导致的报复性心理的产生和膨胀。① 邢红枚在其博士学位论文中提出要完善立法与司法，建立多部门合作预警机制，对受暴妇女与施暴者进行心理干预和教育并加强反家暴宣传。② 徐钰按照家庭暴力受虐妇女"恶逆变"行为的形成机制有针对地提出了预防机制，分别在事前事中事后三个阶段提出有效的犯罪预防和矫正措施。③

由于家庭暴力犯罪具有与其他犯罪所不同的隐蔽性与特殊性，因此，更应该梳理家庭暴力犯罪的刑事立法，排除法律体系之间的衔接不畅，立法不周延，罪名设置不成立，罪域安排不合理，刑罚度量不均衡等立法技术缺陷问题。张训、任成基于犯罪学的研究，根据一则案例提出问题，对犯罪的刑法规制问题，犯罪的界分问题进行了阐述说明；④王皓也对完善家庭暴力刑事立法，提高刑法中的家庭暴力犯罪相关罪名的法定刑和在量刑过程中思考暴力的特殊情节时提出了若干思考。⑤

在国家法律进一步发展和完善的同时，应该提高妇女的法律意识，提升社会保障机制的有效性，完善社会救济制度。马菁以在家庭暴力中受到暴力的女性犯罪为视角进行犯罪研究，提出了妇女在案件中犯罪的历史、社会、经济、文化原因，分析了司法救济的缺陷，深刻剖析了身为受害者本身的女性反而成为罪犯的原因，并提出了家庭暴力犯罪的预防对策，提高女性文化水平，加强女性自我保护的能力，并从国家职权，社会帮助等方面减少女性犯罪的重要意义；⑥段思琦阐述了社会工作介入女性家庭暴力犯罪的可行性和重要性以及社会工作介入女性家庭暴力犯罪的预防机制，提出应进行个案工作介入与社区工作介入，与案主建立良好的专业关系，对男性施暴者进行心理疏导以预防案件的发生，教导案主个人权利观念以及应对家庭暴力的技巧，协助解决家庭暴力问题。同时以社区为基地，通过反家暴服务项目，将司法，医疗和社区居委会结合起来，改变传统观念，形成防治家庭暴力

---

① 李璟雯. 被害人恶逆变预防研究[D]. 上海：华东政法大学，2012.

② 邢红枚. 家庭暴力受虐妇女杀夫犯罪问题研究[D]. 北京：中国政法大学，2009.

③ 徐钰. 受虐妇女"恶逆变"犯罪问题研究[D]. 上海：华东政法大学，2018.

④ 张训，任成. 家庭暴力犯罪的刑法规制问题[J]. 江苏警官学院学报. 2017(1).

⑤ 王皓. 完善家庭暴力犯罪刑事立法的若干思考[J]. 法制与社会，2013(7).

⑥ 马菁. 女性家庭暴力犯罪研究[J]. 科技经济市场，2006(7).

的网络，更好更全面地防止家庭暴力犯罪的发生。①

此外，王青然详细分析了人身安全保护令的历史渊源和重要作用，文章立足于法理角度和保护人群的高度，提出了保护令的完善建议，他提出：允许申请保护令的人群范围应该随着社会发展逐渐出现的亲密关系与时俱进，包括但不限于现在已经允许的伴侣关系，同居关系；要明确申请保护令的证据标准，改善现在申请证据不明确的现象，杜绝模棱两可，早日摆脱“谁主张谁举证”的刻板规则；完善保护令种类并扩充强制措施；将保护令细化，进一步区分人身隔离和经济控制两种不同措施，同时增设“隔离令”“信息保护令”、经济“补偿令”和“冻结令”来完善保护措施；加入强制保护措施，以达到对施暴者更强的震慑作用和惩罚力度；还有深化各部门合作等具体的建设性措施。②

综上所述，目前学者对于受暴女性“恶逆变”研究大多集中在立法和司法的角度，对于“恶逆变”形成的根源挖掘不够，而从受暴者、施暴者双方角度来进行探讨，这对于研究家庭暴力是非常有现实意义的。

---

① 段思琦．社会工作介入女性暴力犯罪的预防机制[J]．智富时代，2018(4)．

② 王青然．人身安全保护令法理分析[D]．武汉：中南民族大学，2018．

第二章　家庭暴力基本概况

研究受暴妇女"恶逆变"犯罪问题必然要先了解家庭暴力问题的现状、特点、原因以及分类。对于家庭暴力严重危害性的认识警示我们研究家庭暴力问题的必要性,而受虐妇女杀夫又是家庭暴力的极端危害后果之一,更应该引起我们的重视。

第一节　家庭暴力的现状分析

一、家庭暴力的发展演进过程

(一) 家庭暴力案件审判趋势

中国裁判文书网是目前最有影响力的裁判文书网之一,该网统一公布各级人民法院的生效裁判文书,数据来源可靠。我们选取了 2002 年以来的以"家庭暴力"为关键词搜索的中国裁判文书网的案例数据。图 2-1 是以 2002—2019 年全国审理的关于家庭暴力的文书案件数量统计图(截至 2019 年 7 月 17 日)。

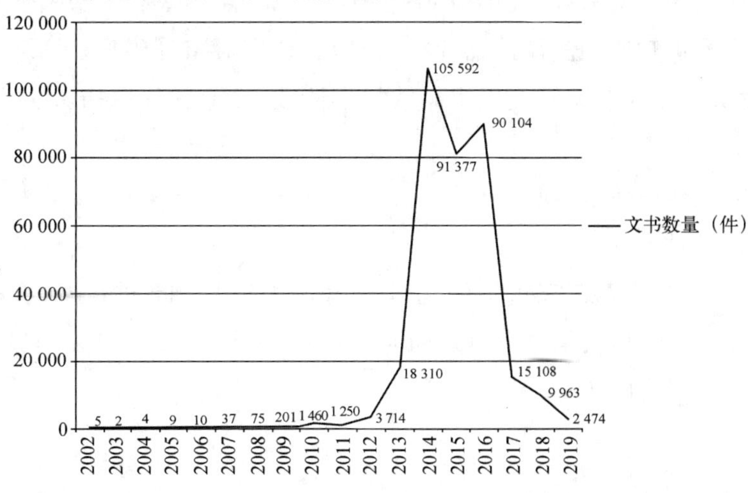

图 2-1　2002—2019 年全国审理的关于家庭暴力的文书案件数量

从图 2－1 中可以看出，家庭暴力文书数量随着年份变化明显，整体呈倒"U"的趋势。在 2012 年之后，文书数量呈几何式增长，增长速度惊人。根据曲线变化图，可以将其分为三个阶段，具体如下：

第一，缓慢增长阶段：2002—2012 年。

这段时间内的全国文书总数量为 6 767 件，只有 2013 年 18 310 件的三分之一左右。这段时间内人们普遍认为家庭暴力属于家庭私事，都偏向于夫妻双方或者双方家庭成员内部解决，很少通过司法途径解决。同时，许多被家暴的受害者，由于思想认知水平的局限，大多数情况下选择忍气吞声，并没有想过运用法律武器来维护自身的合法权益。2012 年，全国人大常委会将《中华人民共和国反家庭暴力法》正式纳入立法工作计划，并着手开展《中华人民共和国反家庭暴力法》的立法调研和立项论证工作。

第二，快速增长阶段：2013—2016 年。

2014 年 11 月，国务院法制办公布了《中华人民共和国反家庭暴力法（征求意见稿）》，这标志着我国的反家庭暴力立法终于进入最终阶段。立法进程的推进使得许多被家暴者意识到，长期的忍让并不是解决家庭暴力问题的最好的办法，只有通过法律途径来解决问题才是最佳选择。同时，由于媒体的相关报道也给了受暴者明确的方向，于是她们纷纷拿起了法律武器保护自己。

第三，下降阶段：2017—2019 年。

这个阶段的文书数量趋于下降趋势，这一时期家庭暴力出现前移，即很多受暴者不但知道用法律武器保护自己，更知道对家暴要采取"零容忍"的态度，因此很多人在家暴发生伊始或早期阶段，便果断采取措施，不再使悲剧发生。

（二）媒体关注家庭暴力趋势

1. 总体趋势

以"家庭暴力"或"家暴"为主题词在知网中对"报纸"进行搜索，从 2000 年到 2020 年 3 月，报纸总报道量为 4 729 条，从图 2－2 上可以明显看到媒体关注家庭暴力的趋势。

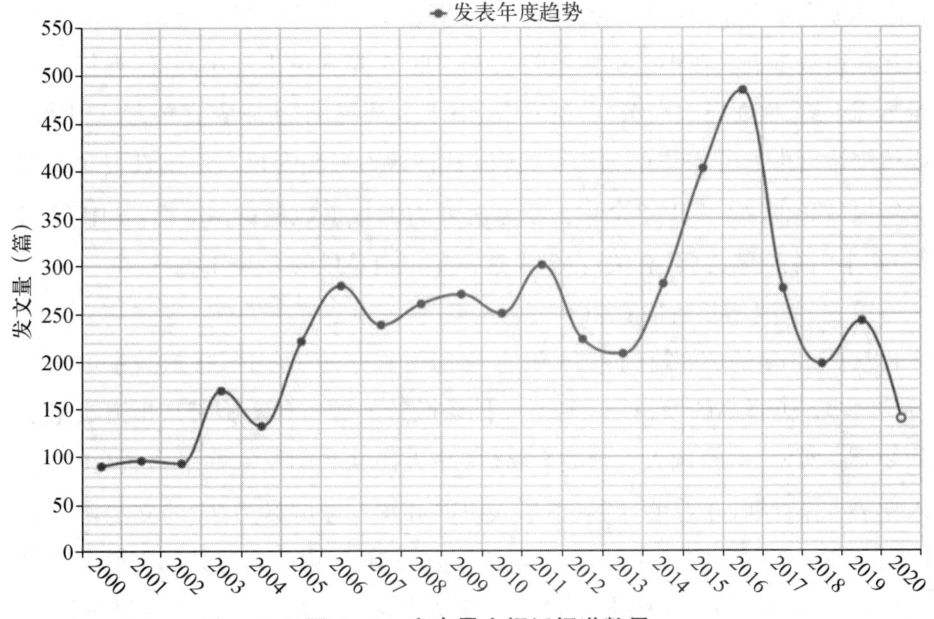

图 2－2 家庭暴力报纸报道数量

第一，缓慢增长阶段：2000—2006 年。

2000 年的报道数量为 90 篇，到 2006 年，这一数值增加至 279 篇。早期，我国报纸关于对家庭暴力议题的报道很少，有些年份的报道数量基本为零，不成规模。人们普遍的观点认为，家庭暴力是个人私事，而不应该摆在“台面上”。正是这种刻板印象导致家庭暴力问题一直被社会和媒体所忽略。这种情况一直持续到 2001 年才有所改变，这一年的 4 月，国家所公布的新修改的《婚姻法》第一章第一条中写道：“禁止家庭暴力”，这是我国第一次明确地将“禁止家庭暴力”写进法律条例当中，这代表从此之后“家庭暴力”被纳入了法律调整范围。以此为契机，社会公众开始将视线投向家庭暴力议题，关于家庭暴力的报道这一时期大规模地出现，并且随着关注度的提高，报道数量也在逐年缓慢增加。①

第二，趋于平稳阶段：2007—2012 年。

2007 年的报道数量较 2006 年下降了 41 篇，下降幅度不大。这一时期，国家在反家庭暴力立法方面并没有重大的举措，社会上也只出现了少数具有影

① 王虹茹. 反家庭暴力议题的媒介呈现研究[D]. 合肥：安徽大学，2015.

响力的家庭暴力个案，但社会仍然对反家庭暴力议题保持着一定的关注度，所以在报道数量上只在小范围内进行波动。2011 年报道出现小高潮，当年报道量为 301 篇，主要原因在于，出现了令全国人民哗然的“李阳家庭暴力门”事件，媒体围绕事件展开密集的报道。《人民日报》《中国妇女报》《法制日报》《北京青年报》四家报纸 2011 年全年关于家庭暴力的报道数量是 132 篇，其中有 24 篇与“李阳家庭暴力门”有关，占到了这一年报道总量的近五分之一。①

第三，快速增长阶段：2013—2016 年。

从 2013 年的 208 篇到 2016 年的 484 篇，在短短三年内，报道数量增加了一倍之多。这样高的增长率主要在于国家政策的颁布和实施带来报道数量上的变化。2012 年，全国人大常委会将《中华人民共和国反家庭暴力法》正式纳入立法工作计划，并着手开展《中华人民共和国反家庭暴力法》的立法调研和立项论证工作，2014 年 11 月，国务院法制办公布了《中华人民共和国反家庭暴力法(征求意见稿)》，这标志着我国的反家庭暴力立法终于进入最终阶段。②每当国家有关于反家庭暴力的新举措出现，媒体的报道数量便会随之增多，以 2014 年 11 月为例，《人民日报》《中国妇女报》《法制日报》《北京青年报》四家报纸关于反家庭暴力的报道共有 48 篇，其中有 39 篇报道与《中华人民共和国反家庭暴力法(征求意见稿)》的颁布有关。

第四，衰退阶段：2017—2020 年。

从 2016 年的 484 篇减少到 2017 年的 276 篇，减少的原因主要在于媒体擅于捕捉热点新闻，2016 年《中华人民共和国反家庭暴力法》实施后热度逐渐消减，因此报道量也逐渐下降。

选取最具代表性的四家报纸作为研究目标，它们分别是：代表党报的《人民日报》、代表女性报纸的《中国妇女报》、代表法制类报纸的《法制日报》、代表都市类报纸的《北京青年报》。王虹茹通过研究发现，媒体关于家庭暴力议题的报道不但在年份上呈现周期变化。而且在月份上也出现一些规律。明显表现在某些月份很多，而一些月份报道量却很少，呈现周期性的变化规律。按照月份对报道数量进行统计后，发现其变化趋势如图 2 - 3 所示：

① 唐觐英.“李阳家暴事件”媒体话语空间的“家暴”叙事[J]. 妇女研究论丛. 2013(3).

② 罗杰. 家庭暴力立法与实践研究[D]. 重庆：西南政法大学，2012.

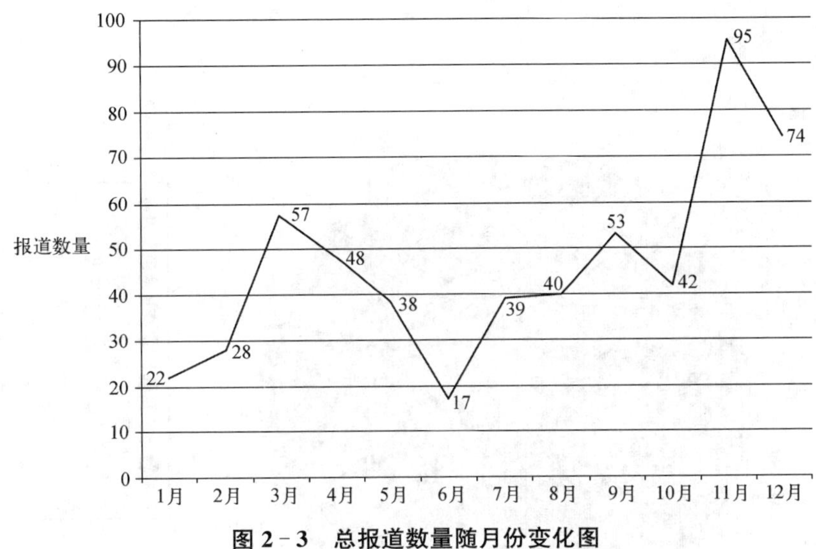

图 2－3　总报道数量随月份变化图

从图 2－3 中可以看出，每年下半年的家庭暴力报道数量明显多于上半年，上半年的 3 月和下半年的 11 月分别为上、下半年的报道高峰，1 月、2 月、6 月则是报道的低谷。出现报道高峰和报道低谷的原因分别如下：

第一，3 月、11 月呈现报道高峰的原因。

3 月 8 日是国际劳动妇女节，与妇女相关的话题在这个月是媒体报道的重点，而 90％以上的家庭暴力受害者都是女性，所以在国际劳动妇女节前后，对家庭暴力议题的关注自然也就比平时多。11 月 25 日是国际消除家庭暴力日，这个日期前后的家庭暴力报道数量自然而然相应增多。从图中可以看到，553 篇报道中，刊登在 3 月的报道有 57 篇，占样本总量的 1/11，刊登在 11 月的报道有 95 篇，占样本总量的 1/6，这两个数值远高于其他月份的报道数量。

第二，1 月、2 月、6 月呈现报道低谷的原因。

1 月、2 月分别是公历、农历新年，这一段时间内媒体的关注重点在新年计划、春运、春节、旅游出行等信息，媒体试图营造出一种欢乐、祥和的节日氛围，对负面新闻的报道较少，6 月 1 日是儿童节、7 月 1 日是建党节，这个时间段内的媒体报道也多与这两个主题相关，对家庭暴力议题的关注比较少，如图 2－3 中所示，1 月、2 月、6 月的报道数量分别为 22 篇、28 篇、17 篇，远远低于其他月份的报道数量。①

① 王虹茹. 反家庭暴力议题的媒介呈现研究[D]. 合肥：安徽大学，2015.

2. 学科分布

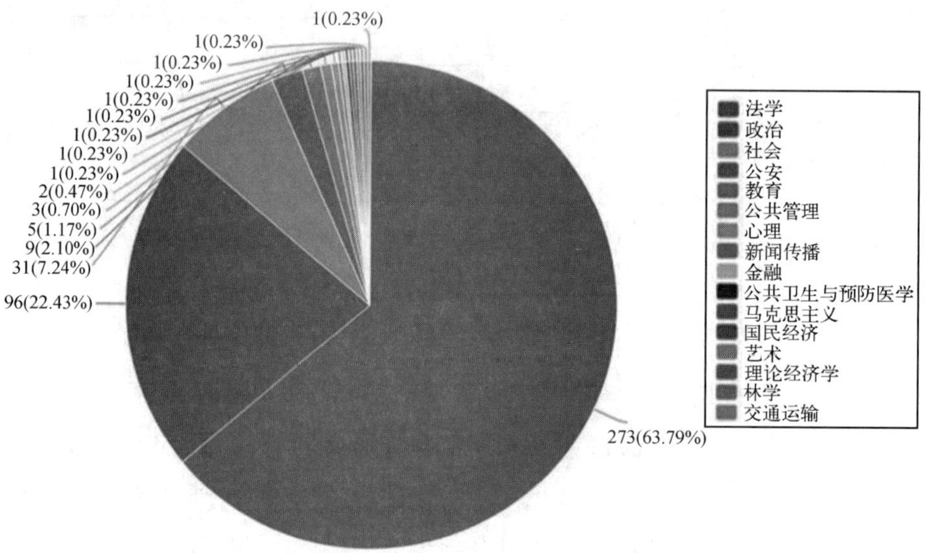

图 2-4 报纸报道学科分布

报纸报道主要集中在法学(63.79%)、政治(22.43%)、社会(7.24%)、公安(2.10%)这几大层面进行报道(见图 2-4)。

3. 来源报纸分布

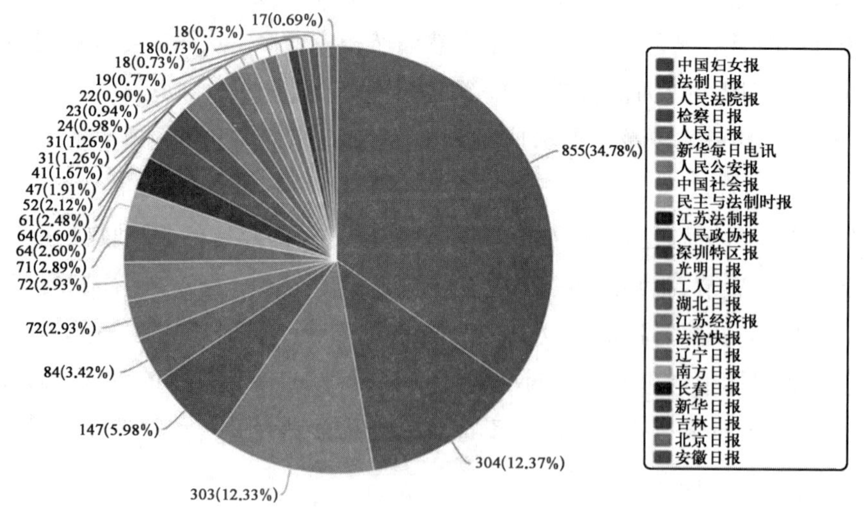

图 2-5 来源报纸分布

对家庭暴力报道集中在:《中国妇女报》(34.78%)、《法制日报》(12.37%)、《人民法院报》(12.33%)、《检察日报》(5.98%)、《人民日报》(3.42%)、《新华每日电讯》(2.93%)、《人民公安报》(2.93%)等报纸(见图 2-5)。

4. 报道关注点

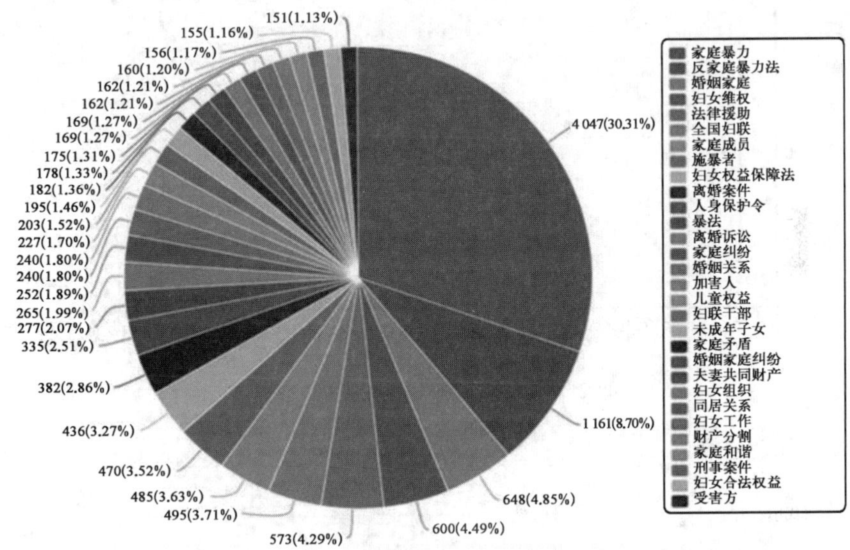

图 2-6　报道关注点分布

报纸报道主要关注点是"家庭暴力"(30.31%)、"反家庭暴力法"(8.70%)、婚姻家庭(4.85%)、妇女维权(4.49%)、法律援助(4.29%)、施暴者(3.52%)、加害人(1.80%),而对受害方的关注仅为 1.13%(见图 2-6)。

(三) 学界研究家庭暴力趋势

1. 研究总体趋势

以"家庭暴力"或"家暴"为主题词在知网中对文献数据库进行搜索,从 1969 年到 2020 年 3 月,文献量为 13 731 条,从图 2-7 上可以明显看到学者研究家庭暴力的趋势。整体来讲是上升趋势明显。2008 年出现第一个拐点,是 630 篇,2016 年出现第二个拐点,是 1 025 篇,2017 年回落到 801 篇,然后又继续攀升,2020 年达到 1 212 篇。两个拐点出现的原因和报纸报道趋势相同,这里不再赘述。但是相较于报纸而言,学者对家庭暴力的研究始终呈现关注的趋势,而且这种趋势还会逐渐上升,这和社会整体的大环境息息相关,人们更加关注妇女权益的保障,更加关注平权,这也彰显了社会的进步和文明的发展。

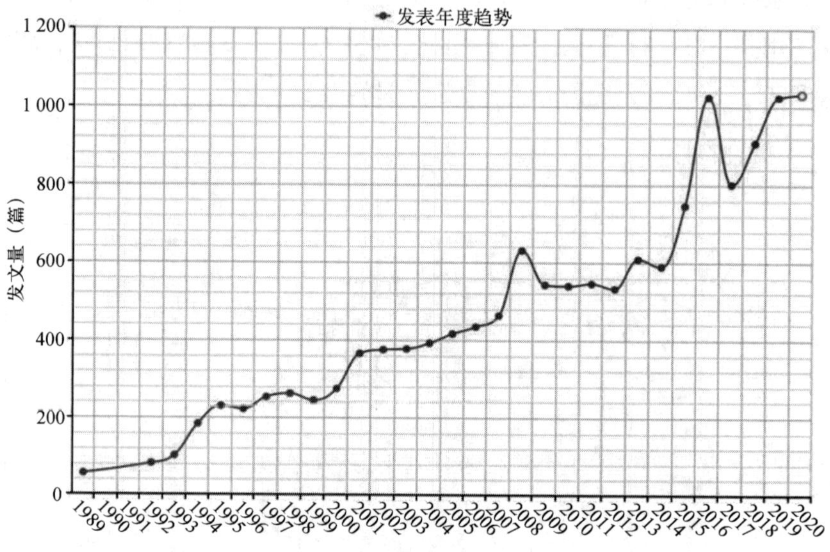

图 2-7 "家庭暴力"期刊发文趋势

2. 资源类型

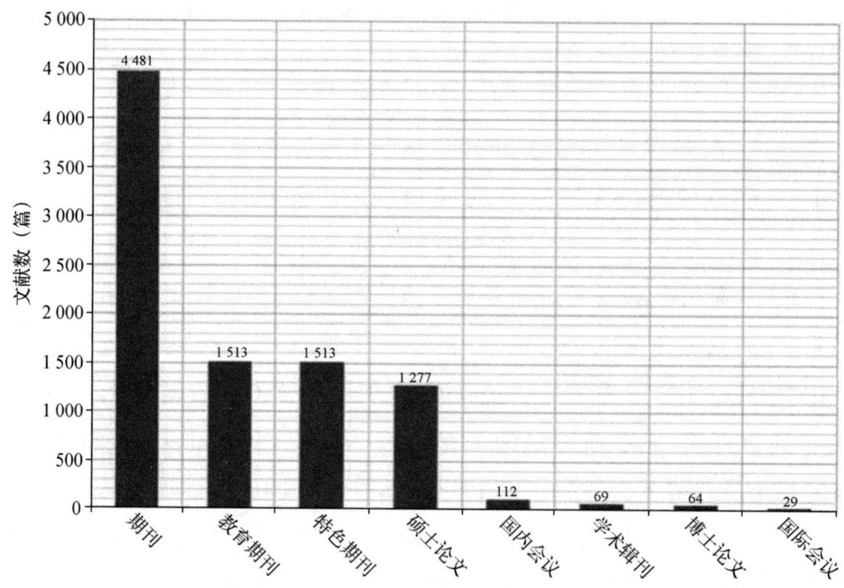

图 2-8 家庭暴力研究文献来源

研究成果最多的还是见诸期刊论文，发文量是 4 481 篇(见图 2-8)。会议和博士论文研究相对较少。

3. 学科分布

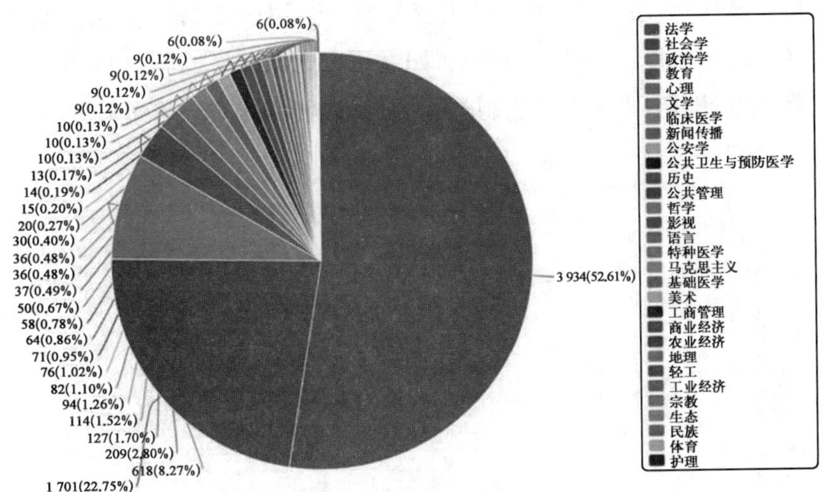

图 2－9　家庭暴力学科研究分布

学者们对家庭暴力的研究主要集中在法学(52.61%)、社会学(22.75%)、政治学(8.27%)、教育(2.80%)、心理(1.70%)、公安学(1.02%)等(见图 2－9)。这和媒体关注点还是有所区别的,媒体更多关注的是法学和政治层面,而学者关注的是法学和社会学层面,把家庭暴力作为社会问题来探讨,同时也把更多的关注点集中在心理层面,这是媒体很少提及的。

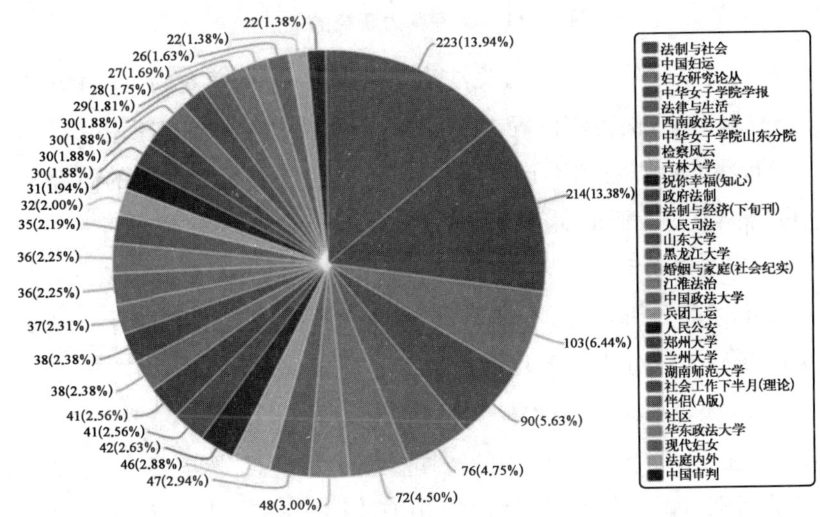

图 2－10　家庭暴力文献研究来源

4. 文献来源

关于家庭暴力文献来源相对比较分散，比重比较大的有《法制与社会》(13.94%)、《中国妇运》(13.38%)、《妇女研究论丛》(6.44%)(见图 2-10)，发文量大的期刊主要集中在法制类和妇女类期刊，这对应着学科分布。

5. 研究关注点

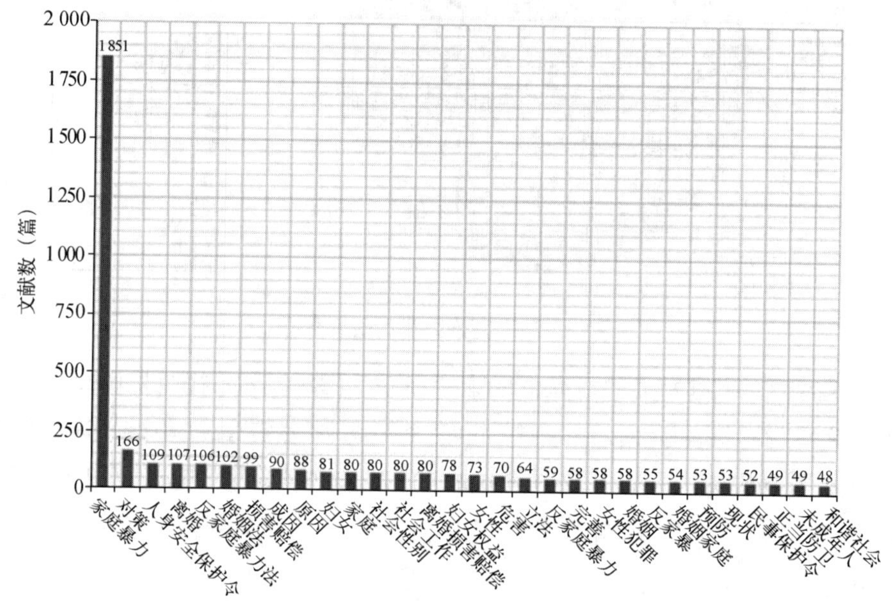

图 2-11 家庭暴力研究的关注点

学者们对家庭暴力研究的关注点主要集中在家庭暴力、人身安全保护令、反家庭暴力法、损害赔偿等方面，而对于女性犯罪的研究只占 0.77%(见图 2-11)，我们可以看到无论是媒体还是学界对于女性犯罪的研究还很缺乏，这也恰恰说明我们的研究价值所在。

(四) 家庭暴力认知的演进过程

通过上述的分析，我们不难看出，无论是学界、媒体还是普通民众对家庭暴力的认知大致分为以下几个阶段。

1. 启蒙阶段：2000 年之前

其实，在 2000 年之前，中国的法律术语中还没有“家庭暴力”这个词，《刑法》《民法通则》《婚姻法》《继承法》等相关法律中只有对虐待、遗弃、侮辱、伤害、杀害等行为的规定，而没有家庭暴力，法律也没有规定针对家庭暴力的任何救助措施。这可以从之前的中国裁判文书网的数据和媒体对家庭暴力的报道中可以看出来，人们对家庭暴力甚至还存在思想观念的漠视。这就意味着，人们对于“家庭暴力”这种行为，并不认为它是一种犯罪行为，认为只是一种家庭内部夫妻感情不和而导致的肢体冲突。“丈夫打妻子”这一现象千百年来都被认为是一种合理的存在而不受法律制约。

据全国妇联的调查显示，我国 2.7 亿个家庭中，大约有 30%存在家庭暴力，近 40%的夫妻承认有婚姻暴力，60%的未成年人遭受过来自父母一方或双方的暴力。每年约有 10 万个家庭因家庭暴力解体，每 72 小时内就有一人死于家庭暴力。①

1996 年 1 月 4 日，湖南长沙发生了一起骇人听闻的高楼抛妻案，被害人姚某，37 岁，因不堪丈夫疯狂的家庭暴力虐待提出离婚，被丈夫从 6 楼抛下摔死。这次事件影响极大，最后引起了湖南省人大常委会的重视，由此提出了《预防和制止家庭暴力》提案，在 1996 年、1997 年两次被列为湖南省人大的立法计划，但由于分歧很大，这份提案最后被搁置。虽然提案被搁置，但湖南省立法机关关于反家庭暴力的议程并没有终止。2000 年 3 月 31 日，湖南省人大在全国率先推出了《预防和制止家庭暴力的决议》。这份历时 5 年，跨越湖南省两届人大才出台的决议虽然只有 13 条内容，却大胆提出了什么是家庭暴力，以及面对家庭暴力公检法司和妇联的职责。② 这是家庭暴力作为法律术语第一次写进中国的立法中。

从这一事件可以看出家庭暴力其中的一个特点就是隐蔽性。由于人们长期观念的影响，许多人认为家庭暴力是一个家庭的事情，是一种隐私，不可外扬；同时由于家庭暴力场所常为家中，不易被他人发觉。被害人姚某被自己的丈夫抛下楼摔死之后，才有人关注到她长期遭受家暴的事实。如果没有这一事件的发生，人们是否对她承受的家暴还是漠然视之呢？家庭暴力还具有持久性的特点，由于受害者对家庭暴力无力反抗或不愿公开，导致施暴者更加为所欲为，长时间、不间断地对受害者实施家庭暴力。受害者的典型损伤包括：挫擦伤，小的撕裂伤，主要集中在头面部、颈部、躯干部，与其

① 中华全国妇女联合会办公厅编. 妇联工作调研报告选编[M]. 北京：中国妇女出版社，2002.
② 王腾腾. 终结家暴：中国反家暴立法历程[N]. 南方日报，2014 - 12 - 01(A12).

他致伤原因、类型相比，乳房、胸部、腹部损伤较为常见。

这个阶段家庭暴力事件发生的原因主要是：严重的男尊思想或大男子主义思想作祟是引发家庭暴力的主因，尤其在农村地区，这种现象尤其突出，很多女性在这种文化氛围下对于家暴只能默默忍受。社会环境整体来讲对家庭暴力采取的是纵容的态度，普遍认为这是家庭纠纷，1992 年热映的电视剧《编辑部的故事》里面有一集专门演绎了家庭暴力，在剧中反映出了当时老百姓对于家庭暴力的态度——家庭纠纷，对于家庭暴力只做道德上的谴责，而对于夫妻双方，大家都是劝和不劝离的态度。虽然这是对家庭暴力艺术上的呈现，但在一定程度上也反映出了当时人们普遍的看法。

2. 探索阶段：2000—2014 年

从 2000 年起，全国陆续有 28 个地方政府出台了反家暴专门法规或政策，可是，这些仅是临时性的政策或措施，算不上严格的法律法规，其中有关反家庭暴力的规定散见于相关的法律文件中。此时，一部分的受害者已经逐渐意识到"家庭暴力"并不是一种家庭内部矛盾解决行为，而是一种对自身权益损害的行为，她们开始通过法律途径，利用法律武器来维护自身合法权益。"打老婆天经地义，揍小孩合情合理"这个观念开始受到挑战，公权力逐渐进入家门后的私人领域，社会对家庭暴力的关注逐渐上升。

2001 年新修订的《中华人民共和国婚姻法》增加了反家庭暴力的相关内容，同年 12 月，公布了《最高人民法院关于〈中华人民共和国婚姻法〉若干问题解释(一)》，2006 年 1 月，出台了《中华人民共和国未成年人保护法》。2012 年 7 月，全国人大常委会将《中华人民共和国反家庭暴力法》纳入立法工作计划，2014 年 11 月 25 日出台的《中华人民共和国反家庭暴力法(征求意见稿)》将精神暴力作为家庭暴力的类型，将同居者纳入受到家庭暴力侵害的对象范围，将分散于其他法律中的反家庭暴力的有关法律法规进行汇总。

家庭暴力的表现形式很多，其中肉体攻击占大约 21%—34%，性虐待占 34%—59%。[①] 除却肉体上的伤害外最常见的就是精神虐待，比如冷暴力、恐吓、威胁、侮辱辱骂，剥夺经济独立权和人身自由等。如果受害人和其他

① 邹韶红. 夫妻暴力社会心理高危因素及其预防性心理干预的研究[D]. 长沙：中南大学，2007.

人没有及时采取措施制止的话，她们此后遭受暴力的行径会越来越严重、越来越频繁。

2005年，北京市海淀区检察院对海淀区、丰台区、顺义区和朝阳区看守所当年5月10日至6月10日期间在押的全部女性犯罪嫌疑人进行调查发现，被捕前她们遭受过家庭暴力的比率是35.7%。①

2011年8月底，疯狂英语创始人李阳妻子李金（Kim）在微博上公开曝光李阳对她实施家庭暴力，并公布了数张照片为证引发热议。2013年2月3日，历时一年多的“李阳家暴门”离婚案有了结果。法院认定李阳家庭暴力行为成立，准予李阳和妻子李金离婚，李阳向李金支付精神损害抚慰金5万元、财产折价款1 200万元。这一案件引起人们热议的原因在于一是此前对于名人家暴很少见诸报道，二是李阳对于家暴行为的态度令人无法容忍。②

这一时期人们对家庭暴力逐渐重视起来，并且在这段时间发生的家暴案件也暴露出社会的其他问题。如被告人吴某因琐事与其翁父陈某产生矛盾，由此怀恨在心。2002年某日凌晨1时许，被告人吴某从其家中取出一瓶“乐果”农药，并将“乐果”农药投放于其家门口水井中。后被人发现，未造成严重后果。法院认为：被告人吴某投放毒害性物质危害公共安全，尚未造成严重的后果，但其行为已构成投放危险物质罪。

此外，在治理家庭暴力的过程中，一些司法、执法部门对家庭暴力问题态度消极，往往采取不愿意介入或息事宁人的态度，管事不足、推诿有余。一些执法人员对家庭暴力的认识存在误区，他们认为家庭暴力就是家务纠纷，不属于执法范围，还有社会治安综合治理的触角也没有延伸到农村各家各户。信息不灵，苗头抓得不准，没有把家庭暴力犯罪解决在基层，解决在萌芽之中。

3. 觉醒阶段：2015年至今

普法力度的不足是导致悲剧一次又一次发生的重要原因，我国《宪法》《刑法》《民法通则》《婚姻法》《妇女权益保护法》等法律法规虽然都有反对家庭暴力的，但由于法制宣传力度不够，法律的社会化程度不高，致使“禁止家

① 揭秘家庭暴力：女人多选择隐忍 每年10万家庭解体[EB/OL]. (2015-03-23)[2021-07-23]. http://news.shm.com.cn/2015-03/23/content_4317075.htm.

② 郭卓娅. 家庭暴力问题的媒介报道研究[D]. 保定：河北大学，2013.

庭暴力""反对家庭暴力犯罪"在许多地方特别是在一些边远地区只是一句空话、一纸空文。

2015 年,全国人大常委会审议通过了《中华人民共和国反家庭暴力法》。这是一个具有里程碑式的法案,这意味着终于有一部专门解决家庭暴力的法律文件问世。至此,人们完全有底气对家庭暴力大声叫停,告诉那些实施家庭暴力的人:"你将受到法律的制裁。"2016 年 1 月 8 日,针对一起丈夫毒打妻子的家暴案件,长沙雨花区人民法院向被打的妻子发出了"人身安全保护令",1 月 21 日,雨花区砂子塘派出所向打人的丈夫发出了家庭暴力告诫书。这被全国妇联誉为"反家暴全国第一案"。受到保护的妻子激动地说:"有了保护令和告诫书,我感觉安全了许多。"

2018 年 11 月,湖南省人大内司委向省十三届人大常委会第八次会议提出了制定实施反家庭暴力法办法的议案。2019 年 5 月,湖南省十三届人大常委会第十一次会议以高票表决通过了《湖南省实施〈中华人民共和国反家庭暴力法〉办法》。

二、家庭暴力的区域演进过程

家庭暴力案件发生数量在各个地区有较大差异,这与当地的社会、经济、政治、文化等因素密不可分。

(一) 城乡的家庭暴力差异

家庭暴力大多发生在一些知识水平、职业层次,社会地位较低的家庭中,但近期抽样调查显示,每十个施暴者中,就有一个受过高等教育,家庭暴力正在从农村向城市、从低文化素质人群向高文化素质人群蔓延。[①] 家庭暴力不仅发生在农村,在城市也出现了大量的家庭暴力案件,这些案件具有行为隐蔽、手段多样的特点。不同城市、农村的家庭暴力,其特点也有显著的区别。

1. 发展趋势不同

目前,城市发展的脚步越来越快,社会竞争越来越激烈,夫妻双方每天疲于工作,压力很大,在处理家庭琐事时很容易丧失耐心进而发生争吵,乃

---

① 单艺斌. 妇女社会地位评价方法研究[D]. 大连:东北财经大学,2000.

至暴力相向。此外，还有“黄赌毒”、婚外情等社会诱惑，城市中发生家庭暴力的趋势呈上升态势。与此相反，农村的家庭暴力却呈下降趋势。过去，由于农村经济文化发展相对落后，家庭收入主要依赖丈夫，妻子往往处于从属地位，再加上夫权思想作祟，丈夫打妻子的现象是屡见不鲜。但近些年来，随着农村经济社会的发展，农村妇女法律意识正在逐步提高，农村妇女也走出农门，纷纷进入城市打工，在经济上也日益独立。女性对于平等社会地位的追求，使得农村家庭暴力的情况有所好转。

2. 隐蔽程度不同

家庭暴力大都发生在家庭内部，具有一定的隐蔽性，而大多数受害人认为，家庭暴力系个人隐私，家丑不可外扬，如果公之于众，不但扫了“面子”还会使家庭矛盾激化，进而影响婚姻和家庭的稳定，因此受害者大多采取忍耐态度。根据我国刑事诉讼法律规定家庭暴力除杀人和重伤外，司法机关大多作为自诉案件处理，采取“不告不理”的做法。因此，家庭暴力案件中，真正由司法机关介入处理的很少。而城市家庭暴力的隐蔽程度较农村更高，一方面一些施暴者对法律有一定的了解，知道家庭暴力是违法犯罪行为，为了能使自己逃避法律的制裁往往会选择更加隐蔽的手段实施家庭暴力，而且施暴的部位往往是身体的隐蔽处，不易为他人察觉。另一方面，受害人的“面子”意识更加严重，尤其是一些知识分子，她们更加爱惜自己的颜面，即使受了家庭暴力，也不愿让外人甚至是自己的家人知道。

3. 解决方式不同

农村妇女缺乏一定的法律知识、法律意识以及基本的自我保护观念，在求助公安机关等部门时存在太多的思想顾忌。与城市相比，农村妇女在面对家暴时大多采取忍让的态度，有的甚至是在忍无可忍的情况下走上了以暴制暴的道路。在一项关于农村“发生家庭暴力，大多数人采取什么方式来解决”的调查中，选择“以暴制暴进行报复”的高达 33%，到公安机关求助的只占 7%。在目前的农村现实生活中，只有 10.8%的家庭暴力通过法律手段解决，而大多数通过非法律手段解决。①

广州一名律师应用人工智能系统统计了 2014 年到 2016 年全国法院公

① 刘余香. 城市和农村家庭暴力之比较[J]. 湘南学院学报. 2007(8):16.

布的一审判决家暴内容的离婚判决文书，很好地呈现了上述问题。其中，在各类举证材料占比中，报警回执 3 326 份，占比 37.16%；告诫书 77 份，占比 0.86%；伤情鉴定 1 492 份，占比 16.67%；就医材料 1 767 份，占比 19.74%；调查笔录 2 290 份，占比 25.58%。在受害人向第三方寻求帮助情况中，妇联 247 份，占比 20.67%；居委会、村委会、街道办 454 份，占比 37.99%；亲属 494 份，占比 41.34%。在自诉人已举证，但法院不予认定一方有家暴行为案件分析中，证据不足 3 032 份，占比 15.61%；伤害未达到认定程度 26 份，占比 0.13%；证据缺乏关联性 1 240 份，占比 6.38%；举证情况下被判定为不是家暴 15 126 份，占比 77.87%。在法院对涉及家暴离婚案件认定情况中，被认定 3 741 份，占比 3.96%；未被认定 90 830 份，占比 96.04%。在受害人报警情况中，报警的 8 989 份，占比 9.51%；没报警的 85 572 份，占比 90.49%。①

无论是城市还是农村妇女，不选择法律解决家暴问题并非对法律不够信任，而是现实情况所限，主要有这几个方面：第一，由于案发的隐蔽性，公安机关难以在恰巧合适的时间给受暴妇女提供及时的帮助，往往公安机关"后知后觉"，加之受暴妇女难以收集所受伤害确实由其丈夫所为的证据，更何况存在较多受害部位羞于启齿和人体本身的修复愈合能力，使案件的处理困难重重；第二，比起法律，人作为感情动物会更加感性地思考问题，家庭的组建基于爱或者种种因素，女性往往因为经济和子女等种种原因，权衡之下选择维持现状也实属无奈之举；第三，人际关系的冷漠，受害者的邻居等了解事情真相的旁观者并没有对受害者施以援手，使得案件侦破变得更加深不可测，扑朔迷离。用法律途径解决家暴问题任重而道远。

4. 家暴类型不同

发生在城市和农村家庭暴力的类型也存在着差异。在农村殴打、辱骂甚至非常严重的身体暴力是主要的家暴类型。而在城市精神暴力表现较多，一连数日不说话的冷暴力，对女性精神上的侮辱和恐吓，乃至限制人身自由，禁止女性与外界的沟通和交流，这些都在精神上对女性进行了摧残。

---

① 全国 10 万份离婚判决书 告诉你家庭暴力的几个惊天秘密[EB/OL].(2017-05-07)[2021-07-23]. http://news.youth.cn/sh/201705/t20170507_9687976.htm.

（二）地区间的家庭暴力差异

1. 家庭暴力发生数量差异

根据裁判文书网，搜索有关家庭暴力的地区数据显示，记录在册的家庭暴力案件数较为突出的在华东地区和西南地区，约为其他地区案件数的两倍；就单个省份来看，山东、贵州、广东三个省份位居前三。此数据仅仅为记录在册的案件数，并没有考虑各省本身人数的多少而计算案件发生的概率，但这并不影响对不同地区家暴情况的探讨。其中，山东以 3 283 件稳坐榜首，贵州以 2 771 件夺得第二，广东以 2 526 件位居第三。西藏、海南和天津分别以 9 件、117 件、200 件成为家暴案发最低的三个省份。

对这些案件分析发现，家暴受害者几乎都是女性，从 2014 年到 2016 年，全国涉及家暴的一审案件数量共 94 571 件，仅有 38 名男性自诉遭遇了妻子的家暴，施暴者绝大多数都是男性。家庭暴力的地区差异说明了这些地区的亚文化，即夫权思想严重，男人一直是这个文化中的主宰者，要求女人三从四德，因此要想在此类地区防治家庭暴力，重要的是从思想上转变观念，女性应该主动行动起来，运用法律手段维护自身安全，同时必要的宣传教育也是非常重要的手段。

2. 家庭暴力维权程度差异

人身安全保护令在全国的申请分布差异明显，各省份的申请数量也存在明显的区域差别。如图 2-12 所示，申请人身安全保护令最多的为华东地区，接近全国二分之一的申请比例，西南地区紧随其后。西北地区、华北地区以及华中地区大致相同，没有极大的差异。华南地区与东北地区申请占比最少，两个地区的申请总量不及全国的十分之一。因此，全国范围内华东地区的申请数量最多，东北地区的申请数量最少。虽然西南地区的申请数量在华东地区之后，但是相比于华东地区来说，差异较大。

从各省份的申请分布来看，如图 2-13 所示，江苏省在申请人身安全保护令的数量上在各省份的排名中遥遥领先，共 470 件。其次是四川、浙江、重庆等省份，而靠近内陆的省份，申请数量逐渐下降，例如山西、河北等省份，平均没有超过 35 件，甚至有些省份是以个位数进行统计，平均每年仅申请 1 件。这样的省份差异显著，对比极不平衡。

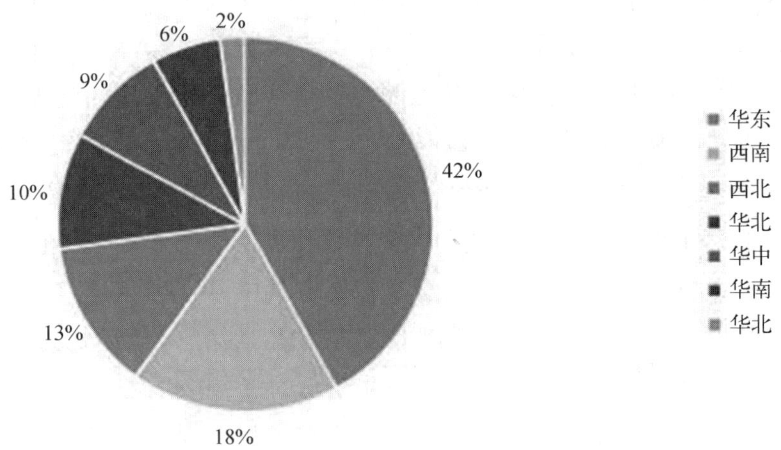

图 2-12　2016—2019 年人身安全保护令各地域申请分布情况

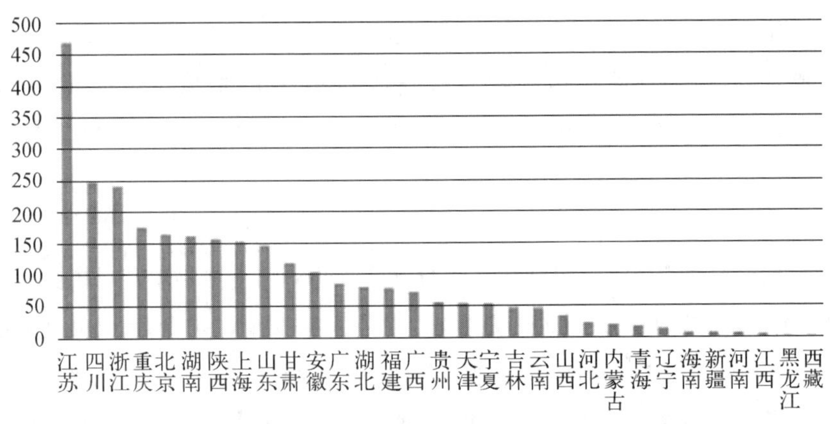

图 2-13　2016—2019 年人身安全保护令各省份申请分布情况

人身安全保护令制度的适用，不论是从各地域分布还是各省份的对比，均可以发现发展极不平衡，申请比例有着明显的两极化差异。申请数量多的省份地区，例如江苏省，2016 年至 2019 年间，每年的申请量平均都在 100 件以上，申请数量非常可观。但是申请数量少的省份，例如西藏自治区，仅在 2018 年申请了两件。由此可得，经济发达地区的申请数量领先于经济落后的地区，沿海城市的申请数量多于内陆地区。因此，人身安全保护令的申请数量与经济人文有着密切的关系，经济发展迅速的地区，公众的思想普遍提高，自我维权的意识强烈，遇到家庭暴力时会选择寻求法律的帮助。经济基础决定上层建筑，法律在经济发达的地区会迅速得以应用，《反家庭暴力法》的出台也能在短时间内得到民众支持，保护令的申请数量自然随之提高。人身安全保护令制度的发展，不仅要依靠法律的手段，也要采取更有效的手段促进经济的发展，提升民众的思想观念。

第二节　家庭暴力的特点

一、施暴人群及手段多样

（一）施暴人群

在大多数人的理解中，家庭暴力就意味着夫妻关系中丈夫对妻子的殴打，实际上，家庭暴力的形式多样，施暴人群也呈现出复杂化。在 2016 年蚌埠市公安局受理的 112 件家庭暴力案件中，有 99 件为男性施暴，13 件为女性施暴。其中 13 岁以下 4 件，14 岁到 59 岁 99 件，60 岁以上 9 件。从身份来看，施暴者大多为城市无业人员，共 40 件；其次是农民，31 件；干部 20 件；工人 17 件；还有极少数学生，4 件。①

近几年来家庭暴力范围有所扩张。根据抽样调查显示，每 10 个施暴者中，就有 1 个受过高等教育。② 家庭暴力的范围正在从农村向城市、从低文化素质向高文化素质人群蔓延。现在家庭暴力不仅仅是发生在农民家庭，在高知家庭也是非常常见。从学历上看，施暴者有大专、本科，也不乏硕士、博士。

施暴者主要为被施暴的家庭成员，如一起共同生活的夫妻、父母 、子女、养父母；少数是亲戚，如在一起共同生活的单独组成家庭的兄弟姐妹、父母子女等。

由此来看，当前家庭暴力的施暴者不单单为知识水平不高的男性，还有高知甚至学生，种类多数量大，但受害者 90%以上仍为女性。

（二）施暴手段

福州市妇联进行的“维护家庭暴力受害妇女合法权益”调查显示，家庭

① 景虎. 当前家庭暴力的新特点分析 112 例[J]. 中国法医学杂志，2016，31(S2)：285—286.
② 单艺斌. 妇女社会地位评价方法研究[D]. 大连：东北财经大学，2000.

暴力大多表现为言语辱骂，其次是徒手殴打，可表现为掌击、拳击、抓、推、踢、咬、掐脖子、扯头发等形式。有的施暴者则以当面损毁家什作为攻击对方、疏泄情绪的方式。持械殴打者占 10%，包括持棍棒殴打、绳索捆绑等。最近还出现了例如砍手、剜眼、割鼻、割耳、烟头烫、柴油烧、灌农药、泼硫酸、关禁闭、跪地、饿饭、赶出家门、扔进水塘等令人发指的手段。①

例如在 2004 年冬天的一个深夜，丈夫李某从外面喝完酒回到家里，找碴要和妻子打架，在被殴打后，妻子王某穿着睡衣跑出了家门，在零下 20 多度的寒夜里冻得失去了知觉，后来王某得到了救助，脚却因为受冻而腐烂。据王某称，丈夫经常殴打她，并且手段十分残忍，如果自己不逃跑恐怕要被打死在家中。

此外，现阶段家庭暴力不仅包括肉体家庭暴力，还包括了以精神折磨为主的家庭冷暴力，遭受家庭冷暴力的一方，其最直接的伤害主要是精神上的摧残与心理上的折磨。在这种状态下，受暴者长期处于紧张压抑与恐惧之下，有的会精神崩溃，甚至诱发精神性疾病，有些可能会采用极端的方式，例如进行自我伤害或伤害他人来寻求精神上的解脱与自由。冷暴力中表现形式最多的就是性冷淡，男方在外面有第三者，但不愿意离婚，就此离家，剩下女方独守一纸婚约，支撑整个家庭。或者女方因为种种原因不愿意离婚，男方与第三者同居，除了按期提供家庭生活费用外就不再履行其他义务。在这过程中，女方的身心受到了极大的伤害，性权利以及享受爱的权利被完全忽略、践踏，仅成为抚养孩子、照顾老人的家庭保姆和养家糊口的支撑工具。

中国法学会的一项研究结果表明，与拳脚相加的身体暴力相比，长期不与妻子说话、辱骂妻子等精神暴力更加普遍。这项名为“反对针对妇女的家庭暴力对策研究与干预”的研究结果显示，65.3%—65.9%的家庭会出现丈夫不理睬妻子的现象，22.3%—29.6%的家庭会出现丈夫使劲关门或摔东西的行为，有 23.8%—28.9%的家庭会出现丈夫辱骂妻子的现象，还有 19%—21.7%的家庭中，丈夫会威胁要打妻子。②

---

① 罗杰.家庭暴力立法与实践研究[D].重庆：西南政法大学，2012.
② 罗杰.家庭暴力立法与实践研究[D].重庆：西南政法大学，2012.

目前社会上对精神暴力的认识存在极大的偏差。有关调查表明，50%的受访者错误地认为，限制妻子与朋友交往、长期不与妻子说话、长期拒绝与妻子过性生活、耻笑妻子的缺陷弱点等精神层面的暴力并不算是家庭暴力。近年来，随着广大市民法律意识的不断增强，很多人都知道打人不对，需要承担法律责任，于是武暴力的现象逐渐减少；而不和谐的夫妻生活、低质量的婚姻所造成的家庭“冷暴力”正在逐渐增多。因为“冷暴力”给人的身体造成的直接伤害肉眼难以显见，所以面对“冷暴力”，更多的人选择了沉默。但是，婚姻双方当事人应该认识到，已经失去本质意义的婚姻就应当坚决终止。

常州市妇女儿童维权服务中心先后数十次接待了一位遭受家庭暴力摧残的受害者。该女士因家庭琐事与丈夫发生争吵，遭到毒打并被开水2度烫伤，经该市某医院司法鉴定构成轻伤。在此期间，男方非但没有醒悟，还采用冷暴力的手段，在精神上虐待女方，提出了离婚要求。长达两年的家庭冷暴力，给受害人留下严重的后遗症，女方及家属情绪极为激动，多次到维权服务中心来访，希望得到进一步的帮助。维权服务中心和常州市法律援助中心联系，争取受害者再次获得了法律援助。最终由法院判决准予离婚，孩子归女方抚养，男方赔偿女方精神抚慰金。受害人终于重新找回生活的自信和人格的尊严。

二、受暴者“两极分化”

中老年受暴妇女在描述自己曾经遭受的家庭暴力时，常常通过建构暴力的意义将其合理化，呈现出“暴力正常化”的倾向，具体表现形式为自我责备和弱化对方责任。2013年北京师范大学教育学部联合中国邮政研究院战略规划研究中心对10名遭遇过家庭暴力的妇女进行了生命史访谈。75岁的被访者冬梅是一名退休教师，在与前夫的婚姻中，她常在没有任何征兆的情况下遭受暴力。她对暴力的解读带有强烈的宿命感和“自我责备”色彩。同样，在描述暴力经历时，49岁的慧霞和50岁的香儿也用宿命论来解读自己的遭遇，主动弱化对方的错误，将丈夫的施暴行为定义为天生的。她们认为：有的人生来就对媳妇好，人家就心疼老婆，就不可能打她，有的男人脾气不好，他上来就要打人。

与此不同的是，大部分受访的中青年女性明确地表达了对家庭暴力的“零容忍”态度，认定家庭暴力是对自身的侵犯与伤害。41 岁的英子是名家庭主妇，她在遭受第一次家庭暴力之后就毅然离婚，她说：“我只有一个想法，那就是我不忍受。”她们常常在暴力发生后立即做出激烈反应，以期对施暴男性产生威慑性效果。在这些表述过程中，她们没有表现出任何的自我责备或为对方开脱，海兰还通过反抗成功地阻断了暴力。“暴力正常化”和“暴力零容忍”的不同解读使她们采取了不同的应对策略：中老年受访者经常自我归咎和弱化对方责任，在暴力关系中停留漫长的时间，乃至产生极端的同归于尽的想法；青年受访者则在受暴之后或以激烈方式反抗，制止暴力行为的再次发生，或不愿“忍辱负重”，毅然选择离婚。

因此，目前从受暴者的角度来看中老年被访者无论是向非正式系统还是正式系统求助，她们并非真正想要结束婚姻，而是更希望支持者能够给丈夫一个震慑作用，让其收敛暴力行为。在青年女性一代，家庭都是相对独立的，在暴力过程中相对较少有亲属和邻居的参与。年轻一代受暴妇女的维权意识较强，求助途径也更多，她们希望通过求助能够有效结束暴力甚至婚姻，从而从根源上解决暴力问题。①

三、社会支持力度加强

随着中国首部《反家庭暴力法》的正式实施，家庭暴力再度引发社会广泛关注，更多人开始意识到家庭暴力不再是法律之外的家务事，而是触犯了法律的行为。它的出台，为专门防治家庭暴力提供了法律依据，其明文规定了法律要切实保护妇女、儿童和老年人的合法权益。《反家庭暴力法》实施后，人民法院积极贯彻落实人身安全保护令制度。一些基层法院根据受害人保护的现实需要，扩大了保护范围，增强了保护力度。比如，适用《反家庭暴力法》第二十九条第四款兜底条款，在裁定中规定了空间隔离和财产保护等内容，起到了有效止暴和保护妇女财产权益的作用。为了及时制止家庭暴力，保护受害人，部分法院在受理人身安全保护令申请后，8 小时内作出裁

① 王曦影，董晓珺，夏天，乔东平. 性别、代际与家庭暴力的幸存者：一项基于两代受暴妇女的生命史研究[J]. 上海大学学报(社会科学版)，2019，36(4)：14—27.

定，并送达到申请人和被申请人手上，使处于恐惧中的受害妇女得以安心。

此外，公安机关处于社会管理的第一线，也是家庭暴力最初接触者，目前，许多公安机关与妇联等部门联动，设立家庭暴力案件投诉点，将家庭暴力报警纳入“110”出警工作范围。其中，重庆市已初步建立起反家暴社会联动机制。截至 2014 年底，重庆市各级公安报警中心和综治办等设立了家暴投诉中心，加上各级妇联建立的妇女信访代理中心、站、室共计 1.2 万个。南昌市公安局在各个公安派出所建立了妇女儿童维权投诉站，接受家庭暴力出警申请报案。

在执法实践中，2012 年，以江苏省无锡市蠡园派出所为提倡单位，由法院、检察院、司法、妇联、街道、社区等联合组成了反家暴联盟。其根据自身的职业特点和优势，分类分片分不同的职业人群开展工作，履行法律咨询、法律援助、矛盾调解、心理疏导、案事件处置等功能，积极受理受暴人的控诉和求助，在相关法律法规的基础上建立了江苏省范围内首次《反家暴告诫书》制度，使施暴者无法接近，受害者的心理和人身安全得到保障。

四、困扰难题依旧存在

专家和司法实务界人士分析认为，当前我国反家暴的进程中仍面临许多现实困扰。

一是传统观念影响。不少人还抱有男尊女卑的思想，认为打老婆、打小孩都是家务事，没必要上纲上线。而一些受暴者抱着“家丑不可外扬”“女子要顺从”“多一事不如少一事”等思想，往往选择承受、隐忍等。心理学研究表明，家庭暴力在没有得到及时制止的情况下，易反复、恶化，甚至引发“以暴制暴”等恶果。另外，家暴具有代际传递性，受家暴或目睹过家暴的未成年人容易人格变异，成为潜在的施暴人。

二是客观环境影响。家暴发生在家庭内部成员之间，外人很难及时发现、制止。家暴行为一旦被外人发现，往往已经造成了较为严重的后果。

三是法制体系影响。目前，我国已形成了一套针对家庭暴力的法律干预体系，如《反家庭暴力法》《刑法》《民法》《继承法》《婚姻法》《妇女权益保障法》和《治安管理处罚法》等，对家庭暴力都有相关的处罚规定，但是并不完善，存在着规定不明确，立法分散，原则性强、可操作性差的问题。河南省方城县法院2009年以来受理的1 861件离婚案件中，以遭受家庭暴力为由主张赔偿请求的案件370件，仅11件得到支持，支持率不足3%。①

五、发展趋势不容乐观

近年来，我国家庭暴力呈多发态势，侵害公民人身权利的家庭暴力犯罪时有发生。据最高人民法院2014年统计，全国约有24.7%的家庭存在不同程度的家庭暴力；近10%的故意杀人案件涉及家庭暴力；每年约有10万个家庭因为家暴而解体。家庭暴力这种现象由来已久。

2014年，北京调解处理的12.7万余件各类纠纷中，因家庭纠纷就占22 000余件，中国社会科学院的全国调查发现遭受过家庭暴力的妇女高达30%。近年来家庭暴力仍呈上升趋势。从对近年离婚案件的分析来看，家庭暴力导致离婚的比例也在逐年上升。根据调查显示的家庭暴力离婚案件中，因丈夫的暴行而涉讼，导致夫妻离异的占绝大多数，以海南省为例，据妇联2010—2013年信访统计，妇女因婚姻家庭纠纷问题的申诉占信访量的50%以上。其中，被丈夫施暴受伤的占反映婚姻家庭问题的30%以上，呈明显上升趋势。家庭暴力不仅直接对家庭成员的身心健康构成严重伤害和威胁，而且还破坏了家庭的稳定和安宁，甚至了影响社会的安定和发展。②

2015年7月7日，最高人民法院副院长黄尔梅指出，近年来，我国家庭暴力形势严峻，绝大多数受害人为妇女、儿童、老人等家庭弱势群体，青少年罪犯中有10%从小就生活在家暴环境中。全国妇联的一项最新抽样调查表明，在被调查的公众中，有16%的女性承认被配偶打过，14.4%的男性承认打过自己的配偶。每年约40万个解体的家庭中，25%缘于家庭暴力。特别是在离异者中，暴力事件比例则高达47.1%。目前，家暴发生数量、引发社会关注的案件日益增多，充分说明我国打击、预防家暴犯罪任重道远。③

未来家庭暴力还将会出现几个趋势：一是丈夫对妻子的暴力将仍是婚

① 聚焦反家暴遇现实困扰 不少人还抱有男尊女卑思想[EB/OL].(2015-08-10)[2021-07-23]. http://www.mzyfz.com/html/752/2015-08-10/content-1141546.html.

② 吴正雄.浅谈家庭暴力的现状、原因及对策[EB/OL].(2017-09-29)[2020-05-20]. https://www.docin.com/p-2025243702.html.

③ 元帅.家庭暴力民事保护令制度研究[D].北京：中央民族大学，2016.

姻暴力的主体。二是身体侵害会减少，精神虐待会增加，而这往往会被社会和法律忽视。三是由于失业造成的家庭冲突带来的暴力行为会增加。据调查，下岗女工中多数有家庭冲突，其中不少人被丈夫和公婆打骂、嘲讽，女性因此而受伤害的也会增加。四是随着妇女自立性的增强，对丈夫逆来顺受的会减少，当丈夫的行为超过其心理承受力时，妻子对丈夫的施暴也会出现，并会有较大的增加。五是因失恋造成的暴力伤害犯罪会减少，但伤害程度会增加，如爆炸、毁容、枪杀等恶性事件会增多。六是受害者与受教育程度无关。上海市妇女儿童工作委员会办公室 2016 年披露的“反家暴工作情况报告”显示，申城家暴受害者占比最高的是大专及以上学历，与占比第二的初中文化程度所占比重相差不大。这一调查结果颠覆了人们的传统印象，即，家暴家庭可能受教育程度较低，且缺乏文化素养。①

第三节　家庭暴力的原因探究

一、历史原因

我国几千年的封建社会，一些封建传统思想尤其是封建的婚姻道德观流弊甚远。

（一）夫权思想

中国几千年的封建社会，三纲五常（三纲即君为臣纲，父为子纲，夫为妻纲）的观念在一些人的观念中根深蒂固。在家庭暴力中，施暴者绝大多数为男性，在一部分男人中，他们信奉男尊女卑的思想，并将家庭暴力当成是正常的家规或者逼迫女性言听计从的有效手段，觉得妻子是自己的“私人物品”可以随便打骂。

在近代，仍有人信奉“男权制”的一套理论，强调妻子对丈夫的服从，排斥女性的智力与政治权利。而在中国，婚姻的“男权制”有时不仅表现在重男轻女上，也表现在许多的婚外情上。许多男人出轨被容忍，以至于一次次地放纵，还美其名曰：“他在外面只是玩玩，还是回家的，也算是有责任感

① 上海：家暴受害者大专及以上学历者占比最高[EB/OL].（2016－03－01）[2020－11－28]. http://www.cankaoxiaoxi.com/china/20160301/1089075.shtml.

了!"受此影响,很多施暴者便要求女人要听话、温柔、细心。如果女人坚持自己的意见,就是看不起男人,就是冒犯了男人。在这种观念下,女性的全面发展受到抑制,自然要依附男性,男性自身也认为自己是家庭的主宰。因此很多施暴者在工作中或生活中遭遇不顺,就会将他们遭受到的压力转嫁到亲密关系上,通过打骂妻子来获得征服感。①

一名备受丈夫欺凌毒打长达41年之久,现已57岁的老年妇女,自结婚以来,经常遭受其夫无理殴打,多次被毒打成轻微伤、轻伤,最严重的一次,左腿被打成骨折,花了3万多元治疗费,还落下残疾。而后,又因一小事将其耳膜打破。

老人到县妇联上访时,妇联通过法庭调解离婚解决;之后,协同律师调查收集了几十份证据,并通过近一个月的耐心细致劝说,男方终于同意协商离婚。法庭上,男方对自己的行为终于有所悔悟,认识到女人不是男人的附属物,夫妻之间地位平等,应相互尊重、体贴,并接受离婚。最后,在法院主持下调解离婚。②

(二)传统生育观念

在遭到丈夫的虐待案例中,由于妻子没有生育男婴或女方丧失生育能力的占相当比例。

2016年11月15日,莆田市某副食品商业城发生一起家暴案。家暴实施者是一对母子,家暴的对象是一名产妇名叫小分。小分在与丈夫结婚不久,由于丈夫怀疑小分肚子里的孩子是女儿,便一直对小分冷眼相待,动则打骂,甚至要求小分打掉肚子里的孩子。

无独有偶,同为2016年,一位李姓女子称自己遭受家暴,原因竟然是李某生的两个都是女孩。有一次与婆婆发生争吵,自己的老公上来对她拳打脚踢,致使李某四肢出现瘀青,胸闷恶心。

通过这两起事件我们不难发现,部分家庭重男轻女的现象十分严重,只要生不到男孩,妻子就会遭受丈夫的冷落甚至殴打。

此外,还有因不孕被婆家虐打致死案,山东德州某村女孩方某洋于2019

① 陈月.家庭暴力的现状、成因及对策[J].现代交际,2019(9):72—73.
② 从家庭暴力看妇女维权[EB/OL].(2020-02-23)[2021-07-23].http://www.lawtime.cn/info/hunyin/jiatingbaoli/2010100859012.html.

年1月31日被公婆和丈夫虐待致死，年仅22岁。公公张某林、婆婆刘某英和丈夫张某经常对共同生活的方某洋以打、冻、饿、禁闭等手段予以肉体上和精神上的摧残，并致使方某洋在营养不良的基础上受到多次钝性外力作用导致全身大面积软组织挫伤死亡。方某洋遭受不断家暴的原因就是受害人不能生育，这造成了公婆和丈夫对其极其仇视，稍不顺心便对其进行殴打，尤其是其公公张某林为发泄私愤，多次殴打虐待方某洋，且多次是在酒后，仅案发当日就殴打方某洋达三次。婆婆刘某英多次殴打虐待方某洋，其殴打虐待行为有冻饿，打脸，用木棍抽打、捅戳被害人脸部、颈部等，手段极其残忍。受害人遭到"打、冻、饿、禁闭"等"肉体上和精神上的摧残"，持续时间达半年，去世时只有60多斤。这些种种令人发指的行为让人背脊发凉。传统的生育观念在当今社会中仍占有一席之地，在这种观念中，女人只是生育的工具，如果女人完成不了传宗接代的任务，那么她在这个家庭中存在的意义就荡然无存，因此她生存的尊严和生死又有谁在乎呢？

二、家庭原因

（一）家暴代际遗传

社会心理学认为，人的攻击行为是从模仿和强化中产生的。因此在家暴环境中长大的孩子容易从家长身上学习到用暴力解决问题，往往会成为一个施暴者，将自己的经历往下传递。国家二级心理咨询师王君筠表示，家暴多是后天习得。根据墨菲定律，目睹了家庭暴力的人，以后长大越不想成为施暴者，反而越有可能施暴。有这样一个案例，一名名校毕业生新婚没多久，就因为琐事而经常打老婆。经了解，就是因为男生的母亲常被父亲打骂，目睹家暴行为的他认为这就是处理问题的方式。对亲人发泄不满、愤懑往往是最安全的途径，吃定了对方不大会离开自己，这也与"踢猫效应"有所契合。①

家暴如果从遗传的角度来看的话，属于行为遗传学，家暴属于其中的反社会人格遗传，容易产生反社会的攻击行为。国外所做的反社会行为研究中，发现反社会人格的遗传度是比较高的。而家暴是通过基因遗传和环境遗传，从小生活在暴力环境中的孩子，会把暴力行为习惯化，认为暴力行为

① 徐安琪.家庭暴力的发端——上海夫妻攻击行为的现状及特征[J].社会学研究，1995(1)：86—91.

是家庭生活的一部分,他们学不到良性沟通的模式,即使非常厌恶暴力,将来也有可能成为施暴者或受虐者。此外,家暴是会上瘾的,施暴者一般都形成了一个固定的行为模式,如果没有惩罚,他们会继续家暴行为模式。家暴过程中极端的情绪体验,也会让施暴者产生一种快感,从而继续家暴行为。在家暴环境下长大的孩子,家暴行为已经刻在潜意识里了,即使正常的时候与常人无异,但是当情绪不受控制的时候也会很容易做出极端行为。

(二) 夫妻感情破裂

感情破裂导致的家庭暴力在我们平常生活中其实比较常见,例如结婚前双方不了解致使婚后性格不合而动手,夫妻一方出轨导致另一方动手等等。在中国裁判文书网上我们就可以看到很多因为感情不和而引发家庭暴力的事件:山东省曹县的李某(女)和吕某(男)因人介绍而结婚,婚前无感情基础,婚后性格不合,经常因琐事吵架,吕某便经常对李某实施家庭暴力。莱西市经济开发区黄花观村的仇某(女)和张某(男),因仇某对张某缺乏深入了解,致使双方婚后因无共同语言、性格不合及生活琐事等原因不断吵架,仇某多次遭到张某打骂。

三、个人原因

一些男性因个性缺陷,常常无端怀疑配偶生活作风不检点,不许配偶和异性说话,不许配偶为贴补家用而外出打工赚钱,配偶若有反抗,就会遭到家庭暴力。还有些男性因为不良的生活嗜好,例如酗酒、赌博、嫖娼、吸毒等恶习而造成了家庭暴力的发生。

2013 年 4 月 25 日上午 7 点多钟,某市一小区发生一起恶性家暴事件,丈夫吉某凌晨 4 点多回家,浑身酒气,和妻子祁某发生冲突,妻子被砍了二十多刀,经抢救无效死亡。据吉某家人介绍,2012 年 8 月份,小祁怀孕 3 个多月时,吉某听到关于妻子的一些风言风语,怀疑小祁肚子里的孩子不是自己的。

吉某坦言,自己当晚喝醉了,所以他当时情绪一度失控,两人发生争吵后,声响惊动了父母,吉某不想让父母知道,于是用刀向妻子身上砍去。后经鉴定,小祁因头胸腹部被砍,导致颅脑损伤合并大出血而死。

轰动一时的"上海男子杀妻案"能为我们更好地解释"心理扭曲、品行不端”这两个词。此案件两位主人公朱某(男)和杨某(女)于2016年结婚。可是结婚后杨某先后两次发现朱某有外遇,2016年8月25日,他们二人闹离婚,但因为杨某的坚持没离成,当天朱某就在银行借款4.4万元,并且在三天后在网上购买了《死亡哲学》和《死亡解剖台》两本书,9月14日他让妻子辞职,十月份便将妻子杀害。

杀死妻子后,朱某不仅用妻子的钱还款,还不断地与不同女子开房,可以说毫无悔意。虽然说杨某各个方面都很优秀,但面对心理扭曲、精神不正常的朱某,最终还是惨遭毒手。

四、社会原因

受“清官难断家务事”传统观念的影响,人们往往对家庭暴力的危害性认识不足,简单地把它归为家庭纠纷,客观上助长了家庭暴力的肆虐。

(一)家庭暴力重视不够

对“家庭暴力”的调查问卷中发现,存在着女性在遭遇家庭暴力时,向司法部门进行求助时,但是有些执法部门却认为这是家务事,不予过问和调解的情况。有些即使处理也只是简单地批评教育了事,这使得施暴者更加肆无忌惮地实施暴力行为,而使众多受害人投诉无门。

山东省金乡县的夫妻张某(女)和王某甲(男)由于婚前缺乏了解、草率结婚,婚后发现王某甲经常参与赌博,张某苦心规劝,但王某甲劣性不改,还变本加厉地打骂张某及女儿。在2009年9月、2010年10月、2012年8月、2013年5月、2014年1月,王某甲分别通过打砸头部、勒脖子、拖拽等手段对张某实施家庭暴力。其间,张某曾多次向亲朋好友乃至法院求救,可均被拒之门外。后来张某起诉离婚,但是法庭却说为维护一个完整的家庭、使孩子能够健康成长、给王某甲一次和好的机会,因此不予离婚。正是因为有些法官对于受害者因不堪忍受家庭暴力请求离婚的诉讼时,一味调解和而不判决离婚,从而使施暴者更加肆无忌惮地实施暴力行为。被施暴的妇女也因相关部门的不理解、不支持、不重视、不过问,渐渐对社会支持丧失了信心,在家暴发生的时候只能一味地忍让,甚至相信自己的丈夫有一天会变好,于是纵容了家暴愈演愈烈。

（二）社会舆论宣传不够

根据前面章节媒体对家庭暴力的宣传来看，媒体关注家庭暴力经历了四个阶段，总体而言，媒体关注较之从前有很大的提升，但是对于家庭暴力不单单是报纸等传统媒体的关注，其他的文艺形式和社会名人也应多多关注这一社会问题。俞敏洪，新东方董事长兼总裁、洪泰基金联合创始人，他同时还是中国著名的教育界人士，但他在一次演说上说中国女人挑选男人的标准是要男人会赚钱，至于良心好不好不管，所以中国女性的堕落，导致了国家的堕落①。此言论引起了社会的哗然，尤其是广大的女性同胞对此非常愤怒，这段话让很多女性感受到了性别歧视。全国妇联、《光明日报》等机构和媒体对俞敏洪的此番言论纷纷发声予以批驳。媒体报道上过度渲染的拜金现象，部分女性为达到此目的不惜做"二奶"，当"小三"等等，对社会传统价值观构成挑战。这些宣传报道不仅伤害了众多的女性，同时也是对人性的不尊重。社会舆论的导向在很大程度上引领人们的价值观，在今天某些电视剧的播放，依然在渲染女性的从属地位和不平等的社会角色，这无疑是不利于反家庭暴力的宣传。

（三）法律体系不够完备

首先，在立法上，由于保护家庭成员人身权利、制止家庭暴力的法律分散于各个法律之中，有的规定比较原则，可操作性差。

其次，根据我国《刑法》和《治安管理处罚法》的规定，对家庭成员之间的轻微与轻伤伤害案件及虐待案均有"告诉"才处理的规定，因很多人都不去投诉，这就出现了施暴者即使在警察眼皮底下也敢为所欲为，而司法人员却不去制裁的状况。

再次，家庭暴力的隐蔽性也增加了办案难度，没有确凿证据，致使执法部门难以追究施暴者的法律责任。家庭暴力一般发生在家庭当中，当事人只有夫妻二人，没有第三者在场，加上有的妇女不及时到司法部门鉴定伤情，这就给取证造成了困难，在没有确凿证据的情况下，执法部门无力追究施暴者的法律责任。

---

① 俞敏洪致歉女性堕落致国家堕落言论：真正意思是女性强国家强[EB/OL]. (2018-11-19)[2021-07-23]. https://baijiahao.baidu.com/s?id=1617518938420793227&wfr=spider&for=pc.

山东省威海市环翠区的一对夫妻李某(女)、胡某某(男),二人婚后生育一子。由于婚前缺乏了解,婚后感情不和,胡某某脾气暴躁,经常对李某进行打骂,于是李某就将胡某某告上法庭,为证明胡某某存在家庭暴力,李某提供2014年8月18日公安机关出具活体检验记录一份,载明其全身多处软组织损伤,但法庭却认为原、被告相识后登记结婚多年,存在较好的婚姻感情基础,且婚后育有一子,虽然双方偶因家庭琐事发生争执,但相互之间并无根本分歧,且李某所提供证据,仅证明李某曾受伤,无法证实是胡某某所为,不能形成完整的证据链证明胡某某存在家庭暴力,故原、被告仍存在和好的可能,因此不准二人离婚。

最后,执法和法律援助的力度不强,缺乏执法监督机制。目前,有关部门的执法监督力度不够,执法不严,有法不依,违法不究,打击不力的现象在某些地方仍然存在。

第四节　家庭暴力的分类

一、受暴人群分类

(一) 配偶暴力

在家庭暴力中,绝大多数受害者是女性,少数是男性。妇女是家庭暴力的主要受害者,在妇女生命周期的各阶段,从少年、青年、中年到老年,都可能遭受各种形式的家庭暴力,尤其是丈夫、前夫或者男友实施的家庭暴力最为普遍。全国妇联调查表明,我国约34%的家庭中存在着不同程度的家庭暴力,而其中90%以上受害者为女性。

在湖北,一对离婚后同住的夫妻朱某某与刘某常因感情问题及家庭琐事争吵,并且丈夫朱某某多次殴打刘某,致刘某多次受伤。2011年7月11日,朱某某又因女儿的教育问题及怀疑女儿非自己亲生等与刘某发生争执。朱某某持皮带抽打刘某,致使刘某持刀自杀。经鉴定,刘某体表多处挫伤,因被锐器刺中左胸部致心脏破裂大失血,经抢救无效死亡。

本案是一起虐待共同生活的前配偶致被害人自杀身亡的典型案例。司法实践中,家庭暴力犯罪不仅发生在家庭成员之间,在具有监护、扶养、寄养、同居等关系的人员之间也经常发生。本案被告人朱某某虽与被害人刘某离婚，但二人仍以夫妻名义共同生活，朱某某经常性、持续性地实施虐待行为，致使刘某不堪忍受而自杀身亡，属于虐待"致使被害人死亡"。

（二）儿童虐待

2017年，联合国儿童基金会发布的《熟悉的面孔：儿童与青少年成长中遭遇的暴力》报告指出，全球为数众多的儿童正在遭受暴力伤害，且施暴者往往是他们的养护人。这份报告揭示了儿童在其成长的各个时期和各种环境中遭遇的暴力，其中包括：幼童在家中遭受的暴力。全球2—4岁儿童中，有四分之三（约3亿人）曾遭受家中养护人的心理攻击或（和）体罚；在30个有相关数据统计的国家中，每10名1岁大的儿童中就有6人经常遭受暴力管教。同时，在1岁儿童中，近四分之一曾被用力摇晃以作体罚，近十分之一孩子的脸部、头部或耳部等身体部位曾遭受击打。全球5岁以下儿童中，有四分之一（约1.76亿人）与遭受过亲密伴侣暴力伤害的母亲一同生活。针对女童与男童的性暴力。在全球，约有1 500万名15—19岁青少年女性曾被强迫性交或发生其他形式的性行为。在遭受过性暴力的女童中，只有1%的人表示她们曾寻求专业帮助。在28个有相关数据统计的国家中，以平均计，90%曾遭受强迫性行为的青春期女童表示，其遭遇的首次侵犯是熟人作案。此外，来自6个国家的数据显示，朋友、同学和同伴是青春期男童遭受性暴力的最常见施暴者。① 暴力导致的青少年死亡。全球每7分钟就有一名青少年因遭受暴力行为死亡。如此骇人听闻的数据让人不禁胆寒。针对儿童虐待行为越来越引起人们的重视。

1999年世界卫生组织（WHO）防止儿童虐待会议对儿童虐待作出如下定义：儿童虐待是指在相关责任、义务和能力的条件下，各种形式的躯体和精神的折磨、性虐待、忽视、放任、商业的或其他的剥削，并导致儿童的健康，生存、发展以及尊严受到实际或潜在的伤害。我国对儿童虐待的定义是指儿童的父母或其他抚养人以暴力或者其他方式对待儿童，造成儿童身心伤害的行为。②

---

① 全球为数众多儿童遭受暴力伤害[EB/OL].(2017-11-06)[2020-11-22]. https://www.sohu.com/a/202587118_161623.

② 金佩琳.家庭中儿童虐待的成因及预防策略研究[D].杭州：杭州幼儿师范学院，2006.

儿童虐待大致可以分为忽视、暴力伤害、性虐待和精神虐待。

1. 忽视

持有监护权的成人，对受抚养的未成年亲属，对于其饮食、教育、医疗、衣物、卫生等基本需求，刻意忽视，造成的后果是明显的营养不良、穿不合身的衣物、学龄儿童未去学校等。

2013 年 6 月 21 日 9 时许，南京市江宁区麒麟派出所社区民警上门走访辖区居民乐某（女，22 岁）时，发现家中无人应答，乐燕手机处于关机状态。民警觉得事有蹊跷，便叫来锁匠将门打开，发现两名幼女一个在门边，一个在床边，均已没有呼吸，她们正是乐某 3 岁和 1 岁的女儿。乐某因吸毒已将女儿独自遗弃家中数日，致使其女儿活活饿死。2013 年 9 月 18 日，乐某被南京市检察院以故意杀人罪起诉，在南京市中级人民法院公开开庭审理。

2. 暴力伤害

对儿童踢、踹、捏、打耳光、拉耳朵、拉头发、鞭打、捆绑、香烟烫伤与过度的体罚。施暴者往往声称只是在管教小孩。但是上述行为导致儿童严重受伤或死亡，将涉及刑责。施暴者的施暴行为，往往不是一次性的，因此受虐儿童的身上常会有异常数量的外伤与旧伤痕。为了遮掩伤痕，受虐儿童常无视气候变化，终年穿着长袖衣裤。施暴者在儿童就医时，常捏造其外伤发生的原因与病史，以规避责任。

13 岁女孩小雨向媒体求救，控诉其亲生父亲常虐待自己，还逼她吃书喝马桶水。小雨奶奶称经常看到儿子虐待孙女，他还曾逼孙女吃硬币。

女孩小琪琪被狠毒的继父关在卫生间用滚烫的热水浇灌，导致全身 20%的大面积烫伤，琪琪说，这已经不是继父第一次虐待她了，以前继父经常毒打她，甚至摸她的胸。

一个 3 岁的小女孩因为妈妈工作忙，交由外婆抚养，但由于妈妈交不起抚养费遭到外婆狠心虐待，由原本的 12 千克瘦成 8 千克，枯瘦如柴。

只因不肯乖乖吃饭，3 岁的小乐被母亲黄某推打倒在地，脑部受创重伤生命危殆。

2018 年，深圳市发生了一起儿童被虐案，被告人顾某与女儿谢某灿（6 周岁）、儿子谢某林（9 周岁）租住于深圳市宝安区某出租屋期间，多次无故使用晾衣架、棍子等殴打谢某灿、谢某林，致使谢某灿躯干部及四肢软组织损伤、表皮剥脱,经鉴定为轻伤二级。2018年6月19日,公安机关接到群众报警后将顾某抓获归案。①

如此种种案例经常见诸报端,对于如此多的虐童事件,儿童的权益应该如何保障,这的确需要社会的深思。

3. 性虐待

通常指成人或年纪较大的青少年,对儿童性虐待,得到刺激的快感。强迫儿童裸露生殖器或触摸,或对儿童使用情趣用品,或异物插入等。施虐者大多是儿童熟识的人,家人、亲戚的孩子、朋友的家人、保姆、邻居等,陌生人仅占少数。性虐待会导致儿童罹患性病,生殖器、泌尿道、直肠遭到细菌感染或撕裂伤。

4. 精神虐待

谩骂、嘲笑、羞辱、批评、恐吓威胁、损毁或丢弃物品、烹煮宠物等。受虐者可能主动远离施虐者,或暗自咒骂,或反击。

实践中,监护人侵害其所监护未成年人的现象时有发生,此类父母亲虽身为监护人,却滥用监护权对被监护人(未成年人)发泄自身不满,将外界施于他们的压力或自我的负面情绪加诸于受其管教的子女身上,让孩子生活在家暴的阴影中。

(三)虐待老人

全球老年人口从1995年的5.42亿达到2025年的约12亿,约有4%到6%的老人在家中受到不同形式的虐待。虐待老人会导致老人严重的身体伤害和长期的心理伤害。许多国家都在经历着快速的人口老龄化时期,预计虐待老人的现象会愈发严重。虐待老人是一个全球性的社会问题,影响着世界各地数以百万计的老年人的健康与人权,值得国际社会的关注。

山西省忻州市的索某从小脾气不好,稍不顺心,便打骂父母,索某的父亲因工伤丧失劳动能力,索某嫌弃父亲不能干活,非打即骂,甚至有时不给饭吃。2007年5月31日早上,被告人索某嫌父亲摇晃家中大门,便朝其背部踹了十余脚。当晚索某回家取来凉馒头给父亲吃,因父亲将嚼碎的馒头

---

① 监护人多次殴打子女 法院以虐待罪对其判刑7个月[EB/OL].(2019-03-01)[2021-07-23]. http://gd.sina.cn/news/2019-03-01/detail-ihsxncvf8788480.d.html.

吐出来，索某再次发火，又朝父亲身上踹了几脚，致其当场死亡。之后，索某用三轮车将父亲的尸体拉到村外坟地掩埋。法院认为：被告人索某长期虐待父亲，因琐事踢踹父亲致死，其主观恶性极深，手段十分残忍，其行为构成故意伤害罪，对其适用死刑。

2011 年 12 月 19 日，联合国大会通过第 66/127 号决议，指定 6 月 15 日为认识虐待老年人问题世界日。这一天，全世界发出呐喊，反对针对我们老一辈人的虐待和对其造成的伤害。

（四）手足暴力

手足暴力是指在主要发生在兄弟姐妹之间的暴力行为。随着二胎政策放开，在温馨和睦的四口之家背后，孩子之间如何相处应该受到家长的重视。由于年纪、家长关爱程度以及两人喜好等的不同，孩子之间可能会发生口角甚至是肢体暴力。最近的一项研究强调，手足欺凌在大家庭中可能更常见，长子或年纪大的孩子往往是欺凌者。手足欺凌包括心理虐待（说一些令人不快或伤害其他孩子的话）、身体虐待（打、踢、推）、情感虐待（无视自己的兄弟姐妹，说谎或散布谣言）。研究人员回顾了一项针对 6 838 名在 1991 年和 1992 年出生的英国儿童及其母亲的研究，研究发现，28％的孩子参与了手足欺凌，其中占大多数的是精神层面的欺凌。女童和较年幼的儿童更容易成为被欺凌的对象，而且这种情况在有三个或三个以上孩子的家庭中最为普遍。手足欺凌会发生在所有不同的经济水平的家庭，单亲家庭和双亲家庭都会发生。被欺凌过的孩子患抑郁症、焦虑症及自残的可能都高于同龄人 2 倍。当手足欺凌作为归因因素时，13％的抑郁症和 19.3％的自残可以归因于它。并且手足欺凌与之后的心理障碍之间的联系，男孩和女孩之间是相似的。①

英国著名心理学家 Dieter Wolke 教授与 Slava Dantcher 博士在研究中发现，孩子小时候在家庭中经常遭受手足欺凌，也就是被兄弟姐妹欺负霸凌，20—30 岁时会比普通人更容易出现抑郁、自残等严重的心理问题。在密苏里大学也有学者提出，幼年时为了争夺公平、保护个人物品和个人空间而

① 被忽略的手足欺凌[EB/OL].（2020 - 09 - 29）[2020 - 11 - 27]. http://www.360doc.com/content/20/0929/12/71770510_938144716.shtml.

产生矛盾的手足，成年后患抑郁症的几率会比普通人增加0.7倍。这比因遭受校园霸凌而形成心理疾病的几率还要高。①

二、暴力类型分类

（一）身体暴力

身体暴力是所有家庭暴力中表现最直观明显的一种形态，它有着相当具体的行为表现，施暴者通常会在受害者身上留下明显的伤痕。身体暴力种类很多，例如推、打、踢、撞、咬、扼喉、掐捏、拳击、抓挠、吐口水、性侵害、拉扯头发等身体攻击与胁迫行为。

2016年，北京市人民法院审理了一件家暴案，贾某（女）与赵某（男）系夫妻关系，后因赵某曾抢劫、敲诈勒索等被判处有期徒刑，双方有了感情隔阂，经常因家庭琐事产生矛盾，甚至发生肢体冲突。事发当天，赵某因孩子哭闹问题产生不良情绪，便对贾某及孩子发脾气并动手殴打，致使贾某的肩部、双臂、腿部均有不同程度的伤后红肿、瘀青现象，贾某与赵某所生之女赵甲的脸部也有伤后瘀青现象。

（二）性暴力

世界卫生组织将性暴力定义为"无论当事人双方是何种关系，以及在何种情形下（包括但不限于在家里和工作中）任何人通过强迫手段使另一方与其发生任何形式的性行为、企图发生性行为、令人厌恶的性暗示或性骚扰、买卖行为或其他另行说明的行为"。婚内性暴力主要是指在婚姻关系中以强迫、威胁方式，进行性器官插入、肛交、口交或任何被害人不愿意的性接触和性强迫。

导致出现性暴力的原因主要是：在中国的传统中，女人都是逆来顺受的代表，妻子即便是没有性的欲望，为了表现得更贤淑，获得传统意义上的温柔肯定，不得不满足丈夫的性要求。作为婚姻暴力的一种表现形式，性暴力极其隐蔽。施暴者无一例外地认为婚内性行为理所当然，所以施暴时肆无忌惮；而受虐者却因难以启齿而强迫自己接受一切。实质上，婚内性暴力与

---

① 二孩难题：手足欺凌攒的"邪火"，20年后才会爆发，防患要趁早[EB/OL]. (2020-08-18)[2020-11-27]. https://www.sohu.com/a/413709764_120463113.

婚外性暴力一样，都是一种反伦理和违法的行为。

12 年前，在小学当老师的黄女士与个体户的张先生结婚了，婚后夫妻感情生活尚可，但一直未有小孩，慢慢地，他们的感情生活亮起了“黄灯”。在婚后 8 年，张先生出轨，在面对亲戚朋友施加的压力下，张先生写了保证书，了结此事。但自此张先生心有怨气，总是无事找事吵架，一次吵架中，张先生撕破黄女士的衣服，并不顾黄女士正来“例假”的抵抗，强行发生性关系，并伴有报复性暴力侵犯。事后，为保面子，以及“家丑不外传”的心态，黄女士只能忍声吞气。但丈夫自此似乎尝到“甜头”，一发不可收拾，每周总有 2—3 次“霸王强上弓”。面对丈夫的性暴力，黄女士一直都“忍”字当头，不敢对外声张，有好几次曾想到去死。

中国人对“性”一向讳莫如深，婚内性暴力更是一个极为敏感的话题。《中国家暴现状》调查结果显示，在各种家庭暴力中形式中，妇女遭受“性暴力”的高达 13.9%。考虑到家庭性暴力受害者往往“羞于启齿”，或者依然将性暴力行为当作“夫妻之间的性关系义务”，这些数据与我国性暴力的实际发生比例相比，仍然是低了不少。

（三）精神暴力

精神暴力主要包括：① 施暴者以某种口气、神情或言辞威胁恫吓、诽谤辱骂或展示凶器等物品，使受害者感到害怕，直接影响受害人的自我表达和自我价值判断；② 加害人以自残、自杀等行为威胁受害人或强迫受害人做其不愿意做的事情；③ 加害人通过心理和情感上的伤害等引起受害者精神上痛苦的行为，如言语嘲讽侮辱或对受害人不予理睬、让受害人目睹其虐待动物等。

“郑某丽诉倪某斌离婚案”是精神暴力的典型案例，郑某丽与倪某斌婚前缺乏了解，草率结婚。在共同生活期间，倪某斌经常击打一个用白布包裹的篮球，上面写着“我要打死郑某丽”的字句。法院经审理认为，倪某斌从视觉上折磨郑某丽，使她产生恐惧感，该行为构成精神暴力。

在家庭暴力中，精神伤害的发生频率最高，身体暴力次之，性暴力发生比率最低。这除了在一些教育程度较高的家庭中，多少还顾忌“君子动口不动手”这种社会角色的约束，觉得用拳脚相加这种暴力方式并不符合自己的身份外，还有的施暴人掌握被害妇女的心理，深知从精神上折磨对方，更能从精神上拖垮她，让其主动就范。另外，随着普法力度不断加大，许多人渐渐懂得"保护"自己，如果拳脚相加，使对方身上留下伤痕，弄不好就要吃官司。于是，一些学"乖"了的人，就采用另一种更"高级"的暴力方式。由于精神暴力具有反复性、隐藏性的特点，加上没有伤痕，不见鲜血，不能做伤情鉴定，即使闹到法庭上，法官也难以认定谁是过错方。但是精神暴力对受害者造成的影响是长期、持续的，或许身体上的伤害会随着时间而慢慢痊愈，可是心灵上受到的打击与伤害却是很难恢复的，并且这种家暴形式很容易让受暴者走上极端。

（四）经济控制

根据《反家庭暴力法》，家庭暴力是指家庭成员之间以殴打、捆绑、残害、限制人身自由以及经常性谩骂、恐吓等方式实施的身体、精神等侵害行为。而最高人民法院中国应用法学研究所编写的《涉及家庭暴力婚姻案件审理指南》，则将家庭暴力概括为身体暴力、性暴力、精神暴力和经济控制四种类型。尽管《反家庭暴力法》未明确将"经济控制"纳入家庭暴力表现形式，但通过经济控制给对方的精神造成侵害，同样构成家庭暴力。在我国《婚姻法》中，明确规定"夫妻在家庭中地位平等"，"夫妻对共同所有的财产，有平等的处理权"，"夫妻双方都有参加生产、工作、学习和社会活动的自由，一方不得对他方加以限制或干涉"。当一方以生活费为"武器"，强行干涉另一方，以致影响到正常社会交往时，婚姻家庭的平等关系就发生了扭曲。其实，在很多发达国家，经济控制都属于家庭暴力。在我国，一些研究机构也有探索，根据深圳市妇女社会组织促进会的调研，经济收入越高的家庭，发生"经济控制"的可能性就越高。

第三章　家庭暴力“恶逆变”之代际影响

如果说妻子是家暴的最主要的直接受害者，那么孩子，尤其是目睹家庭暴力的儿童，就是这场家庭暴力的间接受害者。目睹家庭暴力对儿童带来的影响是隐性和长效的，长期以来儿童一直处于“被遗忘的受害者”的角色。

儿童（少年）目睹家庭暴力指的是儿童（少年）目睹亲人（现在或曾有婚姻关系）之一方对另一方实施暴力行为，包括直接目击、偶然听到发生在亲人身上的躯体暴力或精神暴力等。在联合国发布的《2013 暴力侵害儿童全球调查报告》中，全球每年约有 1.33 亿—2.75 亿的儿童目睹过家庭暴力。中国香港的调查发现，26％ 的儿童目睹了父母与其伴侣间的肢体暴力，目睹父母遭受伴侣精神暴力的比例更是达到 73.2％。[①]

心理学研究发现，在家庭暴力中，存在着最为基本的三种角色：“迫害者”“受害者”和“拯救者”[②]，家庭中的成员在不同时期会扮演不同角色，当家庭中父亲（或母亲）权威比较强大，另外一方很难抵御时，三角关系就会出现，孩子就会被动介入其中，与父母的一方形成同盟关系或者成为家庭关系中的“替罪羊”。孩子在原生家庭中的家庭暴力经历和感受会影响他们成长后的关系模式，不利于孩子的“自我分化”和独立自主地位的获取。[③]

由于我国对家庭暴力的研究开始比较晚，干预更是比国际社会晚了三十年。在目前的干预中，人们将关注点更多地放在受暴者这一显性群体，而忽视了处于家暴环境下的孩子这一隐形群体，这些孩子作为家庭成员的一分子，观察、参与甚至遭受到了家庭暴力，暴力行为对他们的生理、心理以及行为发展上都产生了严重的影响。

---

① 黄保红，周春燕，黄海，刘陈陵，李林. 目睹家庭暴力对儿童认知和行为的影响[J]. 中国学校卫生，2018(10)：1591—1595.

② 舒曼. 都市人情感对话[M]. 南昌：江西人民出版社，2011：7.

③ 薛敏霞，舒曼. 家庭负性事件对“00 后”大学生心理健康的影响[J]. 济宁学院学报，2019(5)：92—98.

我们在某女子监狱调研发现，在35名被调查女犯中有21人认为家庭暴力对孩子影响很大，有8人觉得家庭暴力毁了孩子。在个案2、4、7、8中孩子均成了施暴者的连带施暴对象，个案1中的孩子由于经历了父母之间的暴力产生了怨恨心理，导致长大后不愿回家，工作后也不愿回家过年。

第一节　生理层面——“痛”

一、暴力迁移

夫妻间的家庭暴力会使孩子长期生活在一个极度缺乏安全感的环境中，直接目睹家庭家暴的儿童在父母情绪极度不稳定的状况下很可能成为受害者。美国的调查表明，目睹父母亲密伴侣暴力和直接遭受家庭暴力的年共发率为33.9%，终生共发率为56.8%，而英国的数据则显示儿童遭受虐待的同时又目睹家庭暴力的风险率是非虐待儿童的3.23—3.26倍。① 这些数据告诉我们，孩子直接遭受家庭暴力的概率与目睹父母家庭暴力之间存在着密切的联系。

第一，施暴者连带家暴子女。

美国社会学家多贝什兄弟在研究中发现，丈夫虐待妻子的同时，往往与虐待子女“配套”进行，而子女们往往偏袒他们的母亲，在父亲盛怒之下，子女们难免也要遭殃。② 研究表明，大概80%—90%生活在家庭暴力之中的儿童对于暴力是能认识到的；美国的一项调查表明，50%常常攻击妻子的男人也往往虐待他们的孩子，而针对妇女的暴力行为越频繁，就越有可能导致她的孩子也被虐待。③

当家庭暴力发生时，身为家庭一员的孩子往往成为我们所认为的“旁观者”，但是由于他们内心极大的恐惧或出于对母亲的保护，会替母亲向父亲求饶，然而这种行为很有可能会将父亲的盛怒迁移到自己身上，从而施暴者

---

① 黄保红，周春燕，黄海，刘陈陵，李林. 目睹家庭暴力对儿童认知和行为的影响[J]. 中国学校卫生，2018 (10)：1591—1595.

② 彭红绝，王海燕. 孩童：家庭暴力阴影下的被动受害者[J]. 青年探索，2004(6)：43—46.

③ 劳拉·斯坦恩. 家庭暴力使儿童陷入十分危险境地——美国律协在反家庭暴力中的作用[J]. 人权，2007(3)：51—54.

也对孩子实施家庭暴力。目睹家庭暴力的孩子成为父亲施暴的对象，这不仅对孩子身体上造成伤害，在孩子的心理上也必定留下无法磨灭的阴影。

第二，受暴者的发泄对象。

父亲殴打母亲，母亲则将怒气迁移于孩子，这种情况也会对孩子造成直接伤害。不管是父亲还是母亲，身处在家暴环境下的孩子，很有可能被当作父母的出气筒，无论在身体还是心理上都受到了极大的伤害。

38 岁的女导演黄莉，在《演说家》的现场几度哽咽，诉说了自己的亲身经历。11 岁那年，她被父母的吵架声惊醒，透过门缝看到父亲暴打母亲，然而更可怕的是，自此以后，黄莉成了母亲的发泄桶。每次父亲不在的时候，母亲因为或大或小的原因无缘无故地打她。"有一次就因为家里的灯泡坏了，她又把我打了一顿。当她正在打我的时候，听到我爸爸走到楼下的咳嗽声，她就把我拎起来，扔到书桌前面，还用手指头戳着我的脑袋说：赶紧写作业，不许告诉你爸。""就这样我假装什么事情也没有发生，我从来没有，把我妈妈打我的这件事情告诉我爸爸。因为我害怕，我怕如果我爸爸知道了，他会更加严重地打我妈，而我妈会更加严重地打我。"年幼的黄莉无法逃离家庭，在书桌上刻下一个"忍"字，更刻在了心里。内心最大的愿望就是赶快长大，离开这个家。①

这个令人悲伤的故事反映了这样一个现实，身处于家庭暴力环境下的孩子，随时可能存在着被实施暴力的威胁。母亲往往由于无力承受被家暴的痛苦，就将这种痛苦和愤怒发泄到孩子身上，孩子无法逃脱家庭，作为第三方，只能被动地卷入这场父母的"战争"，无力地承受家庭暴力带来的后果，这对孩子来说是极其残忍的。

二、暴力伤害

第一，胎儿无辜受到牵累。

国外学者发现，妊娠期妇女遭受性暴力的风险是未孕女性的 2 倍，遭受身体暴力的风险是未孕女性的 2.7—3.9 倍，我国妊娠期妇女遭受家庭暴力

---

① 38 岁女导演痛诉幼年家暴 为什么还要对这样的父母老顺？[EB/OL].（2017-08-31）[2021-07-23]. http://www.sohu.com/a/168545167_99978329.

的发生率为3.6%—16.8%。[①] 家暴妊娠期妇女不仅对她们的身心健康造成了伤害，对体内胎儿的健康更是存在潜在的风险。

首先，母亲孕期遭受家庭暴力会对胎儿的生长发育造成不良影响。Monemi等对妊娠期遭受过家庭暴力的妇女其子代的前瞻性研究发现，37%的婴儿从出生后到24个月体重减轻，50%生长发育迟缓，妊娠期妇女遭受家庭暴力对其子代出生时及24个月后的年龄别身高和年龄别体重呈负相关；Salazar等发现，妊娠期妇女遭受家庭暴力与其子代年龄别身高呈负相关，男性伴侣的控制行为与女婴年龄别身高显著相关。[②] 张勇等对79名孕期遭受家庭暴力的妇女的子代调查发现，婴儿存在节律弱、情绪消极、注意力易分散不持久、存在行为退缩的趋势表现以及运动发育相对迟缓等行为特征。研究表明，孕期受虐，子代情绪调节能力明显降低，而且婚姻冲突程度与子代情绪不稳定存在直接关联，可能在妊娠期胎儿大脑发育较快，胎儿将母体受虐刺激印在大脑负责情感活动区域，对胎儿出生后产生了不利影响。[③] 此外，母孕期遭受家庭暴力会使胎儿出生后更容易患病。Manzolli等对巴西375名孕妇产后一年的随访中发现，妊娠期遭受过家庭暴力的妇女及其子代易患腹泻和急性呼吸道感染；麦笃雄等认为，妊娠期妇女遭受家庭暴力与其子代脑瘫的发生存在相关性，但发生机制尚不明确。

此外，孕妇若遭受丈夫的暴力，必会引起内心极大的恐惧和持久性的情绪低落，这时体内的皮质醇含量会显著地提高，这种激素会抑制黄体酮的分泌，严重时会引发自发性流产。

第二，儿童生长受到伤害。

在目睹家庭暴力之后，儿童由于内心情绪波动较大，在身心方面常常会有一系列影响，比如会出现头痛、胃痛，容易疲倦且嗜睡，抵抗力急剧下降，厌食，容易生病，注意力不易集中等等症状。此外，目睹家庭暴力的孩子在智力、语言和身体发育方面相较于正常儿童发育迟缓。

日本熊本大学与美国哈佛大学进行的联合心理研究发现，与童年从未

① 石红玲，樊树芹，李文涛，常文娟，安力彬．妊娠期妇女遭受家庭暴力的影响因素及心理反应研究现状[J]．中国全科医学，2013(34)：3379—3381.

② 田玲，刘新，田辉．孕期家庭暴力的不良影响[J]．宁夏医科大学学报，2015(7).

③ 张勇．孕期家庭暴力与孕妇心理、产后抑郁、新生儿神经生化及遗传——环境交互作用对婴儿认知行为的影响[D]．长沙：中南大学，2008.

目睹过家庭暴力的同龄人相比，经常目睹家庭暴力的孩子长大后，其右脑视觉皮层的一个部位将平均萎缩 20.5%，研究小组从 1 455 名美国人中选出 48 名 18—25 岁的志愿者，其中有 15 人在童年至青少年时期(3—17 岁)经常目睹父母间的家庭暴力，另外 33 人则没有目睹过家庭暴力。研究人员利用核磁共振成像技术对志愿者的大脑进行了分析比较。结果发现，经常目睹家庭暴力的志愿者右脑视觉皮层一个名为舌回的部位出现了萎缩，这个部位萎缩会使视觉记忆力下降。[①] 一项对英国 1 116 对 5 岁同卵或异卵双生子的研究表明，目睹家庭暴力的儿童的智商的平均水平比没有这方面经历的儿童低 8 分，结构方程模型显示成人家庭暴力能够解释儿童平均智商变异的 4%，而且这种因素的影响与潜在的生物因素的影响是相独立的。[②]

上述研究证明，身处于家庭暴力环境中尤其是目睹家庭暴力对儿童不仅仅是短期的影响，长此更会导致儿童各方面生长发育迟缓于正常孩子。

第二节　心理层面——"伤"

一、认知层面的偏差

目睹家庭暴力对儿童智力、记忆等认知能力发展的消极影响得到了多个研究的支持。追踪研究发现目睹严重家庭暴力会通过影响儿童的抑郁水平进而影响其阅读成绩。一项对 1 116 对 5 岁双生子的研究表明目睹严重家庭暴力组儿童比非目睹组儿童智商平均下降 8 分。目睹成人间的暴力可以解释儿童智力变异的 4%，除对智力发展产生的影响，目睹家庭暴力可能还会影响儿童的记忆及自我控制。追踪研究发现婴儿 2.5 岁时目睹亲密伴侣暴力能预测 5 岁时短时记忆、工作记忆和有意记忆的水平，控制人口统计学变量后这种预测效应依然存在。[③]

孩子并不是被动受父母影响，而会用自己的方式来主动理解父母的行为，他们很有可能对亲密关系家暴行为进行合理化解释，通过此种行为反复

① 李健吾. 目睹家暴，孩子健忘[J]. 妇女生活，2018(10).

② 张媛，刘艳，陶云. 试论家庭暴力对儿童心理的伤害[J]. 思茅师范高等专科学校学报，2006(8).

③ 黄保红，周春燕，黄海，刘陈陵，李林. 目睹家庭暴力对儿童认知和行为的影响[J]. 中国学校卫生，2018(10)：1591—1595.

的强化作用提供榜样行为。目睹家庭暴力对儿童未来的潜在影响也很关键。首先由于儿童自小对家庭暴力耳濡目染，对两性的角色很容易产生刻板印象，或对两性交往的模式固着化，或对两性关系感到疑惑和不知所措。其次，他们会产生是自己导致了父母婚姻不幸的想法，将一切后果归因到自己身上，父母之间家庭暴力的阴影让他们扭曲了对自我价值的认知。

（一）对女孩认知的影响

对于从小目睹家庭暴力的女孩而言，她们容易形成一种自卑心理，形成观念中的宿命论，这种情形下极易受传统性别角色观念的影响，形成男尊女卑、男强女弱的性别偏见，以至于在日后的工作生活中容易逆来顺受，并为这种状况寻找恰当的理由。从小目睹父亲对母亲施暴的女孩，往往会误认为男性就如施暴的父亲般强悍，女性就如受害的妈妈强忍及逃避。所以长大后她们不愿与男性交往，对婚姻充满恐惧，不敢进入亲密的两性关系。

（二）对男孩认知的影响

心理学中有个专业术语叫做“向攻击者认同”，意思是曾经被暴力对待，被虐待的人，有一天变得和曾经虐待过他的人一样，也去暴力对待他人。这种暴力包括躯体暴力，也包括精神暴力。从小被父母躯体暴力的孩子，因为向曾经攻击自己的人认同，未来以同样的方式对待自己的孩子的可能性会大大增加。在那些暴力犯罪，虐待小动物的人群中，很多人都是在他人，或小动物身上，重复曾经自己被亲近的人残忍暴力对待的方式。①

此外，在目睹家庭暴力的过程中，男孩从中受到的是一种男权思想的感染，形成依靠权势或拳头赢得尊严的思想。这种思想认识的偏差会使男孩在思想上形成优越感，并可能在潜移默化中产生暴力倾向。父母之间用家庭暴力来解决问题会使孩子重复观察攻击模式，从而会助长孩子用暴力解决问题的信念。他们会产生这样的错误认知：暴力是解决问题的一个有效途径。很多孩子会把这个经验从青少年带到了成年时代，崇尚暴力，最终走上不归路。

很多案例里，孩子小时候很乖，后来却成了问题少年、问题青年，大了之

① 2岁半幼童遭父亲抱摔死亡：父母的暴力行为有多可怕？[EB/OL].（2018-08-21）[2020-11-22]. https://www.xinli001.com/qa/100713289.

后甚至报复社会。记者红梅被家暴致死案，这是《中华人民共和国反家庭暴力法》在 2016 年 3 月 1 日生效后的第一例家暴致死案。当事人是名女记者，当地的电视台副主任。在这起案件中受害人的孩子认知已经出现了明显的偏差。据受害者同事所说，这个孩子和其他孩子不太一样，平常沉默寡言，经常低着头，用脚尖儿戳地。记者采访时，他用语音给已经去世的妈妈发了一条信息，说你等着我长大，我一定要杀了他，给你报仇。红梅的儿子前一天目睹父亲施暴的全过程，第二天看到母亲被父亲活活打死，家暴给成长中的孩子在心灵上留下了不可弥合的创伤。①

二、情绪和情感的障碍

（一）出现消极情绪

当孩子目睹父亲对母亲实施家暴，首先会感到害怕和恐惧，可能躲在角落不敢表达愤怒，更怕父母由此离异，家庭不再完整。即使父母后来和好，生活恢复了往日的平静，孩子仍然害怕在看不见的地方父母会争吵，担心类似的家暴再次发生，所以他们一边小心翼翼地享受安稳，又一边时时提防父母是否会马上“开战”。可想而知，目睹家暴的孩子不可能像其他孩子那样无忧无虑地生活，父母家庭暴力的阴影难以从心中抹去。

其次，当父母之间的家庭暴力越来越频繁时，他们会产生愤怒情绪，怨恨父母不能带给自己一个正常的家庭生活。这种怨恨的情绪通常也会表现为对身边人的态度冷漠，有些孩子会为微不足道的小事而极度激动，甚至出现带有破坏性的过激行为。

最后，目睹家庭暴力还会使儿童表现出更多的焦虑、抑郁情绪，增加儿童罹患广泛性焦虑障碍、重度抑郁症的风险。一项针对 8—11 岁儿童的研究发现，儿童自我报告的目睹母亲或者父亲遭受亲密伴侣暴力情况能解释其抑郁水平总变异的 17%—18%。长期影响来看，儿童期目睹家庭暴力可能会增加成年后情绪抑郁的风险。追踪研究发现，童年目睹过父母间暴力的大学女生报告有中等程度抑郁的比例是非目睹组的 2 倍，而男生有自杀想

① 女记者红梅遭受家暴致死案今日开庭，被告人金柱一审被判处死缓！[EB/OL].（2017 - 03 - 20）[2021 - 07 - 23]. http://www.sohu.com/a/129549609_117371.

法的比例也是非目睹组的 2 倍。①

（二）产生情感障碍

目睹家暴儿童和直接受虐受到的创伤是一样的，那些目睹家庭暴力的儿童更容易遭受各种情感和行为困扰，例如行为畏缩、噩梦和外伤之后的精神压力错乱。目睹家庭暴力的儿童由于家庭功能的不健全，很容易使他们缺乏正常人之间情感上的交流和体验。情感肤浅而冷漠，以自我为中心，脾气暴躁，自控能力差都成为这类儿童的情感特征。2017 年 6 月某地的一起死缓案，当事人被丈夫长期家暴，最后被泼汽油导致全身重度烧伤生活不能自理。《冰点 热点 焦点——一名女记者的追踪实录》一书的作者曾去采访过这一家，令她感触最深的是他们家 14 岁的孩子康康对这件事的反应。他的妈妈被毁容了，但他却表现得毫不同情，反而希望父亲轻判。在采访过程中，他自始至终没有一个笑容，非常冷淡。据家人透露，在四年前，康康九岁半的时候，由于一直目睹父亲对母亲的家庭暴力，对家暴十分怨恨，甚至尝试过自杀，最后被小姨拦下。

目睹家庭暴力儿童的自尊感普遍偏低，他们会产生深深的自卑感和羞愧感，这种自卑、羞愧的情感长久地压抑在心里，他们会责备自己没有能力去阻止暴力的发生，若家庭暴力导致父母分离，孩子觉得自己要为家庭的破碎负责，因此充满罪恶感。长期以来父母的暴力冲突使家中的大人无暇顾及孩子的感受和需要，儿童经常处在被忽略和得不到关心的情况下，逐渐产生自卑感。

此外，目睹家庭暴力还会增加儿童的孤独感，难以结成稳定的同伴及亲子依恋关系。在目睹家庭暴力后，孩子会用自己的方式从威胁性、家庭稳定性以及自责感来解释家暴行为，由于长期处于混乱家庭的情境之下无法与父母建立起信任关系，这会影响孩子以后与他人建立信任关系，更难以形成稳定的伴侣以及亲子关系，不少人对婚姻丧失信心，不敢结婚生子。有学者对有目睹家庭暴力的大学生进行调查，发现他们在恋爱中会明显表现出缺乏安全感。② 从长期影响来看，目睹家庭暴力还会使儿童成年后在亲密关系

① 黄保红，凤鸣朝阳春燕，黄海，刘陈陵，李林. 目睹家庭暴力对儿童认知和行为的影响[J]. 中国学校卫生，2018(10)：1591—1595.

② 严涵潇. 目睹家庭暴力大学生亲密关系特质的质性研究[D]. 北京：北京建筑大学，2019.

中更倾向于形成焦虑型或回避型等不安全的依恋类型，进而影响其婚姻适应情况。

（三）出现 PTSD 症状

创伤后压力心理障碍症（post-traumatic stress disorder，PTSD）指人在遭遇或对抗重大压力后，其心理状态产生失调之后的后遗症。这些经历包括生命遭到威胁、严重物理性伤害、身体或心灵上的胁迫。有时候也被称之为创伤后压力反应、创伤后压力症、创伤后压力综合征、创伤后精神紧张性障碍、重大打击后遗症，这是用以强调这个现象乃经历创伤后所产生之合理结果，而非病患心理状态原本就有问题。在临床实践中发现，不少心理疾病的致病因素都与家庭有关，与年长者相比，暴露在暴力环境中的儿童更容易出现 PTSD 综合征，其特征为具有侵入性、回避性、情绪麻木和警觉性增高，并伴随着情绪、认知和自我概念的负面变化，与健康儿童相比 PTSD 患儿表现出更多的行为问题、情绪问题和健康问题，严重的会有自杀行为的发生。

目睹家庭暴力也是 PTSD 最常见的原因之一。一项对 1—7 岁儿童的研究发现，目睹亲密伴侣暴力的儿童中近 50％出现了一些 PTSD 症状，7 岁儿童 PTSD 的诊断率达到 21％，同时也发现，PTSD 症状与目睹家庭暴力的频率有关，且 PTSD 症状表现存在年龄特征。① 如果儿童同时还遭遇了其他创伤事件，罹患 PTSD 的风险将进一步增加。总的来说，目睹家庭暴力的儿童年龄越小、时间越长、频率越高，以及将父母间暴力归因于自身的倾向越强，遭遇的创伤种类越多，被诊断为 PTSD 的风险就越高。②

目睹家庭暴力儿童的 PTSD 症状还存在性别及种族差异。母亲具备较高的情绪社会化能力可以缓冲目睹家庭暴力对 PTSD 症状的影响，具体表现为母亲对悲伤情绪的感知及接受、对恐惧情绪的感知水平可以预测儿童的悲伤及恐惧情绪，进而发展出较少的 PTSD 症状。还有研究者通过使用混合回归模型考察了家庭环境因素对学龄儿童目睹家庭暴力与 PTSD 症状间关系的影响，发现了 3 种潜类别：对环境低敏感性的无症状组，占总体的

---

① LEVENDOSKY A A, BOGAT G A, MARTINEZ-TORTEYA C. PTSDsymptoms in young children exposed to intimate partner violence[J]. Viol Again Women, 2013, 19 (2) : 187 - 201.

② 黄保红，周春燕，黄海，刘陈陵，李林. 目睹家庭暴力对儿童认知和行为的影响[J]. 中国学校卫生，2018(10)：1591—1595.

66%；对环境中度敏感性的失调组，占 24%；对环境高度敏感性的严重失调组，占 10%。此外高学历母亲的孩子更可能成为失调组而非无症状组。①

三、人格层面的缺陷

人格是人的内部生理和心理特质的外化，是人在处理和应付各种外界矛盾时表现的人的性格、气质和能力的基本特征。人格健全是心理健康的集中体现，儿童时期的人格教育对将来人格的形成和完善具有重要的意义。弗洛伊德强调童年经验在人格形成中的重要性，认为个人生活的不幸可以在其过去的经验尤其是童年时期的经验中寻找根源，即大多数心理疾病患者，究其病因，往往都可追溯到童年时的环境和教育因素。弗洛伊德对早期经验重要性的论述主要集中在儿童生物需要的满足与挫折上，这些需要的适当满足会促成人格顺利发展，而过分的放任和挫折都会使儿童固定在某一阶段并产生人格的损害。身处于家暴环境中的儿童尤其是目睹家暴的儿童，由于家庭的不和谐，根据马斯诺需要层次理论和弗洛伊德的理论，他们的安全需求和归属需求得不到满足，这就可能会导致病态人格等一系列的人格障碍。

一项来自美国威斯康星监狱系统、针对病态人格（psychopathic）囚犯的长期研究显示，童年期目睹家庭暴力与成年后存在病态人格显著相关。② 威斯康星大学医学与公共卫生学院副教授 Michael Koenigs 称：“先前已有研究显示，童年期遭受躯体虐待与成年期反社会人格及犯罪行为相关。即便没有成为家庭暴力的直接受害者，仅仅是目睹家庭暴力，即与成年犯罪者的病态人格特质也相关。这一发现提示，家庭暴力对儿童的影响可能被低估。”“家庭暴力是一个很重大的社会问题，每 15 名儿童中就有 1 人目睹家庭暴力，”研究者指出，“这一经历的消极影响可持续至成年期，即便自己没有亲身遭受。”

---

① MCDONALD S E, SHIN S, CORONA R, et al. Children exposed to intimate partner violence: identifying differential effects of family environment on children's trauma and psychopathology symptoms through regression mixture models[J]. Child Abuse Negl, 2016, 58 (8) :1 - 11.

② DARGIS M, KOENIGS M. Witnessing domestic violence during childhood is associated with psychopathic traits in adult male criminal offenders[J]. Law Hum Behav. 2017,41(2):173 - 179.

心理学上对人格进行了具体的划分，将人格划分为性格、气质、能力三个方面，人格随着儿童时期生活环境的变化不断修正而改变，最终使人格趋向稳定。儿童最常接触的环境，绝大部分是家庭，早期的童年经验常烙印在个体的青春期、成年期、壮年期一直到老年期，成为人格发展的基础。青少年早期经验中的体验、感受、态度可能在当时无法了解其心理意义和价值，而很多触动人心的感受并不是有意识的存留下来，但是会经年累月地压抑到潜意识中，若隐若现制约青少年的意识状态的平衡，时时刻刻影响着青少年的人格的发展。

（一）反社会人格障碍

由于家庭暴力往往导致父母离异，孩子生活在缺乏情感爱护和生活关照、被歧视和被冷漠的环境中，这是反社会人格的主要成因。这类人格异常表现为高度攻击性、无羞惭感、行为无计划性和社会适应不良。他们法律观念淡漠，对亲人不管不问，有泛化的敌意和冲动行为，与身边的朋友、配偶等不能维持长久、亲密、忠实的关系。他们经常更换婚姻、工作，两性生活混乱，对子女不闻不问，有些学者称之为"无情型人格障碍"。[①]

反社会人格障碍（ASPD）的形成离不开环境因素，其中家庭教养方式在个体的成长过程中起了很大的作用。良好的父母教养方式有利于个体形成积极的人格，更好地适应社会，保证个体健康成长；但如果父母过于严厉或个体在儿童期遭受躯体虐待或是情感忽视，则很容易造成人格偏离、情绪不稳定，个体易形成消极人格。众多研究表明，童年创伤性经历与 ASPD 的共情缺陷及羞耻感缺失密切相关。

上文所提到的丈夫泼汽油致妻子重度烧伤一案中，他们的孩子康康九岁半时因为家暴试图自杀，那个时候他还很爱他妈妈、心疼他妈妈。但后来就表现得非常冷漠，再也看不到笑容，对任何人都很仇视，怀有敌意。他说，有一次他维护妈妈，然后他爸爸差点将他打死，后来他就不敢吭声了。他妈妈出事之后，他就转学了。没两天，跟同学互殴被警察叫去。后来他辍学不回家住，谁给他钱就跟谁亲近。小姨为了救助他妈妈，卖了房，他却没表现出一点感激。但大伯给了他 500 块钱，他立马表现得很亲近，他现在不能与

---

① 程晓丽. 家庭暴力——孩童成长中的腐蚀剂[J]. 科技风，2008(5)：119.

身边人维持长久、亲密的关系，表现出泛化的敌意和冲动行为。这都是长期处于家暴环境下所导致的严重心理问题。①

（二）分裂型人格障碍

目睹家庭暴力儿童也更容易产生分裂型人格。分裂型人格障碍的特点主要表现为敏感多疑，极易产生妄自尊大的心理，但是又极容易产生羞愧感和耻辱感，行为古怪，他们有强烈的自我权利意识，并会为此陷入争论之中。

如果儿童早年家庭成员生活不和谐，父母经常发生暴力行为，他们极易产生心理上的焦虑和敌对情绪，并因此分离、独立，逃避与家人的接触，因而产生逃避与其他事物接触的心理。他们主要表现为缺乏感情上的温暖和交流，显得冷漠，毫无幽默感，但内心世界广阔，常常想入非非、内容古怪，多缺乏相应的情感体验，缺乏进取心，他们总是以冷漠无情来应对社会，但这种与世无争的外表并不能压抑内心的焦虑和敌对的痛苦。②

第三节　行为层面——"变"

将儿童长期暴露在家庭暴力环境中，不但对他们的心理造成了伤害，而且这种心理问题会逐渐转化为不良行为表现出来。婚姻暴力家庭的系统都是高度封闭的，父母之间的争执和暴力行为会造成孩子的压力，对于这种压力，他们首先会产生情绪性反应，为了化解这种消极心理状态，他们随后会做出一系列工具性反应，如离家出走、介入父母争执等。从家庭系统理论来看父母婚姻暴力和儿童问题行为，儿童的问题行为是反映整个家庭系统压力的信号，是为稳定家庭平衡的一种适应性行为，儿童用这种行为来减轻或缓和因父母婚姻暴力而产生的压力。③

美国心理学协会对 118 项研究进行的元分析，研究发现目睹婚姻暴力儿童比起一般儿童更容易出现一些行为问题，目睹父母婚姻暴力会直接或间接地导致儿童产生内化性问题与外化性问题。④ Achenbach 在 1966 年将常

---

① 走出目睹家暴的阴影[EB/OL].（2018－11－27）[2021－07－23]. http://zhuanlan.zhihu.com/p/51009501.

② 程晓丽. 家庭暴力——孩童成长中的腐蚀剂[J]. 科技风，2008(5)：119.

③ 曾庆玲，周丽端. 父母婚姻暴力对儿童问题行为影响研究[J]. 家政教育学报，1999(4)：66—89.

④ 马维振，李卉子. 目睹父母婚姻暴力对儿童发展的影响[J]. 中小学心理健康教育，2018(5)：4—8.

见儿童及青少年心理病理问题分为内化性问题（internalizing problems）和外化性问题（externalizing problems）。从症状水平来说，内化性问题指问题常发生于个体内部，如抑郁、恐惧、焦虑、害羞等等，而外化性问题则表现在外在行为上，大都指向他人，包括与他人的冲突、表现出攻击性行为、过度活跃或多动等特点。① 值得注意的是，当儿童暴露在暴力情境中的频率越高，表现出行为问题的可能性与严重程度越高，这些现象也会影响到儿童的道德发展。

这些年来，国外学者格外关注父母婚姻暴力中暴力行为的代际传递效应。1977 年，班杜拉的社会学习理论（social learning theory）最早涉及了家庭暴力的代际传递过程。根据社会学习理论，儿童在目睹父母婚姻暴力的过程中习得暴力行为，从而实现了暴力的代际遗传。在暴力的家庭环境中，施暴者和受虐者无疑给儿童示范了最好的暴力行为教材。② Lynette 的研究发现，在童年期目睹过父母婚姻暴力的儿童在成年期更有可能对伴侣或子女实施暴力行为。③ 国内有学者通过对暴力家系组与无暴力家系组的施暴者进行对比研究，结果发现国内社区家庭暴力严重躯体施暴行为存在代际遗传现象，即儿童期目睹家庭暴力成年后更容易成为躯体施暴者，而亲身经历家庭暴力不一定成为严重的躯体施暴者。

有学者的研究以四名受虐妇女的子女为研究对象，结果发现会有行为上的问题，在行为层面上可分为学龄期儿童及青少年时期，两阶段有着不同的行为表现：就学龄期儿童而言，表现出严重的内外在问题，如同侪关系不良、注意力不集中、影响学业问题、学校恐惧症、遗尿、夜惊、失眠、害羞、退缩、对情感没有反应及过分依赖，而也有子女过分依赖母亲的行为表现；就青少年时期而言，有逃家、焦虑、害羞、自杀、攻击行为、以暴力当作解决问题的工具或是较高的机率出现反社会行为等等表现。

---

① 柳娜，曹玉萍，亚林．家庭暴力严重躯体施暴行为的代际传递——目睹家庭暴力[J]．中国临床心理学杂志，2015，23(1)：84—87.

② 罗晓云．婚姻冲突对学龄儿童心理行为问题的影响状况及影响路径研究[D]．昆明：云南师范大学，2007.

③ BECKFORD P H. The impact of witnessing parental vio-lence on adult children[D]. Dissertation Abstracts International，1994.

一、退缩行为

目睹家庭暴力儿童可能会出现退缩行为，如逃避家庭、离家出走以及为人孤僻、做事畏缩等一系列退缩性行为，有的青少年甚至以自杀行为来求得生活解脱。

家庭是与每个人成长关系最为亲密的社会组织，对青少年心理状况和行为模式的影响十分深远，因为家庭可以给人带来基本的安全感以及社会支持，而且家庭还是青少年社会化的重要场所。健全和谐的家庭有利于儿童及青少年身心健康的成长，家庭破裂、家庭成员关系紧张、家庭冲突、家庭暴力及家庭结构的突变等不良家庭环境因素都可能直接影响到青少年的心理状态和行为模式。

破裂家庭或父母经常争吵甚至出现家庭暴力行为的不和睦家庭对儿童及青少年的身心健康明显不利，青少年出现躯体疾病及心理障碍的可能性就大。有报道证实，母孕期遭受言语攻击等精神暴力其子代出生后会表现出退缩行为，如经常性的闭眼，对玩具的索求少，探究性差，社会交往能力差。① 15—19 岁年龄组青少年的心理和生理都在趋向成熟，但这个阶段也是多事之秋，是一个敏感时期，内心更容易焦虑和自卑，处在家庭暴力多发家庭的青少年为了逃避父母之间的矛盾和外界异样的眼光，会刻意逃避现实状况，他们不会轻易向外人倾诉，有时会以冷漠的态度对待他人或离家出走等行为来进行无声的抗议。

目睹家庭暴力的青少年更容易出现某些极端行为，这类青少年有高于平均水平的自我毁灭行为风险，如自杀、嗜酒和药物滥用和性滥交。目睹家庭暴力对于大龄儿童而言，内心的伤害多于肉体的伤害。

美国一项统计表明，父母的不和谐关系或者父母之间的暴力行为会直接导致青少年自杀行为。美国心理学家赫茨曾对全世界五大洲 20 多个国家中 8—14 岁的少年儿童进行了广泛调查，结果惊人地发现，不同国家、不同种族、不同社会制度的国家中的孩子对父母的不满大同小异，孩子们对家庭的

① 张勇.孕期家庭暴力与孕妇心理、产后抑郁、新生儿神经生化及遗传—环境交互作用对婴儿认知行为的影响[D].长沙:中南大学,2008.

经济水平和社会地位并不太重视，能否使孩子感到幸福并不取决于家庭的贫富程度，而在于能否使孩子感到自己是真正属于这个小集体并得到家人的关怀，孩子最不满意的就是父母吵架。刘继成报道四川成都双流县15例自杀儿童案例，有7例是由于家庭纠纷引起。可想而知目睹家庭暴力对孩子的危害超过一般人的想象，它足以摧毁一个孩子的未来。

二、不良行为

身处家庭暴力影响的青少年，也会比其他人更易染上吸烟、饮酒及不良饮食习惯等问题。陈晶琦所做的《3 577名大中专学生童年期虐待经历及其与心理健康和行为问题的关联研究》报告，童年期有过≥7项虐待经历的学生，在最近30天，在吸烟的天数中，每天至少吸1支烟的比例，男生是53.8%，女生是18.9%，其在吸烟的天数中每天至少吸1支烟的相对危险性是没有虐待经历学生的1.8倍(男生)和9.0倍(女生)。在吸烟的天数中每天至 少吸1支烟的比例，有随虐待种类增多而上升的趋势。

在最近12个月里饮酒醉过的比例在有童年期≥7项虐待经历组是48.6%(男生)和37.6%(女生)，其近1年来饮酒醉过的相对危险性是无虐待经历的4.1倍(男生)和6.1倍(女生)。

报告童年期有过≥7项虐待经历的女生，为减重或防止增重，在最近30天中有29.0%曾24小时或更长时间不进食，有12.9%在没有医生医嘱的情况下服用药物、17.2%曾呕吐或服泻药。其发生这些异常饮食行为的相对危险性分别是没有虐待经历女生的9.6倍、5.4倍和8.8倍。总的看来，其异常行为的发生率有随虐待种类增加而上升的趋势。① 而这些不良行为的发展会进一步演变为攻击行为乃至犯罪行为。

三、攻击行为

心理学家班杜拉(Bandura)认为，攻击性行为是一种复杂的事件，对其下定义不仅要考虑到伤害的意图，而且还要考虑到社会的判断，看究竟哪一

---

① 陈晶琦. 3 577名大中专学生童年期虐待经历及其与心理健康和行为问题的关联研究[R]. 北京：北京大学儿童青少年卫生研究所，2005.

种行为称得上攻击性行为。① 实质上，攻击性行为是青少年品行障碍的一种主要表现，其主要特点是对事物往往作出爆发性反应，例如：心境反复无常，易于爆发激情；行为无计划，不可预测；行为爆发时不可遏制，不考虑后果；易与他人冲突和争吵。具有攻击行为的儿童，常常还有品行障碍的其他表现，如逃学、偷窃等。他们也可能会自我构造一个社会现实，即被动攻击行为模式是规范的和可接受的，并将这种想法转化为实际行动，比如把他们遭遇的虐待外部行为化，或者对同龄伙伴进行攻击性行为。②

从小目睹家庭暴力的孩子长大后很有可能具有高暴力倾向性行为。暴力环境中成长起来的儿童，其潜在触犯法律、存在不良习气等风险更高。一份来自美国马萨诸塞州的研究报告显示，在家庭暴力环境中成长起来的孩子发生自杀现象的可能性要比正常环境成长的孩子高出6倍、犯性袭击罪高出24倍、犯罪机会高出74倍、酗酒高出50倍，家庭暴力不仅仅在身体和心理上会给儿童带来直接伤害，很多研究也表明，儿童通过"观察"等非直接方式接触家庭暴力也会带来严重后果。③ 目睹暴力家庭里的孩子出现攻击行为的几率比普通家庭要高得多，孩子越小，家庭暴力对孩子健康成长的威胁就越大。随着年龄的增加，多年目睹家庭暴力的隐性影响便会产生显性后果。目睹家庭暴力的巨大压力不断积聚，会以各种形式表现出来。由此可见，家庭暴力环境是攻击性行为产生的一个重要因素。④

班杜拉创立的社会学习理论试图探讨个体的认知、行为、环境因素三者及其交互作用对人类行为的影响，着眼于观察学习和自我调节在引发人的行为中的作用，重视人的行为和环境的相互作用，认为人的行为，尤其是复杂行为主要是通过后天观察和模仿习得的。这一学说一直以来都广泛用来解释家庭暴力行为的形成。目前大量研究发现，男性儿童目睹家庭暴力成年后在家庭中常扮演施暴者的角色，而女性儿童期暴露于暴力环境，长大后容易成为受虐者。⑤ 孩子在家庭暴力环境中耳濡目染，从而学习到父母之间

① 中国性别平等与妇女发展指标研究与应用课题组.中国性别平等与妇女发展评估报告(1995—2005)[J].妇女研究论丛，2006(2)：11—21.
② 王梦捷.家庭暴力对儿童行为的影响及应对措施[N].中国妇女报，2018-05-29.
③ 王梦捷.家庭暴力对儿童行为的影响及应对措施[N].中国妇女报，2018-05-29.
④ 李安.青少年的攻击行为与责任归因[J].青少年犯罪问题，2005，(26)：20.
⑤ 柳娜，张亚林.家庭暴力施暴行为的代际遗传[J].中华行为医学与脑科学，2012(11).

的暴力行为，Dutton 提出目睹家庭暴力子女的三种学习模式：一是一般性模式，凡是目睹家庭成员之间的暴力，无论是殴打或被人殴打，将会影响将来的两性关系；二是特殊性模式，目睹者可能会学习到某种暴力的特殊情况，而将此期待进入自己未来的两性关系；三是代代相传模式，目睹婚暴之儿童比起直接受虐的受害者有更多的可能性，在婚姻关系中表现更多的攻击性。第三种代代相传模式又被称为代际遗传。社会学习理论主张孩子生长于暴力家庭，家人的暴力行为为子女提供一个暴力的行为示范，当孩子在这样的家庭下长大，以为暴力是被允许的，因此，长大另组新家庭时把原生家庭所学习的暴力模式重新施加入新的家庭中，成为代际暴力传递现象。

这种家庭暴力的代际流向是通过儿童目睹其父母的夫妻间暴力行为而间接传递到成年后新生家庭的夫妻之间。Ernst 等研究指出，童年目睹父母的夫妻间暴力则成年后也成为施暴者的人数显著高于非施暴者。① 此外，从家庭三代情况看，Cannon 等发现在控制了种族和受教育程度差异后，童年期目睹父母有夫妻间暴力的女性，她的子女也更容易在童年期目睹父母发生夫妻间暴力。② 以上研究显示个体原生家庭的夫妻间暴力具有代际传递效应。夫妻间暴力和亲子间暴力不仅各自具有代际传递效应，也能相互转换传递。原生家庭到新生家庭的代际流向可以是夫妻间暴力到亲子间暴力，也可以是亲子间暴力到夫妻间暴力，还可以两种暴力共同发生传递。童年期同时经历过父母的夫妻间暴力和亲子间暴力的个体更容易在成年后的夫妻关系中再次成为受害者③，可见暴力共存的代际传递具有复杂性。

公益短片《看见瘀青》里讲了这么一个故事：爸爸经常家暴，儿子从出生起，就不得不躲躲藏藏，躲避爸爸随时可能挥过来的拳头。妈妈被打的场景，他看过无数次。当他长大后有了自己喜欢的姑娘，他一遍又一遍告诉自己，绝对不能成为父亲那样的人。但很快，他开始控制不住自己的情绪，他

① ERNST A A，WEISS S J. Adult intimate partner violence perpetrators are significantly more likely to have witnessed intimate partner violence as a child than nonperpetrators[J]. The American journal of emergency medicine，2009，27(6)：641－650.

② CANNON E A，BONOMI A E. The intergenerational transmission of witnessing intimate partner violence[J]. Archives of pediatrics&adolescent medicine，2009，163(8)：706－708.

③ JIRAPRAMUKPITAK T. Family violence and its 'adversity package'：A community survey of family violence and adverse mental outcomes among young people[J]. Social psychiatry and psychiatric epidemiology，2011，46(9)：825－831.

的身体里仿佛住着另一个暴虐的人，像他父亲一样，动手打了妻子。在片子末尾，孩子用稚嫩的童音缓缓说道：“如果你希望我家庭幸福，我不得不泼你一盆冷水。我会走上，和你一样的老路。”家暴毁掉的，远不止一代人。

在我们调研的35个个案中，其中就有较明显的反应。

个案3：“对小孩肯定有影响，像上上次来会见嘛，就说他打了别人一个耳光，就是人家老拿家里事来说，比如说他们同学肯定还小还没有成熟，还是上学的小孩，根本就不懂什么，同学之间遇到什么不开心啊，或者两个人闹矛盾就会戳他的痛楚。比如说我家里发生这么大的变故了，别人就会说，然后给他说急了就上去打了，人家打他一个耳光，就这样他也打了人家一个耳光。”

一项针对200多名家庭暴力施暴者进行的调查，发现因为目睹暴力而让家暴一代传一代的比例，高达30%。① 从小目睹母亲忍受家暴的女性，长大后成为家暴的受害者的比例，是一般女性的4.3倍。曾经目睹家暴的男孩，长大后对伴侣施暴的机率，比一般男性高出5.27倍。皆因目睹儿童在耳濡目染的环境下，很可能学习了以暴力来解决问题的负面冲突处理方法，因而出现了习得性暴力行为，成为日后的施暴者，严重影响其人际关系和社交能力。若不接受必要的疏导治疗，家暴目睹儿童很可能再度进入家暴恶性循环中，成为施暴者或受暴者。经历过家暴或者目睹过家暴的孩子，很有可能在成长中，也习惯于用暴力解决问题，同样虐待他的伴侣和孩子。

四、犯罪行为

（一）青少年罪犯多成长于发生家庭暴力的家庭

我国青少年犯罪形势从20世纪80年代初以来一直呈严峻形势，仅官方统计表明，在1980年至1989年的10年期间，14周岁至25周岁年龄段的犯罪人数占全部犯罪人数的比重一直维持在70%以上。而1990年至1999年的10年期间，这一比重虽有所下降，但仍维持在60%的高位，其中因受家庭暴力这种不良家庭环境因素影响而引发的青少年犯罪占有相当大的比重。家庭暴力这种极为负面的家庭环境对青少年的心理和生理都产生了很多的

① 白雨冉.社区儿童综合保护网络构建研究[D].昆明：云南大学，2014.

不良的影响，是导致青少年走上违法犯罪道路的一个重要原因。①

（二）目睹家庭暴力对青少年犯罪的潜在影响

首先，长期生活在有家庭暴力家庭中的青少年，耳濡目染家庭的暴力行为，易形成错误的世界观、人生观和价值观，他们变得以自我为中心，崇尚暴力，将暴力作为解决问题的基本方式，好勇斗狠。其次，生活在家庭暴力环境里的青少年一般都缺乏安全感，他们自卑、性格急躁、情绪易波动，在社会上与他人相处时遇到不如意就容易发生暴力攻击行为，极易走上违法犯罪的道路。最后，由于家庭缺乏温暖，很多青少年选择离家出走，到社会上寻求关心和温暖，但他们的辨识能力不强，过早踏入了纷繁复杂的社会，易被不法分子利用加入某些犯罪团伙，走上违法犯罪的道路。

据调查显示，某市破获的两起流氓团伙斗殴案中，其成员不满 18 岁的占 80.5%，这些人的父母大多文化水平低、家庭不稳定、父母教育方式简单粗暴，有时甚至拳脚相加。② 这些都表明家庭暴力对青少年犯罪的间接影响很大，甚至还会带来一系列的连锁反应，使得青少年的犯罪率不断攀升，为社会增添了很多的不安定因素。③

家庭环境因素是探讨未成年人犯罪最为重要的环境因素，恶劣的家庭环境是造成青少年适应不良及犯罪的重要变量。小白是北京某中学在校生，小白的母亲早年与小白的生父离婚后一直与李某同居，多年来李某脾气不好，经常殴打小白和她的母亲。一天，在李某再次殴打小白的母亲后，小白的母亲在家中持铁锤将李某杀害，小白在明知母亲犯罪的情况下仍帮助母亲清理现场血迹。鉴于小白犯罪时未成年，其在犯罪行为尚未被司法机关发觉的情况下，主动、如实交代了自己的犯罪行为，应认定为自首，故依法对其从轻处罚。同时，小白系在其母指使下实施犯罪，主观恶性不深，认罪态度较好，有悔罪表现，作为酌定从轻情节予以考虑。最后，小白犯帮助毁灭证据罪被处以刑事处罚。经了解，小白在校就读期间表现良好，无任何违规违纪行为。小白的遭遇可以说是家庭带给她的不幸。成长于单亲家庭，母亲性格软弱不能保护自己，长期缺少父爱，没有良好的家庭环境和家庭教

① 雍自元. 青少年犯罪研究[M]. 合肥：安徽人民出版社，2016：165.

② 雍自元. 青少年犯罪研究[M]. 合肥：安徽人民出版社，2016：165.

③ 郭开元. 中国家庭暴力犯罪研究[D]. 北京：中国政法大学，2003.

育，李某与母亲的畸形相处模式也对小白的身心健康产生了非常不利的影响。①

家庭是社会的细胞，当一些家庭由于各种原因对孩子的教育出现问题而难以解决时，应当主动寻求社会的力量。预防未成年人犯罪是全社会的大事，学校、社区、司法等部门会不同程度给予家庭以监督和指导，未成年人的监护人应当主动寻求帮助，配合做好预防工作。

（三）父母不良婚姻关系对青少年犯罪心理的影响

研究发现父母关系与青少年犯罪有紧密的联系。情绪安全性假说认为，婚姻冲突对儿童情绪调控能力产生消极作用，能影响儿童对家庭关系的认知表征。社会学理论则认为，父母是儿童社会学学习的榜样，如果父母关系表现为冲突，他们就会习得愤怒、冲动等应对方式，进一步发展出问题行为和犯罪行为。另外，父母关系可以有机统一于家庭功能。家庭系统理论认为，家庭作为系统满足家庭成员的需要，适应并促进家庭成员的发展，家庭成员在其中相互影响，形成家庭整体功能，对家庭成员的心理健康和适应行为产生作用。②

家庭暴力导致家庭关系不和谐从而造成对孩子的消极影响。美国学者指出，对孩子的重大影响并不是离婚或者分居后的破裂家庭，而是家庭破裂前家庭里的那种紧张氛围和情感冲突。家庭紧张主要表现为憎恨、敌意、不停地责骂、争吵或者家庭暴力等。其中影响最大的是家庭暴力，它会对未成年人的身心健康产生严重的消极作用。这会使青少年长期精神紧张与忧郁，处于一种极不稳定的状态，形成变态心理和怪僻性格，发生行为的异常现象，埋下将来自己家庭关系不和谐的种子，生活在家庭暴力环境下的青少年也容易出现越轨行为。因为不顺利的婚姻生活往往使父母无暇顾及子女的事务，这种控制力量的消失正是青少年越轨的主要原因之一。③

在婚姻暴力家庭中成长的儿童进入少年期以后，如果没有良好的家庭环境和教育来矫正其儿童期所造成的缺陷，产生不良行为或犯罪是不难理解的。心理学研究表明：70％的少年暴力犯罪在儿童期就被认定为有攻击

---

① 高中建.当代青少年问题与对策研究[M].北京：中央编译出版社，2018.

② 凌明琪.家庭暴力及其对青少年犯罪的影响[J].喀什师范学院学报，2009(30)：5.

③ 金灿灿.犯罪未成年的社会适应及其影响因素[M].北京：中央编译出版社，2018.

性行为。也就是说，从小攻击性强的孩子，如果不加以引导，长大后极易走上违法犯罪的道路。生长在家庭暴力下的孩子可能比没有暴力家庭的孩子，蓄意纵火以及虐待动物的倾向高出至少两倍。家庭是决定一个儿童是否犯罪的重要因素，是青少年适应社会的基本媒介，它决定了青少年的社会经济地位，家庭的结构与状况对青少年的性格形成起着关键性的作用。①

暴力循环理论最早是由卡西·S.施德姆提出，既包括代际间的暴力循环，也包括非代际间的被害人与犯罪人的暴力转换。②

在家庭暴力中，暴力循环理论主要指代际间的暴力传递，意指生长在暴力家庭中的人，通过习得的行为，可将暴力直接传递给下一代，由此形成一个暴力不断再生的循环。③ 处于童年期的儿童如果在一个暴力家庭中遭受或者目睹暴力，这样的儿童很大可能没有机会学习解决冲突的技能，长大后易倾向于成为用暴力解决问题的成年人。成年施暴者中常见控制愤怒情绪缺陷，就是这个原因。

暴力循环理论目前在学术界仍然比较流行。它之所以被很多人接纳的原因在于它区分了“暴力家庭”中特殊异化的一些人和正常家庭成员间的不同，处理家庭暴力的方法也许就是将儿童从暴力家庭中带走，尽可能减少暴力向下一代传递的可能性，从而“阻断循环”。④ 基于此理论，我们可以认为治疗家庭暴力心灵创伤是阻断代际遗传的关键，对目睹家庭暴力的儿童、对家庭暴力中的夫妻进行心理干预，引入社会心理组织，进行心理治疗是阻断家庭暴力的有效手段。⑤

---

① 杨静慧.家庭变迁背景下未成年人道德养成研究[D].徐州：中国矿业大学，2018.

② 赵甫.犯罪预防的被害人视角[D].重庆：西南政法大学，2007.

③ 杨娜.家庭暴力与社会支持——家庭暴力社会工作干预模式探索[D].天津：南开大学，2006.

④ 李洪涛，齐小玉.受害妇女的援助与辅导手册[M].北京：中国社会科学出版社，2004.

⑤ 刘艳红.社会工作干预家庭暴力的协作模式研究[D].石家庄：河北师范大学，2015.

第四章　家庭暴力“恶逆变”之受暴者

在家庭暴力中，曾有学者做过调查，在118名遭受过家庭暴力的女性犯罪人中，有97人具有“恶逆变”的特点，高达82.2%，并且在调查中发现“恶逆变”女性犯罪人绝大部分首先是家庭暴力、家庭问题的受害者。① 家庭暴力受暴妇女之所以从被害人转化为犯罪人，这其中的原因值得我们探讨。

我们将以家庭暴力妇女受暴者为研究对象，通过研读相关文献和收集有关资料，然后通过相关案例分析，从犯罪学和心理学的角度重点分析产生“恶逆变”行为的受暴妇女的心理和行为变化，以及“恶逆变”行为的类型、特点和产生原因；最后，在上述研究得出的结论和相关理论的基础上为有效预防受暴妇女“恶逆变”行为提出合理有效的建议。

第一节　理论依据——符号互动论

一、符号互动论的概念

符号互动论（symbolic interactionism）也被译成符号相互作用理论或者象征互动理论，是一种通过分析在日常环境中的人们的互动来研究人类群体生活的社会学理论派别，它主要研究的是人们相互作用发生的方式、机制和规律。②

在符号互动论中，符号是最基本的概念，符号一般是指能代表人的某种有意义的事物，如语言、动作、文字甚至一个场景等。人们赋予一种事物某种意义，它就成了符号，并且这种意义是人们所公认的。实际上，一种符号

① 林少菊.浅析女性犯罪人由被害到犯罪的“恶逆变”[J].公安大学学报，2002(1)：5.
② 王思斌.社会学教程：第三版[M].北京：北京大学出版社，2010：76.

只有在确切的情景中才能表达出意义，人们只有将符号视为一个系统，在一定的背景之下去理解符号才能真正领会其中的含义。

社会心理学家米德被认为是符号互动论的开创者，而美国著名社会学家赫伯特·布鲁默（Herbert Blumer，1900—1987）提出了符号互动的正式概念。在芝大时期，布鲁默受益于托马斯、库利、米德等社会学家，受到他们思想的熏陶，他将芝加哥学派的符号互动思想和社会心理学的思想加以整理，全面、系统地对符号互动理论进行论证，并且明确提出了“符号互动论”的名称。布鲁默指出：“人类社会的最典型特征就是符号互动现象……人们之间的‘反应’并不是相互行为的直接产物，而是根据他们附加在对方行为上的意义所作出的。因此，人际互动是以运用符号来解释或确定相互间行动的意义为媒介的。”①

由此可见，符号互动论的基本含义是，人们的行为及事物的世俗化内容或者功用并不是客观固有和一成不变的，而是通过在一定情境下社会互动过程中被赋予的象征性意义而获得的，个体在处理所遇到的事物时，总是会通过自己的解释去运用和修改事物对他的意义。

二、符号互动下的犯罪行为

符号互动实质上是社会成员之间（包括个人之间、个人与群体之间、群体之间）相互作用的社会行动过程。符号互动的意义在于，其能够促进社会成员对自我的认识；其可以合理满足行动者的各项需求；其是社会构成与发展的基础。② 由此可见，将社会学中的符号互动论引入犯罪学研究，将其作为理论基础来解释犯罪原因，将更有利于尽早发现引发犯罪的矛盾；有利于掌握犯罪动机形成过程；有利于从人际层次出发对犯罪的形成过程进行有力探寻；有利于在犯罪形成过程中及时扼制犯罪动机从而预防犯罪行为的发生等等。

犯罪的概念众说纷纭，一般地，我们认为广义的犯罪是指危害社会的行为，而狭义的犯罪仅仅指危害社会同时被刑法规定为犯罪并应受到惩罚的

---

① 王思斌.社会学教程：第三版[M].北京：北京大学出版社，2010：270.
② 王思斌.社会学教程：第三版[M].北京：北京大学出版社，2010：73—75.

行为。从古至今，社会中的犯罪现象从未消失过，鉴于其后果的危害性，很多学者在犯罪原因上做了深入研究。

任何犯罪现象总是一定犯罪原因的外在展现和结果状态，正如任何因素只有形成一定的互动关系才会具备致罪能力，从而会被标定为犯罪原因。从符号互动论来解释，无论犯罪具有多么深刻的原因，其必然是通过犯罪人与被害人、犯罪人与其他相关人员的人际互动得以实现的，正如我国有学者指出，“犯罪是由犯罪人、被害人和犯罪行为三个要素构成的，专以犯罪为研究对象的犯罪学研究范围自然应当包括对这三个要素从不同侧面进行的研究。”①因此，作为犯罪学重要研究范畴的犯罪原因研究，不应该只关注犯罪人，也应当对被害人有所关注。目前，在我国犯罪学理论研究当中，偏向犯罪人单方面研究的传统观点导致了犯罪学研究对被害人不够重视，因此犯罪被害人难以融入现有通说的犯罪学体系之中。有学者指出：“偏向加害者单方面的犯罪研究，容易曲解事实，易于高估犯罪人积极的加害性，以至于不能对犯罪原因有正确的认识。因此，我们应当将犯罪人与被害人（以及其他相关人员）的互动视为犯罪学研究的核心对象，并贯穿犯罪学研究的始终，即在犯罪现象论、犯罪原因论及犯罪预防论中的每一个部分都应该给被害人留有一席之地。所以，将被害人在犯罪形成时对犯罪人所起到的作用纳入研究范畴，会更有利于对犯罪形成过程进行深入研究。

在犯罪这一互动形态中，犯罪人会将被害人的行为理解为敌意或者财务上的吸引等，被害人向犯罪人实施的具有社会意义的行为是符号，这里的具有社会意义的行为可以是被害人面向犯罪人实施的，也可以是被害人向社会大众或其他单个人实施的而被犯罪人看到或听闻的。此后，该犯罪人根据其对符号意义的理解实施了犯罪行为，至此，便完成了一次犯罪互动。

犯罪的类型多种多样，并不是所有的犯罪都是一次互动的结果，对于那些通过几次互动（加害与被害互动之外的互动）才得以产生的犯罪，将互动理解为加害与被害互动关系的理论则无法准确全面地对该犯罪的发生原因进行解释。如果从人际互动出发，认为互动中心论中的“互动”不仅仅

① 郭建安. 犯罪被害人学[M]. 北京：北京大学出版社，1977：28.

是犯罪人与被害人的互动,而是通过犯罪人与被害人、犯罪人与其他相关人(促使犯罪人格形成的家人、朋友、无被害人犯罪中的相关人员等)等互动实现的。将“互动”对象扩大到其他相关人更有利于对犯罪原因的探索。

三、不良符号对“恶逆变”犯罪的促成作用

在犯罪互动中,符号所起到的作用直接或间接导致了犯罪行为的发生,所以将其称为不良符号。所以不良符号互动的含义是:犯罪是犯罪人与被害人、其他相关人员①不良符号互动的产物。通过对不良符号的理解或者学习,犯罪人产生了“恶”念,进而实施了犯罪行为。所以说,犯罪人与被害人之间的不良符号互动促成了犯罪行为的发生,在这一互动过程中,不良符号和不良情境起到了重要作用,不仅是犯罪人和被害人、其他相关人员之间互动的媒介,也是自然因素、文化因素等致罪因素与犯罪人之间互动的媒介。

一般地,潜在被害人实施的征表被害性的行为(直接或间接)作用于潜在犯罪人之后,潜在犯罪人会按照自己的价值观念或者一贯性格对其行为的被害性进行理解,即将潜在的被害人的行为理解为攻击性、贪婪、懈怠等特性,进而根据自己的需要综合而成犯罪动机和犯罪目的。在“恶逆变”犯罪中,不良符号和不良情境的作用表现得更为明显,原被害人已经感受到了原犯罪人的行为对自己产生了不利的一面,并将这一符号理解为对自己的威胁,在不断地不良符号互动中,原被害人产生了犯罪动机,这时原被害人已经转化为潜在的犯罪人,为了实现其犯罪目的,潜在犯罪人会以潜在的被害人②为对象发动侵害行为,不过,这里的潜在被害人在大多数情况下是特定的。

比如在家庭暴力中,丈夫经常在酗酒之后打骂妻子,妻子会将丈夫的暴力攻击行为理解为虐待、仇视、侮辱等等,进而对丈夫产生仇视情绪,为了消除丈夫对自己的暴力行为,最好的方法就是从肉体上消灭丈夫,妻子因此产生了杀人的动机。这里,妻子是家庭暴力的原被害人,她将丈夫的攻击性行

① 其他相关人员的含义是虽然不是被害人,但其与犯罪的发生具有密切联系的人。
② 这里的行为人还没有遭受犯罪行为的侵害,故将其称为潜在的被害人比较合适。

为进行理解，成了潜在犯罪人，进而实施反作用于潜在被害人即丈夫的行为——犯罪行为，在这一过程中，妻子通过犯罪行为的实施，正式转化为犯罪人，这样一个由被害人到潜在犯罪人再到正式犯罪人的转化，就形成了"恶逆变"犯罪。

所以，研究"恶逆变"犯罪首先要弄清楚原被害人转化为犯罪人这一角色转换过程，在转化过程中和原犯罪人以及其他相关人员的互动不可或缺，所以从人际互动中着手有利于从深层次探究其犯罪原因。

第二节　实证研究

一、研究方法与设计

（一）案例选择和数据来源

综合现有资源，我们选择了某女子监狱作为本次调查的地点。

在查阅文献的过程中，发现以往在监狱进行的调查所收集的样本还囊括了有遭受家庭暴力经历的女犯。这次调查经过狱警严格的筛选，填写调查问卷和访谈的对象仅仅是该女监中因遭受家庭暴力以故意杀人罪或故意伤害罪入狱的35名女犯。

（二）研究方法

研究方法的选择取决于研究目的和现有的特定情况，根据现有的资源，我们决定采用定量研究和定性研究相结合的方法，包括问卷调查和个案访谈。

首先，问卷填写相较于访谈更便捷高效，通过问卷调查可以了解调查对象的基本情况以及一些较粗略的观点。

其次，一般受暴者从遭受家庭暴力到走上犯罪道路这一过程中，心理经历了多重变化，这些内隐性的具有隐私性的内心感受只有在一个相对舒适的环境中通过访谈才能得到了解。另外每个受暴者的具体情况都不同，我们不能一概而论，要通过访谈进行面对面的交流才能具体了解到深层次的内容。

最后，作为当事人，这些服刑的妇女本身也是家庭暴力的受虐者，她们历经了整个过程，在狱中也进行了深刻反思，对于这类事件最具有发言权，所以我们在访谈中也请她们谈到了对于家庭暴力的一些反思和建议。

（三）研究对象

1. 受暴妇女的基本情况

符合受暴妇女"恶逆变"犯罪的有效问卷共35份，以下是对35人的个人基本情况和犯罪情况的统计。

（1）受暴妇女的个人情况

① 罪名

35人中故意杀人罪有33人，故意伤害罪有2人。

② 刑期

这里的刑期是指原判的刑期，有些罪犯可能已经减刑。在35人中，原判死缓的有9人，无期有14人，10年（包括10年）以上有9人，10年以下有3人。

③ 生活地域

在35人中有20人入狱前生活在农村，有7人生活在小城镇，有8人生活在城市，来自农村的此类女犯明显偏多。

④ 被捕时年龄

被捕时的年龄在25岁以下的有6人，25—35岁的有5人，36—45岁的有15人，46—55岁的有9人。

⑤ 文化程度

在35人里小学及以下文化程度的有22人，中学、中专、中技或职高文化程度的有12人，大学专科的仅有1人。从此统计结果来看，家庭暴力"恶逆变"犯罪妇女这个群体的文化程度普遍偏低。

⑥ 入狱前职业

在入狱前，35人中个体户有7人，农民有6人，工人有5人，家庭妇女有4人，自由职业有2人，另有5人处于无业状态，还有6人为其他职业。

⑦ 犯罪前月工资或生活费状况

在35人中，犯罪前的月工资或生活费没有的有6人，2 000元以下的有17人，2 000—5 000元之间的有11人，在5 001—8 000元之间的只有1人。这说明这一群体在入狱前的月工资或生活费普遍偏低。

⑧ 生育状况

在35名罪犯中，有19人有1个孩子，有10人有2个孩子，有2人有3个孩子，有1人有3个以上的孩子，有3人没有孩子，这说明绝大部分家庭暴力“恶逆变”犯罪妇女是有孩子的。

⑨ 犯罪前科次数

35人中无前科者有31人，有4人有一次前科。

从被调查者的基本情况来看，产生“恶逆变”犯罪行为的受暴妇女的文化程度普遍偏低，大部分来自农村，中年妇女占大多数，绝大部分至少生育了一个孩子，但是她们基本上没有犯罪前科。

(2) 受暴妇女的犯罪情况

① 犯罪对象

有21人犯罪对象是自己的丈夫，7人是男友，3人是前夫，3人是丈夫/男友的情人，1人是孩子。绝大部分的犯罪对象都是亲密关系。

② 犯罪时间

13人犯罪时间在晚上，9人犯罪时间在早晨或凌晨，13人在其余时间，大部分的犯罪都是发生在激烈争执之后，时间发生多在晚上或早晨。

③ 犯罪工具及方式

8人用刀捅、击砍方式，5人用投毒的方式，9人用勒颈方式，13人用砸击、火烧等方式致人死亡或重伤。使用的工具多是菜刀、锤子、斧头、擀面杖、农药、绳子等普遍的家庭常备工具。

④ 共同犯罪人

8人有共同犯罪人，分别是朋友、姘夫、前夫、姐夫，27人无共同犯罪人。

⑤ 主观心态

只有3人是过失，32人是故意，并且相当多是抱着同归于尽的心态。

从被调查者犯罪的基本情况来看，犯罪对象主要是丈夫或者同居男友，还有少数犯罪对象是丈夫的情人或前夫。她们犯罪的时间大多在凌晨或夜晚，全部都使用工具作案，并且这些工具大多属于日常用品，从主观状态上看，这些受暴妇女基本是故意犯罪，主要原因是家庭暴力，还有的因为感情纠葛犯下罪行。虽然是故意犯罪但事前并没有做太多预谋。

2. 被访谈者的基本情况

访谈人数共8人且均为个案访谈。访谈由两名老师进行，在征得女犯同意后，采用一对一访谈，每次访谈时间约两小时左右，并按照半结构化的访谈提纲进行访谈。访谈提纲分为三个部分，分别为基本情况、犯罪过程和犯罪后情况。在访谈过程中，访谈者会尽量采用通俗易懂的语言进行阐述和解释，访谈中当受访者有遗漏或没有讲清楚的问题时，访谈者会根据实际情况进行简单补充或提问。访谈过程严格遵循伦理学原则，受访者有权因任何原因拒绝或中途退出访谈，如受访者出现情绪问题，访谈者会暂停访谈并对其进行情绪疏导。

这8位被访谈者年龄在33—55岁之间，罪名都是故意杀人罪，刑期是4年—死缓，都有孩子。她们的犯罪对象是男友或丈夫，主观心态只有1人是过失，其余均为故意，犯罪后的表现都出现了坦白的情节，以下是对被访者具体情况的描述：

(1) 犯罪行为与家庭暴力的关系

个案1、2、4、8频繁遭受身体暴力，5偶尔遭受身体暴力，3偶尔遭受身体暴力并频繁遭受精神暴力，6、7同时频繁遭受身体暴力和精神暴力。八个个案的罪名都是故意杀人罪，除了7是在对抗过程中失手杀了施暴者，其他七人的主观心态都是故意杀人。

(2) 年龄、婚龄与受虐时间

在受访的8人中，犯罪时年龄最大的49岁，最小的只有20岁，平均年龄39.1岁。访谈时年龄最大的55岁，最小的33岁，平均年龄45.6岁。婚龄最长的有20多年，最短的仅有3年。受虐时间最长的有20多年，最短的2年。

(3) 文化程度与职业

在访谈的8人中，文盲有1人，小学文化有3人，初中文化有3人，大学专科有1人，总体上文化程度偏低。访谈女犯的职业多样，个体户有3人，无业有1人，自由职业有1人，家庭主妇有1人，农民有1人，工人有1人。

(4) 犯罪时间、方式与工具

访谈的8人中，犯罪行为发生在凌晨、早晨、上午、下午的各有1例，发生在夜晚的有 4 例。犯罪方式为勒颈的有 5 例，使用的工具主要有绳子、收缩裤、手以及布带；使用工具击打的有 2 例，主要使用的是斧头和钢管；放火的有 1 例，使用的是汽油和打火机。这些犯罪工具在生活中都很常见，属于日用品。

二、模型构建

为保持研究对象的真实性和情境性，本研究采用质性研究(qualitatie research) 范式来进行资料采集、分析和编码，采用 Nivivo11.0 质性分析软件对访谈结果进行分析。首先，将 8 位被访谈者的录音资料进行逐一转录导入资料库，包括被访谈者言语和非言语记录，累计转录材料约 8 万字；然后，对资料库中的数据分别进行自由节点编码；其次，将编码后的节点进行归类，通过原始编码、初始编码、潜在主题编码和高阶主题编码，逐级探寻各主题之间的关系，删除和整理重叠、冗余编码和主题；最后，归类整合产生新的主题。由于调查问卷数量较少，只运用 excel 表格进行数据统计，然后进行定性分析。

对转录后的文本信息进行原始编码，其中，可供分析的有效文本信息编码共有 265 段，将其进行初始编码(见表 4－1)，若原始编码中包含多个话题，则分别对每个话题进行编码；若能采用现有的编码，则编码到现有的初级编码中，否则就新建编码。经过初始编码后共形成 83 个节点。

表 4－1　初级编码示例

序号	原始文本	初级编码
1	我觉得他这个人对家庭是不负责任的，表面上他听我的话，就是我说什么他都说好，但是他不会去做的。	施暴者无责任感，只说不做
2	他在外面一受气就会回来撒气，不单撒在我身上，还撒在小孩身上，我们家他都会打。	施暴者在外遭受挫折后回家施暴
3	不到生不如死的地步我是不会那样子的，那个时候我真的是生无可恋。	生不如死、生无可恋

续表

序号	原始文本	初级编码
4	我公公死了，我只有一个婆婆，我在她面前哭了好几次，她跟我说了，忍忍就过去了。	婆婆劝她忍下去
5	一开始认为因为家庭矛盾打架很正常，平时也看惯了邻居打架，到了自己头上也就认为很正常。	受暴者没有意识到被家暴的严重性
……	……	……

采用持续比较技术将 83 个初始编码节点逐一聚类成为潜在主题，同时将无法形成新的潜在主题的节点再次归入“其他”。对于编码隶属资料项数少于 3 项的节点予以归并或删除，最终保留了 40 个初级编码并形成了 8 个潜在主题(见表 4－2)。

表 4－2　潜在主题的编码结果

序号	潜在主题	初级编码示例
1	施暴者情况	心高气大、不负责任、性格暴躁、屡次道歉、变本加厉、实施身体暴力……
2	被家暴原因	施暴者在家中自尊心受挫、施暴者在外遭受挫折、家庭琐事、喝酒赌博闹事……
3	对家暴的反应	外人认为正常、他人无能为力、他人劝和、忍受、反抗、不倾诉、不寻求帮助……
4	没有分开的原因	心软、施暴者不配合(威胁)、麻木凑合过……
5	“恶逆变”原因	施暴者威胁到自己和家人生命、无路可走、日子过不下去了、气急了失手……
6	犯罪心理	压抑、紧张、觉得解脱了、后悔
7	犯罪类型	无预谋同归于尽、有预谋有他人协作，有预谋受到威胁、无预谋过失杀人
8	对孩子的影响	怨家不回家、成为连带施暴对象、心里有阴影……

反复阅读每个潜在主题所对应的编码及原始文本，对 8 个潜在主题进行意义生成式的归类整理，再根据我们所要研究的目的和内容，将陈述性编码逐步精炼为更具犯罪学意义的、概念化的主题。通过反复阅读原始资料，核查与编码的契合度，以确保原始资料与聚类主题之间的连贯性；对反映同一主题事件不同方面的潜在主题进行聚类整合，最终将潜在主题归入 3 个高

阶主题，最终形成了“犯罪类型”“犯罪心理”和“犯罪原因”3 个主题。

三、讨论

（一）受暴妇女的“罪”

1. 犯罪类型

个案中的犯罪类型可以分为有预谋犯罪和无预谋犯罪。一般受暴妇女受到施暴者的威胁，无路可走，或者对生活不抱期望且具有毁灭性心理时，有预谋犯罪的可能性较大。无预谋的犯罪行为，受暴妇女一般在一时冲动下发生过失行为或在他人怂恿下动了犯罪念头。有预谋犯罪一般属于延时犯罪，而无预谋犯罪通常属于即时犯罪行为。

有预谋犯罪：如个案 1 中的施暴者威胁到家人尤其是孩子的安全。如个案 2 中的施暴者严重威胁到受暴妇女和其他家人的生命安全。个案 4 中的施暴者经常恐吓受暴妇女，要把她杀掉。个案 6 中的受暴妇女在遭受施暴者长期的暴力和精神侮辱后觉得日子已经没有办法过下去了，只有把施暴者杀掉才能解脱。个案 8 中的施暴者威胁到孩子的生命安全，受暴妇女无法忍受。

无预谋犯罪：如个案 3 的受暴者在与施暴者争执过程中产生同归于尽念头。个案 5 的受暴妇女本没有犯罪念头，而是在好友的意见下实施了犯罪行为。个案 7 的受暴妇女在与施暴者的争执打斗下一时冲动失手杀了施暴者，属于过失。

在这些案件中，受暴妇女犯罪一般都利用了工具，如安眠药、绳子、斧头等等。女性的体力普遍不如男性，这与先天的生理结构有关。对于同样的打击力度男女感受不同，女性遭受了多年的虐待之后，当家庭暴力再次发生时，出于对身体暴力的顾忌，在体力对比悬殊的情况下，受暴妇女不敢轻易反抗。因为她们知道徒手反抗很难获得胜利，反而还会因为反抗受到更残酷的暴力。但是，如果她们觉得被虐待得受不了了，或者日子没法过下去了的时候，她们明白如果要反抗就要做得彻底，否则后患无穷。因此她们会借助于犯罪工具或请帮手，弥补自己体力的不足。单个人犯罪的，一般要借助药物先将施暴人制服，或者是趁施暴人熟睡之际下手，所以调查中受暴妇女杀夫的案件大部分都发生在夜里和凌晨。她们借助的工具都是棍棒、刀、斧头这些日常家居生活的工具。共同犯罪的案件中，有亲戚帮忙的，也有朋友帮忙的，雇凶杀人较少，这与受暴妇女的经济状况和文化水平有一定的关系。

2. 犯罪心理

在家庭暴力犯罪中，受暴妇女“恶逆变”的原因大致有四个：一是为了逃离施暴者魔爪的反抗；二是因为害怕施暴者的威胁和报复而选择先下手；三是在压抑过后产生的报复心理；四是打斗过程中的一时失手。根据受暴妇女犯罪时的主观心态，在访谈中我们发现，一般无预谋的“恶逆变”犯罪在犯罪后会产生害怕、后悔的心理，然而对于有预谋的犯罪行为，受暴妇女更多的是感到解脱的心情。我们发现，主观上故意犯罪的受暴妇女遭受的家庭暴力程度更强、频率更高，她们的心理也更脆弱，一旦进入到绝望时期，就会产生偏执想法，认为只有杀死施暴者才是唯一出路。

在调查的35位女犯中，调查“实施犯罪时你的心情是怎么样的”，回答“心情很压抑，感觉喘不上气来”的有12人，回答“非常绝望”的有9人，回答“歇斯底里感觉自己快崩溃了”的有8人。在犯罪后觉得后悔并连累了家人的有22人，觉得毁了别人也毁了自己的有17人，觉得自己不后悔并得到解脱的有5人。这说明受暴妇女在犯罪时的心理已经到了崩溃的边缘，内心绝望更容易导致犯罪。犯罪后觉得后悔的受暴妇女占大多数，很多受暴妇女原意并不想杀掉施暴者，这个选择是她们在求助无门后无奈做出的，所以在狱中学习到如何处理家暴的知识后，大多数受暴妇女会对自己之前的犯罪行为感到后悔。

访谈的8个案例中，我们发现8位女犯的犯罪后心理有明显的差异，有4人觉得自己杀死施暴者是愚蠢的行为，对此后悔至极，另外4人并不后悔杀死施暴者，施暴者的死是罪有应得，她们觉得自己解救了其他家人，为此觉得解脱了。

(1) 极其后悔

个案1：“后悔啊，很后悔啊，如果有重新……重新来我不会犯这么傻。”

个案3：“其实好多人都问我这个问题。我看到我家人看到我女儿肯定是后悔的。自己在这里不谈，他们受的伤太大了。但是我那些日子真的生不如死。”

个案5:"当然后悔,因为也不值得这样做。"

个案7:"后悔","当时反正一报警我就知道肯定回不去了"。

(2) 不后悔并得到解脱

个案2:"不后悔,我家人平安了","心情没有什么,也不害怕,很轻松,我感觉我的亲人都解脱了"。

个案4:"完了之后就是说,哎呀就好像扛在身上的那座山一样的推倒了,就好像解脱了。但是呢又很害怕,也害怕,又轻松又解脱又害怕","如果为他这样一个人,再来一次,我还是这样干,不会后悔。为了他这个人,我不会后悔"。

个案6:"我觉得可能对我来说,我这个行为是错的,不管发生什么事情,都不应该剥夺他人的生命,但是我内心可能更多的感受是得到了一种解脱","一点不夸张,这是我的真实感情,我在事发之后,虽然脑子一片空白,但是我特别冷静,我从来没有想过来自首,就像我的家人说的没有第二条路可以走"。

个案8:"事实上,我从来没有后悔过。"

(二) 受暴妇女的"痛"

1. 有一种痛叫刻骨铭心——积年累月的暴力伤害

家庭暴力包括身体暴力、精神暴力、性暴力和经济控制。但是在现实生活中,由于身体暴力暴露性更强,也更容易被发现、被调查取证,而精神暴力、性暴力和经济控制具有一定的隐蔽性和隐私性,难以被发现,调查取证很困难,所以在相关研究中,学者将更多精力放在身体暴力的研究中。

在填写调查问卷的35名女犯中,遭受过身体暴力的有22人,遭受精神暴力的有24人,遭受经济控制和性暴力的分别有9人和7人。

访谈个案中,受暴妇女在遭受身体暴力的同时遭受精神暴力和经济控制。在访谈的所有个案中均遭受过身体暴力,暴力形式有用拳头巴掌殴打、用工具如板凳殴打、推搡、撞击、限制人身自由。

个案1:"我以前有很长的头发,被他一把抓过去,我人都晕过去了,我整个脸呐,这个鼻脸上这个腿啊,全部是(伤)";"用的就是手(打我),反正只要我说得不对，有时候劝他的时候嘛，两个嘴巴子就上去了”；“第一次的时候打得最严重，就是我的膝盖不好露给你看，我膝盖都是打的还有一个印子呢”；“第一次，他把我关在家里三天。把我关在家里三天，三天……”。

个案2：“我回家以后他管我要钱，我没有钱。我们农村几百块生活就可以了，我说我给你500块钱一个月，每月到账，结果没说通，后来又来了。说了两天，两天没说成功，这次又和我要钱，我说我没钱，之后他就拿板凳往我的腰上狠狠地打”；“打得还是很严重的，但是他比较会打，只打那些有肉的地方，不会伤到骨头”。

个案3：“身体上有过(暴力行为)，就是一次我在重病的时候，得了一个间质性肺炎，他打我还是一样狠，他是男生力量很大，稍微推我一下我就会倒，有的时候也会打。”

个案4：“他打我啊，把我脸打了一道印子，有了一道印子。”

个案5：“等了他到那里，什么话都没说，到了，他上来就给我一个耳光子。”

个案6：“有一次我被他直接一个耳光子打的，就突然晕过去了，就当时有几分钟好像就是没有什么反应了。”

个案7：“第一次打受伤了，那个眼睛都被他打青了”；“一直陆陆续续打”。

个案8：“就因为这个事情大吵了一架，吵了一架之后就大打出手”；“就是我进来之前嘛，不是脸上还有伤吗？头的伤就是被他弄在墙上撞的，头这一块全是伤”；“我觉得我跟他在一起之后，跟我以前的所有朋友都几乎没有什么交集了，他这个人疑心特别重。没有理由，就是不允许我和别人来往”。

访谈的所有个案在遭受身体暴力的同时也遭受着精神上的折磨，精神暴力的形式有暴力威胁、恐吓、辱骂受暴妇女及家人。

个案1：“以前那个时候他还说都不放过我家人，不放过我家人”；“我被我儿子带走的时候，又去恐吓我”。

个案2：“(我报警后)他变本加厉了，要杀他姐姐家杀我姐姐家”；“拘留期满出来了，出来之后呢，他就变本加厉了，你不是要我不好过吗？我也叫你不好过。所以他又到他那边去闹，他到我自己买的那个房子去，在那边闹，拖了个刀在里面砸门"。

个案3："(精神暴力)这个是比较频繁的，他经常嘴里要骂些不干不净的那些话"；"他喜欢把我们俩所有的比如说不愉快啊或者矛盾都要暴露在我父母面前……他就故意白脸，什么都吵"。

个案4："他说他在外面嫖了，就是说人家女的要跟他结婚，他说哪一天把我打死了，就反正我上班呀加班呀，眼睛看不见啊，就把我推到河里去，等于说就是意外死亡"；"他就说意思上就是说我伤了他的面子了，闹两次离婚，伤了他的面子了，后来我就跟他说了，你到底还是真想离婚还假离婚呢，真离婚我们就真离婚，他觉得我才不会跟你离婚呢，就是吊也要把你吊死，他就这样，并不是说真的能离婚，他就是这样子，他的意思实际上就是说真正地把你逼疯了，你自己过不下去了再说，他是这个意思"。

个案5："他就在电话里就骂了"。

个案6："他平时吵架的时候，嘴巴里面就会带一些口头禅啊，我最不能忍受的就是他张嘴就来骂骂你的父母"；"当时我也是站在那个屋子的外面，然后他对我的第一句话就是对我骂了一句脏话，他说没有我的允许，你怎么敢离开那个家门呢?"；"他说你是不是想好了要跟我离婚? 我说是的，然后他就直接当着我的面打电话给我爸，你知道当时的开场是什么吗? 他就说老×××(脏话)，你立刻带10万块钱回来，我不要你女儿了。他说如果明天早上我没看到你来我家，你就替你女儿来收尸吧，然后讲完这么两句话就把电话挂掉了"。

个案8："想过(离婚)呀，但是他威胁恐吓什么都用上了，他用我父母来威胁我呀"。

访谈中的经济控制主要表现为作为家庭主要成员赚钱不拿回家或者不出去赚钱和刮受暴妇女的钱。

个案2："我回家以后他管我要钱。我没有钱。我们农村几百块生活就可以了，我说我给你500块钱一个月，每月到账，结果没说通，后来又来了……"；"(他)啥(工作)也没有，我们农村人，就是种地为生，种地他也不种"。

个案5："家里面一般开销啊，都是我自己来赚的，他一般赌输掉这个钱，他赚来的钱很少放在家里面用，一般的都是输掉了。"

家庭暴力除了以上的身体暴力、精神暴力和经济控制，还包括性暴力，但是访谈个案均没有遭受过性暴力，性暴力一般表现为婚内强迫过性生活和婚前强奸。

2. 有一种痛叫万念俱灰——压抑已久的负面情绪

调查“第一次家庭暴力发生后你是什么心情”时，回答“事出有因他以后会改”的有 12 人，回答“能理解他，是自己不好他才会这样做”的有 4 人，回答“能理解他，他有不顺心事”的有 5 人，回答“不能忍受”的有 14 人。受暴妇女初次遭受家暴时虽然不能忍受但是通常会寻找一个能说服自己的理由，最后选择原谅施暴者。调查“第二次第三次发生家庭暴力后你是什么心情”，回答“有点失望但还是能原谅他”的有 23 人，回答“同第一次一样仍然能理解他”的有 3 人，“不能原谅”施暴者的只有 9 人。这说明受暴妇女即使遭受了暴力，也没有尽早离开施暴者，反而一而再再而三选择原谅施暴者，最后重复着受暴的悲剧。调查“多次遭受家庭暴力后你的想法是什么样”，回答“很失望但无法摆脱”的有 18 人，回答“这就是我的命，只能认命”的有 8 人，回答“想跟他离婚/逃跑”的有 18 人，认为“家家都有类似的情况”的有 1 人。

在 35 名被调查的女犯中，有 27 人在犯罪前经常处于无助的状态，希望有人能帮助解决问题，有 26 人在面对极大的压力时感觉自己要垮掉，心理素质很差，有 14 人经常感到恐惧或焦虑，有 21 人会感到愤怒和怨恨。在多次遭受家庭暴力后，受暴妇女的心理逐渐发生变化，逐渐变得自卑、敏感，无助感越来越强，长期遭受家庭暴力的受虐妇女，时刻要提防随时到来的家庭暴力，不但要面对来自施暴者的家庭暴力，还要想方设法保护自己和家人的安全，此外，还要应对来自外界的舆论压力，所以精神上长期处于紧张焦虑的状态，做事易冲动，心理容易崩溃，美国临床法医心理学家 Lenore Walker 博士提出的“受虐妇女综合征”已经证实了这一点。“受虐妇女综合征”是指妇女在忍受长期的家庭暴力后产生的恐惧、憎恨、无助等特殊的心理以及行为模式。当这种心理无助感达到上限，精神处于濒于崩溃的状态时，很有可能失去理智，产生杀死施暴者或者同归于尽的想法。

个案 3：“不到那种生不如死地步是不会这样子的，那个时候我真的是生无可恋。”

个案6:"我当时有一种日子真的是过不下去的那种感觉,我当时最大的那种感觉就是好像我的日子我也没必要忍,他又不知道我的日子该怎么继续下去";"我的性格就是老好人那种状态,得过且过吧,就是那天让我觉得我这个日子确实也没有办法过下去"。

个案8:"我老爸之前还在,我还经常做噩梦,晚上经常梦见被他打,我有时候吓得一夜一夜也不敢睡觉(抽泣着说)。"

个案3的受暴妇女遭受了长达13年的家庭暴力,个案6的受暴妇女遭受暴力的年限与婚龄一致,她们遭受精神暴力的频率都高于身体暴力,短时间内可能并没有造成肉眼可见的影响,但是长期遭受家庭暴力,她们逐渐会处在恐惧、无力、自卑的心理状态里,积累多年的负面情绪一定会以某种方式爆发。如个案3的受暴妇女选择先把施暴者杀死再自杀,个案6和个案8的受暴妇女在施暴者的万般侮辱下选择把施暴者杀死来了结这一切。

3. 有一种痛叫欲哭无泪——无人诉说的痛苦

在调查"犯罪前排解压力/烦恼/苦闷的倾诉方式"时,回答"从不向任何人说"的有22人,"只向关系极为亲密的1—2个人诉说"的有5人,"如果有人主动询问会说出来"的有7人,"主动诉说自己的烦恼,以获得支持和理解"的只有1人。

通过访谈分析,我们发现受暴妇女在遭受了家庭暴力后基本不会主动向身边的人倾诉,也很少想到向其他人寻求帮助,她们没有主动倾诉的原因有以下几个方面:

一是受暴者喜欢独处来调节情绪。受暴妇女习惯了一个人调节情绪,遇到挫折时也不喜欢和别人交流,所以在遭受了家暴时,在和丈夫闹矛盾导致家庭关系紧张时,也没有想过向别人倾诉,而是把苦水咽在自己肚子里,最后导致心理逐渐崩溃。

个案3:"遇到事情的时候,我喜欢一个人,一个人静静,不喜欢跟任何人说话,就这种性格","当我在不开心时,我喜欢一个人关在房子里,或者一个人开着车到处转,都不喜欢跟人交流,就这点他们说当时你的处理方式是有问题的"。

二是受暴者性格要强,怕丢脸。社会上普遍将家庭暴力当作家务事,所以受暴妇女往往认为遭受了家庭暴力是一件丢脸的事，再加上极强的自尊心，她们就更不可能将心中的苦楚向别人诉说出来。

个案 5:“也是自己太要强了吧，所以受多大的委屈都不会说出去的。”

个案 6:“每次小的争吵一般在没有人知道的情况下，没有动手的情况下，我是不会讲的，因为我这个人也比较爱面子吧，我觉得能忍的我都忍了，日子还过得下去，我就不对别人讲吧，毕竟这种事情也不是很光彩的事情。别人家过得也挺幸福的，所以我就不想告诉别人”，“我在家受的这些其实是没有人知道，包括他的亲戚朋友，包括我的父母，我从来都没有说过，我坐牢都已经坐了，事发到现在已经快要 9 年多了，他们每年都有来见我，我从来没有跟那边讲过我在他们家受过的这些，我觉得是耻辱吧”，“我觉得这种事情比较丢人吧，能不讲我一般会选择不讲，所以这个可能也是害了我的一个原因吧”。

三是受暴者初期麻木，一再纵容，没有意识到事态严重性。这些受暴妇女觉得这种事情没有必要向别人诉说，基本上打过就打过，内心已经麻木。

个案 4:“基本上不说的，基本上打过了就拉倒，打了就打了，我又不跟公公说，又不跟我爸妈说。”

这些受暴妇女的倾诉意愿普遍很低，既有观念问题又有性格原因，一般倾诉是发泄情绪和调节心理的一个重要途径，当受暴妇女自己不愿意主动打开心扉时就容易导致积累负面情绪，最终犯下罪行。

4. 有一种痛叫哀莫大于心死——以暴制暴的出路

受暴妇女杀夫之前考虑的主要是怎样摆脱暴力和如何逃离施暴者的魔爪，对杀人犯罪后的后果较少考虑。调查的 35 名女犯中有 16 人没有认识到自己的行为已经构成了犯罪。有的受暴妇女认识到了杀人要坐牢，但是为了摆脱暴力让自己和家人不再受到威胁，愿意付出这样的代价。

个案 4:“当时想过后果，就是坐牢呗”，“再来一次，我还会这样干，不会后悔。为了他这个人，我不会后悔”。

这其中有的受暴妇女不知道自己会被判得这么重，认为施暴者打人法律不管，反抗暴力的自己却被判得这么重，心理很不平衡。

个案 2:“但凡有人和我说一下应该怎么做，我也不会像这个样子杀了他了，把他抓进去坐几年牢，那他也不敢了，对不对啊。”

有的受暴妇女在实施犯罪行为过后不但没有去自首，反而采取了毁尸灭迹甚至伪造现场的手段想要逃脱法律的制裁，结果却被加重处罚。

个案2："然后就把他绑了，绑了之后呢用电动三轮车，到外头把他给勒死了。之后我运回我的新小区地下车库去了，又伪造了一个上吊的现场。"

个案4："扔到河里去了，然后尸体浮出来了，就是这样。"

调查的35名女犯中，有31人在犯罪前未听说过《反家庭暴力法》，只有10人认为家庭暴力是违法行为。正是因为法律知识的缺乏和法律观念的淡薄，促使受暴妇女采取犯罪手段来结束施暴者的罪恶，让自己由受害人变成了犯罪人。

5. 有一种痛叫走投无路——最终的解脱

遭受家暴后难以与施暴者分开，面对无休止的暴力，受暴妇女不仅身心疲惫，而且处在一种被害的高度恐惧中，自己和家人的生命受到严重的威胁，因此摆脱家庭暴力的意愿特别强烈，只有摆脱了家庭暴力才能获得安全。一般摆脱家庭暴力的方式有两个：一个是摆脱暴力，不脱离家庭，即通过各种手段改变施暴者，让施暴者变好，不再实施暴力；二是摆脱施暴者，离开家庭。

最初遭受家庭暴力时，受暴妇女可能会心软，相信施暴者后期会改正，往往会选择原谅施暴者继续留在婚姻里，但是经过漫长的等待，她们并没有看到想要的结果，施暴者屡教不改，她们的希望落空了，对施暴者彻底绝望，转而寻找第二条途径即离开施暴者。

离开施暴者的途径一般有离婚和离家出走，但是这两条路并不容易实现。其中原因有以下几点：

一是迫于施暴者的威胁，受暴妇女不敢提出离婚要求，也不敢轻易离家出走。调查问卷中因为施暴者的威胁恐吓而离不了婚的有18人。施暴者通常会以受暴妇女的亲人为筹码来威胁恐吓她们，导致她们无法与施暴者分开。

个案8："想过(逃走)呀，但是他威胁恐吓什么都用上了，他用我父母来威胁我。"

二是施暴者提出无理的要求，受暴妇女无法接受。

个案6："他就会讲离婚可以啊，你觉得你在这个家里面待不下去，你先拿100万给我，我们再来谈离婚，把你爸妈都找来，带上100万把你带走。"

三是施暴者不肯离婚，不配合。

个案2："起诉离婚他也不到场，没法离。"

四是家人不让离婚，有家人认为丢脸的。

个案5："第一次的时候我跟我父亲说的时候，那个时候我父亲不同意，因为我们那里农村，思想上没有那么进步，家族比较大，我父亲就说你看家里的兄弟姐妹这么多，都没有出现这种现象。然后我爸爸有时候会找他谈一谈，说一说，就说他性子比较急啊，有时候也说我这个性子不要急躁什么的，家里面这样说说，我心里又软了呀。"

个案7："我们娘家人也都要脸要面，他们劝我回家看小孩。"

也有以自杀要挟不让离婚的。

个案3："这两次离婚很接近的，我忘了，然后他妈妈就哭，说我们如果明天不去复婚，她就要喝农药跳楼啊什么的，就是相当于她活不下去了，然后隔了大概四五天我们就去复婚了。"

五是受暴妇女害怕影响到孩子，不忍心离开家。调查问卷中回答"想过离婚，但为了孩子有个完整的家"没有与施暴者分开的有15人。个案2、3、4、5、6都提到为了孩子的身心健康和前途，不忍心离开家。

（三）受暴妇女的"冀"

1. 周遭的冷眼旁观

受暴妇女周遭的家人、亲戚朋友以及邻里等，这些日常接触到的人对家庭暴力的态度以及行为在一定程度上对受暴妇女的影响是很大的。当旁人表露出消极的态度后，原本遭受痛苦的受暴妇女的内心可能会变得更加绝望。

调查"邻居对你遭受家暴的态度是"，回答"邻居不知道我们家里有家庭暴力"的有12人，回答"一直劝架，认为男人打女人不对"的有6人，回答"刚开始劝，后来就不管"的有9人，回答"不敢管怕报复"的有4人，回答"夫妻打架正常懒得管"的有4人。在邻居知道有家暴的情况下，一般不愿意插手，即使想插手管也怕报复。调查"娘家人对你遭受家庭暴力的态度是"，回答"娘家人不知道我遭受家庭暴力"的有20人，回答"曾经找他评理"的有7人，回答"这是家务事，男人打女人很正常，忍忍就过去了"的有4人，回答"不敢管怕报复”的有2人，回答“嫁出去的女儿泼出去的水，不管”的有1人。调查结果中可以看出一般受暴妇女不愿意让自己家里人知道自己被家暴，娘家人在知道女儿受虐的情况下，有一半的娘家人干涉了，干涉的形式无非是找施暴者评理，还有一半的娘家人根本没有干涉，有的因为怕报复不敢管，还有的娘家人对家庭暴力还存在错误认识。

他人的劝和虽然看起来并不属于消极做法，但是在受暴妇女已经遭受家庭暴力的情况下，盲目地进行劝和只会将受暴妇女推入更深的深渊。

个案1:“当时验伤的时候，那个准备做了材料嘛，也做了材料，做材料准备去把他抓起来。但是之后好多人都劝说，就劝我爸爸妈妈不要这么做”，“我公公死了，我只有一个婆婆，70多岁的婆婆。当时嘛说实在话，我也在她面前哭过好几次。她跟我说了，她说忍忍就会过去的”。

个案2:“(姐姐)劝我认命”，“小孩小的时候呢，家人都劝说看到小孩的面上就不要离了”。

个案6:“(朋友们)讲过就讲过，没什么太大用处，就是他们不会给你出些主意或者是怎样，因为他们会想他比较冲动呀，事情好了你们就很好了，就是都是正常的。”

个案7:“第一次提(离婚)的时候，他们家人也都没当回事，只认为我是跟他闹闹，他们家里人托一些亲戚朋友说情，他自己也赔礼道歉。家里人认为我走这段时间他也很为难，带了两个小孩在家里也不容易，说他应该能长点记性。”

有的人即使知道受暴妇女遭受家暴，还是采取事不关己冷漠的态度。

个案6:“一般亲戚会来劝，一般邻居不会劝你知道吗？大家都是那种多一事不如少一事的态度吧，给我的感觉是这样。”

有的人想管却被施暴者威胁，只能口头上说说，其实无能为力，最后干脆睁一只眼闭一只眼。

个案1:“反正只要听到他的名字，反正每个人都感觉人家都有自己的家庭，我也寻求别人帮助，人家说了嘛，我们家要好好地过日子，包括他二哥都说这样的话了，我到后来简直就崩溃了。因为他打我的时候，我打电话告诉他哥哥，他哥哥嫂子就跟我说，他说我们说说他，那人家只能这么说，我能说说他，但是我不能保证”，“玩的好朋友我跟他们说，他们说你怎么你怎么瞎了眼呀……每个人都是说这样的(话)……每个人都是这样……"。

个案2:"别人劝的话,就打别人","然后别人也就不劝,有的人知道,也看我可怜但是没有办法"。

个案4:"周围有人劝过,他们不敢劝啊。要是来劝了,他拎起个汽油桶用汽油准备烧,哪个来上门来劝,就这样做,人家后来就不干了。"

很多人对家暴的错误认识导致了上述对家庭暴力的消极态度和行为,他们将家暴仍然当作家务事,觉得每家每户都会有这种情况,属于正常现象,女人忍忍就过去了。

个案2:"我们那边人觉得这种(家庭暴力)都是很正常的现象。"

个案6:"他们就感觉男人动手打女人有什么关系啊,又没有打出个三长两短,他们就会有这种态度。"

个案7:"在我们那边邻居都打的,好像哪家都有,两口子打架都很正常的,都会这样认为。"

通过访谈发现还是有很多人认为家庭暴力是正常的,夫妻之间都会吵架,动手也是正常现象,受暴妇女周围人也会有类似的情况发生,大家都不怎么重视,所以采取的态度大多是劝和不劝离。这种思想观念本身就存在着问题,尤其在农村地区表现得更为明显。受暴妇女的犯罪动机也许在某一瞬间产生,周围人消极的态度和行为可能会成为受暴妇女犯罪的催化剂。

2. 社会支持的爱莫能助

受暴妇女可以求助的一般的社会组织机构有居(村)委会、乡(镇)政府、妇联等。调查"你遭受家庭暴力时是否有人帮助过你"时,回答"否,未受到过帮助"的有18人,回答"是,受到过亲友的帮助"的有11人,回答"是,受到过其他人的帮助(例如妇联/村委会/居委会/警察等的帮助)"的有6人。从调查结果发现这些组织为受暴妇女提供的救助少之又少,一半以上的妇女没有得到过任何帮助。

在访谈的个案中,甚至没有人求助过这些组织,有些妇女根本不知道可以向这些组织寻求帮助。如个案6:"我觉得(村委会)应该是不知道的吧,我都不知道我们老家的村委会在哪里。"有的村委会知道情况但是没有给予过帮助，如个案1："村委会那边人都知道，都知道，没有人去说的。"村委会、居委会这些基层群众性自治组织对家庭暴力的认识还有误区，仍然把家庭暴力当作家务事来对待，认为家庭暴力需要干涉的也只是教育施暴者几句，调解一下，因为基层群众性组织只有这样的权利，因此对施暴者没有太大的威慑作用。①

妇联是可以为受暴妇女提供实质性帮助的，比如调解和帮助受暴妇女寻求其他解决办法，然而只有个案1中的受暴妇女向妇联寻求过帮助，结果也是调解了事。在农村地区，能够想到找妇联的女性并不多，妇联的性质也决定了没有实权去处理家暴事件，只能通过协调或者找其他部门配合。这些群团组织和基层群众性自治组织能够为受暴妇女提供的帮助少之又少，即使提供了帮助效果也并不好，有些农村基层工作人员甚至对家庭暴力的性质也缺乏正确的认识。整体上社会救助系统薄弱，既缺少宣传，又缺乏能力，各个组织之间相对独立，没有形成网状援助结构，所以在处理这类家暴事件上并没有取得令人满意的效果。

3. 法律宣传的云淡风轻

2016年我国正式颁布并实施了《反家庭暴力法》，反家庭暴力由此进入了大众视野，反家庭暴力法律的宣传相较于之前有了明显的变化，但是在一些农村地区和比较偏僻的地方，仍然有很多人没有听说过这部法律，也没有接触过相关法律宣传。

调查"你觉得对反家庭暴力的教育宣传力度如何"，回答"力度较大，能够从多种途径接触到相关教育宣传"的只有5人，回答" 力度一般"的有9人，回答"力度薄弱，从未听说相关宣传"的有21人。这说明大部分地区的反家庭暴力宣传力度十分薄弱。

在访谈的个案中，只有个案2的受暴妇女是在2019年犯罪，其他受暴妇女均在《反家庭暴力法》颁布之前实施了犯罪行为，她们在访谈中表示很少接触过相关法律宣传。

个案4："我们那个乡村那个地方根本就没这些个东西(《反家庭暴力法》)，没宣传到那个地方去"，"没有没有，我们乡村那个地方根本就没这些

① 邢红枚. 家庭暴力受虐妇女杀夫犯罪问题研究[D]. 北京：中国政法大学，2009.

个东西宣传到那个地方去”,“以前我们都多少年了,2015 年的那个时候根本就没有。那时候 2003 年、2004 年到这边被抓的时候,什么反暴力宣传,我们怎么听都没听过”。

个案 5:“以前的法律没有这么完善呀,像我们农村嘛,像我们那个地方说像普及这些法律方面,像我那个时候也那么大岁数了,还没有过,没经历过这事,真的没经历过说法律普及这些方面。”

个案 8:“这个《反家庭暴力法》我也是进来了之后,才知道有这么一个法律。”

法律知识没有普及大众,这和农村妇女接受的教育程度低有一定关系,但是法律宣传对于中老年妇女来说仍然是学习《反家庭暴力法》的主要途径,访谈的个案基本可以反映出法律宣传(尤其在农村地区)的不到位,各个基层组织、政府没有发挥到应有的作用。有几位被访谈者表示如果以前接受过相关法律教育,就不会做出犯罪行为,这可以说明法律知识的普及对于预防受暴妇女走上杀夫道路起到一定作用。

4. 公安司法处置的差强人意

公安人员有执法权,他们对家庭暴力的态度直接决定了这个行为的性质以及对行为人的处置结果。调查“警察对于处理你的报警的态度是”,回答“敷衍了事,简单调解”的有 10 人,回答“清官难断家务事”的有 2 人,回答“采取强制措施,把他抓起来”的有 1 人。通过调查问卷和访谈分析可以看出,在寻求警察帮助的个案中,受暴妇女并没有得到有效帮助,警察一般是先进行调解,虽然调解当时施暴者做了保证但是只要回到家仍然会家暴,有的甚至变本加厉,导致受暴妇女不敢再报警。如个案 1:“警察来说他,他说‘嗯呐,那好的,我对她保证好’,人家都说‘你好不容易找了这么个老婆挺好的,对吧’。他在外面一套,回来又是一套……(抽泣)”,“比原来变本加厉,他当着警察的面(保证会对我好),(回到家)他说你会出去说的,你会报警的,他就这么说”,“第三次我都没敢报(抽泣)”。有的警察的处理方式是规范的,带着受暴妇女进行验伤,也对施暴者采取过强制措施,但是施暴者屡教不改,已经严重威胁到受暴妇女及其家人的生命安全,但是警察最后无计可施只能以劝解为主,这样的结果并不尽如人意。如个案 2:“拘留期满出来了,出来之后呢,他就变本加厉了,你不是要我不好过吗?我也叫你不好过”,“派出所后来也是没有办法,说实话也是没办法了”。在报警之后如果警察也没有妥善处理,受暴妇女内心会更加绝望,因为一般受暴妇女相信警察是最后的救命稻草,一旦这根救命稻草也无计可施,她们很有可能会走上杀夫犯罪的道路。因为警察的处理效果不好,受暴妇女往往得不到警察有效的帮助,所以有些受暴妇女认为警察解决不了根本问题,觉得报不报都一样,如个案 6:“比如说老家其他人打架呀,吵架呀,也有人家报警,但是报完警察出过警之后,我感觉也没有得到根本性的解决,这种东西怎么讲呢,就是当时可能解决了,双方的态度也好了,因为事发过后可能都冷静了,觉得都好了嘛,但是事后我觉得还是会那样啊,也没有说通过报警以后这家人家就没有争吵一直和谐了,给我的感觉就是好像也没有解决什么。”调查的 35 人中的 20 人从未报过警,有 22 人认为报警对处理家暴没用,这也正是受暴妇女不愿意报警的一个主要原因。

有一些受暴妇女在遭受暴力后去法院起诉离婚,但是法院只是进行调解,采取劝和态度导致离婚难。如个案 3:“法院就是来个人到我们家”,“就是在这个家里人啊和法院调解的情况下,也回去了”。

以上我们逐一分析了受暴妇女所处的外部环境对她们犯罪行为的影响。受暴妇女如果没有主动求助,外界也没有主动伸出援手,反而消极、冷漠,那么等待受暴妇女的将是无尽的绝望。如果受暴妇女主动向外界寻求帮助,但是在求助了一圈后,最后却没有解决掉根本问题,反而会招致施暴者的疯狂报复逼迫受暴妇女走上一条绝路。如果受暴妇女身边的人,一些机构、公安司法系统能够对家庭暴力有正确的认识,能够采取更加强硬的态度和措施,支持受暴妇女走出婚姻,共同打击施暴者,那么这些受暴妇女也许就不会走到今天这一步。

第三节　受暴妇女“恶逆变”犯罪形成过程

一、受暴妇女与施暴者间的不良互动

家庭是社会中最基本的互动场所,家庭成员之间的互动很大程度上影响着家庭内部关系。和谐的互动可以营造一个和谐的家庭内部氛围,而不

良的互动则会带来一系列的家庭问题甚至严重矛盾。丈夫和妻子作为一个家庭的两大支柱，可以说他们之间的互动很大程度上影响了家庭内部关系，一旦妇女遭受了来自丈夫的家庭暴力，那么这种恶劣的互动关系必然会带来整个家庭系统的不良运行。受暴妇女发生“恶逆变”犯罪行为的原因与施暴者之间的互动密不可分，在遭受家庭暴力的过程中，妇女会根据自己已有的认知水平和生活经验去理解各种不良符号和不良情境的含义，这直接或间接催化了受暴妇女犯罪动机的产生并实施了犯罪行为，使家庭暴力的被害人转化为犯罪人。

初次遭受家庭暴力的妇女，内心感受到的更多的是沮丧、惊讶和害怕。在这样一种互动中，丈夫的打骂对受暴妇女而言就是一种符号，并且是一种不良符号。如果被家庭成员以外的人施暴，可能会将一部分原因归结于自己的运气不好，而施暴对象恰恰是与自己关系最亲密的家人，这与被家庭成员以外的人施暴的感受大不相同，难以置信和被侮辱的心理尤为突出，她们会将丈夫的打骂视为一种侮辱以及对自己在家庭中地位的践踏，并剥夺了自己在家庭中的影响力。此时的受暴妇女有着强烈反抗心理，但由于女性的生理因素决定了在暴力对抗中终究处于弱势一方，在身体对抗失败后，她们会有着强烈地想要离开的心情，但施暴者认错、示好等行为让受暴妇女理解成悔过和改过自新，于是选择原谅施暴者继续留在家庭里。有少数妇女在初次受暴就将丈夫的施暴行为理解为对自身安全的威胁，从而进行反抗，有可能直接导致施暴者的死亡。

社会学理论认为，人们生活在充满意义的社会当中，人们通过行动将自己的想法传递给对方，希望对方做出预期的回应，而对方则根据自己对来自前者的行动意义的理解做出反应，这就完成了一次社会互动。① 在社会互动中，人们通过行为之类的符号理解对方行为的意义及对自己的态度。施暴者施暴——受暴妇女表达不满情绪或反抗——施暴者认错或死亡——受暴妇女原谅或认罪，这便完成了一次社会互动。如果受暴妇女长期遭受家庭暴力，这就说明她们与施暴者之间完成了数次类似的不良互动，随着施暴者的暴力程度加强和次数增多，受暴妇女随之会改变对这种施暴行为最

① 王思斌.社会学教程：第三版[M].北京：北京大学出版社，2010：69.

初的理解,转而会将其理解为对自身以及其他家庭成员的安全威胁,或者婚姻生活的破裂等等。在这个过程中,不良情绪和心理问题逐渐积累,并孕育出犯罪动机。根据实证调查显示,施暴者具有明显的人格缺陷和劣习,人格缺陷如自卑、抑郁、自大等等,劣习如酗酒、吸毒、赌博等,当施暴者将这些缺陷和劣习在妻子面前暴露出来的时候,往往会使妻子感到厌恶和反感,同时施暴者身上这些特质有时也会成为家庭暴力的直接导火索,所以受暴妇女往往会将其视作施暴者的危险因素和破坏家庭的危险因子,用符号互动论来分析的话,施暴者这些行为可以归纳为不良符号,受暴妇女对这些不良符号作出了自己的理解,从而也促进了受暴妇女犯罪动机的产生。所以长期遭受家暴的妇女,互动过程就变成以下方式:施暴者施暴——受暴妇女绝望并反抗——施暴者继续施暴——受暴妇女"恶逆变"。这样一种不良互动或者说是恶性互动,最终导致了受暴者妇女产生了"恶逆变"犯罪行为。

二、受暴妇女与其他相关人员的不良互动

前面已经指出,不良符号是犯罪人与被害人、其他相关人员之间互动的媒介。我们可以将这里的"其他相关人员"不仅仅理解为人,也可以扩大为单位和机构。不仅如此,不良符号和不良情境也是自然因素、文化因素等作用于犯罪人的媒介。

比如,"文化冲突"[①]理论阐释,对犯罪的影响是通过两次互动形成的,第一次互动,即通过与不良社会群体的日常社会互动(社会化)使得犯罪人了解并认同不良文化,形成犯罪性格。第二次互动,即犯罪人通过与社会上的其他人(被害人等)之间的互动将体现不良文化的犯罪人格展现出来——实施犯罪行为。简而言之,在这两次互动过程中,不良文化是通过日常行动、语言(符号)等和场景(情境)作用于犯罪人,使其形成犯罪人格,犯罪人又通过不良互动,使犯罪人格转化成犯罪行为。此时,文化因素以互动的内容存

---

① 文化冲突是犯罪学中的一种理论学说,塞尔斯坦·塞林曾经指出:"刑罚是主流文化行为规范的表现,犯罪则是与主流文化相冲突的下层阶级和少数民族群体文化的产物;由于下层阶级和少数民族群体文化与主流文化相冲突,所以遵从下层阶级和少数民主群体的文化,就必然会产生违反刑法的犯罪行为。"

在着，而自然因素则更多是作为互动之场景而存在。

受暴妇女从遭受家庭暴力到“恶逆变”犯罪行为的实施，这期间与施暴者的互动属于主要互动，与施暴者以外人员的互动虽然属于次要，但也对犯罪行为同样产生了很大影响。研究发现，妇女遭受了家庭暴力之后与其互动对象可能有娘家人、婆家人、邻居、朋友、公安机关、村（居）委会、妇联等等。

一般受暴妇女不愿意让自己家里人知道自己被家暴，即使娘家人（婆家人）知道女儿（儿媳）遭受家暴，干涉的形式无非是找施暴者评理，还有的根本没有干涉，有的因为怕报复不敢管，有的简单进行劝和，有的婆家人甚至认为是受暴妇女的错误。受暴妇女将娘家人（婆家人）的行为理解为无能为力，进一步强化了家庭暴力是私事的观念，于是逐渐放弃了互动。

除了亲人，受暴妇女日常接触最多的就是邻居。但是邻居作为没有义务去干涉别人家庭的人，他们往往不会采取措施来帮助受暴妇女。冷漠的态度和背后的闲言碎语让受暴妇女觉得遭受家庭暴力是一件丢脸的事，于是变得自卑和敏感，愈加害怕接触外人，缺陷性人格往往是在此基础上形成的。

在现实生活中，对于遭受家庭暴力的妇女，朋友们往往是给出建议最多的群体。所以，与朋友们的互动有时可以帮助受暴妇女挣脱出暴力的魔爪，有时也会成为掉入深渊的最后助推力。在实证调查中，有一个个案的犯罪行为就是由朋友提议并协助完成，这就是不良互动的一种。朋友的提议是符号，受暴妇女将这一提议理解为最后的出路，于是实施了犯罪行为。还有一种便是不管不顾，或者无能为力，这种不良互动会加速受暴妇女缺陷性人格的形成。

公安机关、村（居）委会、妇联等机构、基层群众性自治组织或群团组织与受暴妇女的互动仅限于受暴妇女进行求助。受暴妇女一旦向外界进行求助，这就代表她已经无法靠自身力量来抵抗暴力，所以当这些机构或组织所给予的帮助没有达到受暴妇女的期望时，受暴妇女会认为能依靠的只有自己了。与施暴者以外的人或机构、组织的不良互动逐渐使犯罪妇女形成犯罪人格，在某些不良符号的刺激下产生了犯罪动机，进而实施了犯罪行为。每一次的不良互动都会加速受暴妇女“恶逆变”犯罪的发生。

第四节 受暴妇女"恶逆变"犯罪类型

被害人与犯罪人的角色转换是被害人与犯罪人关系发生质的变化情形，形式上并无特定要求，既可以是外显的也可以是内隐的。在对调查结果的分析中，我们将个案中的犯罪类型分为有预谋犯罪和无预谋犯罪。一般受暴妇女受到施暴者的威胁，无路可走，或者对生活不抱期望且具有毁灭性心理时，有预谋犯罪的可能性较大。无预谋的犯罪行为，受暴妇女一般在一时冲动下发生过失行为或在他人怂恿下动了犯罪念头。在这里，我们根据受暴妇女反击时间将"恶逆变"犯罪主要分为即时与延时两种类型。根据时间分类，可以更有效地在受暴妇女犯罪前掐灭她们的犯罪念头，清楚地认识受暴妇女"恶逆变"犯罪的类型有利于准确客观地对其进行定罪量刑，所以这一部分的研究必不可少。

一、即时"恶逆变"犯罪

即时"恶逆变"犯罪通常属于无预谋犯罪，受到家庭暴力时予以反击，受暴妇女力量薄弱，通常趁施暴者不备时，或者在他人帮助下，一次致命，或者由于害怕继续补刀致其死亡。可分为以下两种类型：

（一）防卫过当型

当加害行为突然发生时，受暴者一定会进入自我防卫状态，她们会处于一种极度恐惧、高度紧张或者手足无措的状态，并本能地做出应激反应。她们会尽一切可能使自己逃脱施暴者，采取的手段果断，下手也会更有力度，这种应激行为是一种人的求生本能。

有学者将受虐妇女"恶逆变"行为与正当防卫行为进行对比，得出受暴妇女"恶逆变"行为构成正当防卫的可能性。① 我国《刑法》规定正当防卫必须满足时间条件，即不法侵害行为正在进行，所以在认定受暴妇女杀夫案中对于时间的界定非常严格。如果是对于正在进行中的施暴者家庭暴力行为，受暴妇女为了保护自身人身安全而进行的暴力反抗，只要没有违反

① 王新.受虐妇女杀夫案的认定问题[J].法学杂志，2015，36(7)：87—94.

《刑法》的规定，就可以认为是正当防卫。但根据我国《刑法》第二十条规定，防卫行为不能明显超过必要限度造成重大损害，否则应该受到刑事责任。如果这种反抗超过了制止不法侵害的限度，导致施暴者重伤甚至死亡等额外伤害的，符合刑事条件的可以认为是防卫过当，需要承担一定的刑事责任。

白某某（女）和赵某某（男）系夫妻，赵某某常常喝酒后对白某某实施家庭暴力，某日二人发生争执，赵某某先动手殴打白某某，白某某予以反抗时与赵某某发生打斗摔倒在地，白某某挣脱之后，双腿跪压于赵某某身体之上，使用胳膊勒住赵某某的颈部，同时用右手掐住赵某某咽部，后来用灯的绑带将赵某某的颈部勒住直至赵某某没有反应，赵某某经抢救无效死亡。① 这起案件中，虽然赵某某对白某某先进行了殴打，但赵某某的行为仅限于拳脚，为了制止赵某某的一般侵害，白某某有进行正当防卫的权利，但是使用绑带勒死赵某某的行为显然超过了正当防卫的限度，因此该行为在一定条件上可认定为防卫过当。在实务中对家庭暴力案件即认定防卫行为造成重伤或死亡的结果就是防卫过当，一般会将防卫过当判定为“故意犯罪”。但实际上只要进行防卫就有可能导致不法侵害人产生伤害或者死亡的后果。所以对于家庭暴力中弱势群体，在适用正当防卫时困难重重，条件的严苛、狭窄且不易变通是家庭暴力下受害者进行防卫的重大阻碍。②

（二）事后补刀型

根据犯罪动机的起源，可以把犯罪动机分为原发性犯罪动机和继发性犯罪动机。原发性犯罪动机，又称为原始犯罪动机，是指支配犯罪人实施犯罪行为的最初动机。继发性犯罪动机是指犯罪人在实施犯罪行为的过程中又产生犯罪动机，属于犯罪动机的转化或派生。③ 这里所说的事后补刀型“恶逆变”犯罪，是指受暴妇女在与施暴者进行暴力对抗期间，实施正当防卫行为后，施暴者由于受伤或者其他原因不能继续实施暴力行为，这时的受暴妇女产生了犯罪念头，在施暴者无力抵抗之后继续实施伤害导致施暴者重

---

① 夏静文. 家庭暴力中的正当防卫限度研究[D]. 乌鲁木齐：新疆大学，2019.
② 梁静然. 论家庭暴力中的正当防卫[D]. 石家庄：河北经贸大学，2017.
③ 辛世敏. 犯罪心理学[M]. 北京：中国人民公安大学出版社，2015：44.

伤或者死亡。这里的事后补刀型"恶逆变"犯罪与继发性犯罪类似，不同的是"恶逆变"过程中并不存在犯罪动机的转化，因为在受到家庭暴力侵害之前受暴妇女并没有产生犯罪动机，而是在进行正当防卫之后产生了犯罪动机导致"恶逆变"行为的发生。

由最高人民法院于2014年2月公布的典型家暴案件中的李某故意杀人案中，李某的行为正属于这种类型。案件当事人李某（女）与张某（男）系夫妻，张某经常喝酒，喝醉后就对李某实施家庭暴力。2002年4月15日17时许，张某又一次醉酒后对李某辱骂，邻居指责其太过霸道，后张某与邻居发生争吵，李某上前劝阻，却被张某手持棍棒追打，李某躲避之余用木柴击中张某致其倒地，因惧怕张某站起来后殴打自己，李某不顾邻居阻拦，继续用木柴击打张某的头部数下致其死亡。经法院审理认为，被告人李某不顾他人制止而非法剥夺他人生命的行为已构成故意杀人罪，但鉴于被告人李某长期受到被害人的虐待，出于害怕遭到被害人报复的恐惧心理杀人，且案发当天被害人张某具有重大过错，被告人李某的行为属于义愤杀人。①

在这个案件中，李某第一次击打的行为属于正当防卫，但是当张某倒地不起后，李某不顾劝阻执意击打张某致命部位，构成了故意杀人罪。在这个过程中，李某从正当防卫转变为故意杀人，正是因为她不堪忍受长期家庭暴力侵害，出于保护自己的安全与对被害人的愤恨，产生了犯罪动机。

二、延时"恶逆变"犯罪

延时"恶逆变"犯罪并不是在施暴者施暴过程中进行暴力抵抗，而是在经历家庭暴力之后的妇女，带着某种强烈的仇恨情绪故意进行恶意伤害导致的犯罪行为。延时"恶逆变"犯罪的恶意一般要大于即时"恶逆变"犯罪的受暴妇女。而受暴妇女"恶逆变"犯罪是复杂的，需要辩证对待。一方面她有强烈的追求幸福生活摆脱困境的心态，但另一方面，她虽然意识到犯罪的后果会很严重，仍然选择去犯罪，这其实也是对自我的放弃。

---

① 嗜虐成性妻子愤杀夫 家庭暴力导致人生悲剧[EB/OL]. (2007-04-26)[2020-04-10]. https://www.chinacourt.org/article/detail/2007/04/id/242157.shtml.

（一）打击报复型

有学者指出被害人在被害后的行为反应有积极和消极行为反应两种，其中消极行为反应又分为三种类型：被动型、绝望型和报复型，产生报复心理的被害人法律观念差，心胸狭隘，受到侵害后，不愿诉诸法律，因对犯罪人的极端仇视，而采用违法手段报复犯罪人、犯罪人的亲友，或把报复的目标指向社会。[①] 受暴人在由被害人向犯罪人转化前，不仅存在一个暴力持续侵害的过程，而且由于各种原因不得不忍受这种侵害。在消极情绪长时间的积累过程中心理出现扭曲，不论积累时间长短，都可能出现“以暴制暴”的想法。由于寻求帮助无果或者施暴者屡教不改，她们会选择一种极端的方法“还自己一个公道”，产生这种低级报复心理的受暴人往往知识认知度较低，仍然处在低态复仇思想层面。

有学者在进行受虐妇女犯罪调查研究的单独访谈中有这样一个个案，该妇女遭受家庭暴力长达 18 年，丈夫长期变卖家产吸食毒品并对其进行殴打辱骂，在丈夫又一次将家里的电视抱出去卖了吸毒后，她去娘家叫来了父亲和弟弟，在早晨将睡梦中的暴力丈夫用木棒打死，后法院以故意杀人罪判处其有期徒刑五年。[②] 在这起案件中，受暴妇女有一个明显的预谋过程，在丈夫一次又一次的精神、身体和经济暴力下以及出于对女儿的保护，她决定除掉这个祸根。为了将这个想法付诸实践，她还找来了自己的父亲和弟弟一起结束丈夫的生命。

在我们的访谈个案中，可以看到这些受暴女性长期遭受家庭暴力，施暴者不但针对受暴女性还针对她们的孩子及家人，在长期不见天日的恐惧生活中，她们不惜铤而走险，像个案 8 中的施暴者手持菜刀严重威胁到受暴女性和其他家人的生命安全，报警后，对施暴者进行批评教育，但是从派出所出来后，施暴者仍扬言要对受暴者及其家人进行报复，受暴者伙同姐夫将其捆绑杀害，这些女性在与狼共枕多年后带有强烈的报复心理，她们自然会产生“不是你死就是我亡”的极端想法，而在犯罪实施后，有些女性感到的不是后悔和慌乱，反而是解脱和痛快，有了一种牺牲我一个解脱全家人的悲情主

---

① 辛世敏. 犯罪心理学[M]. 北京：中国人民公安大学出版社，2015：193.

② 邢红枚. 家庭暴力受虐妇女杀夫犯罪问题研究[D]. 北京：中国政法大学，2009.

义情绪，在我们感慨这些女性不幸境遇的同时，也要深刻地认识到，长期受暴妇女走向犯罪的深渊是有一个过程的，并不是一蹴而就的。在妇女长期的受暴期间，只有进行有效的干预和心理疏导，才能有可能将她们引导上正轨，从而减少这类恶性犯罪事件的发生。

个案1：“有时候这些事情压力比较大吧，我在外面的时候有时候也会吃安眠药，后来的时候想，哎呀，这段日子过得也没意思啊，然后自己就想着嘛，我说找那个安眠药吃，他就跟我来跟我去的，后来的时候我就把安眠药拿过来的时候，他就是抢嘛，抢了当时的时候，我的瓶子也被他抢下去了这样。后来的时候，我手里面有两粒，经过了挺长时间的，我就感觉这个安眠药，现在我有时候跟他们聊天聊起来的时候，我说是不是假的？我以前吃了两年，在外面吃了一粒两粒的时候，好像就没有多大的睡意啊。反正就是那样的，然后夺过去了，他就是说你死还不如我死，然后就这样，就产生了这种念头。”

个案2：“他说你是不是想好了要跟我离婚？我说是的，然后他就直接当着我的面打电话给我爸，你知道当时的开场是什么吗？他就说老×××（脏话），你立刻带10万块钱回来，我不要你女儿了。他说如果明天早上我没看到你到家，你就替你女儿来收尸吧。然后讲完这么两句话就把电话挂掉了，我一点都不太夸张的，他就这样跟我爸爸说，然后我当时我心里面就好恨啊，从那一刻开始我真的动了杀他的念头，真的是的，我一点都不夸张。我就特别的恨，你凭什么这样子对我的父母……（事发当天）他就用打火机把我下身的全部烧掉了，你知道吗？我当时就觉得他对我做这个行为的时候，我就觉得今天不是你死就是我死，或者说我们一起死，为什么我那天有那么冲动呢？我们家人包括他整个村子的人都不能理解。我平时的为人也不是说特别强势，或者说就是说像一个强势的性格的一个人，一般情况下，我的性格也比较是那种老好人那种状态，这日子得过且过吧，就是那天让我觉得确实我这个日子也没有办法过下去……”

个案5：“每次打架我感觉都不是你死就是我死，他打人是手下一点不留情。把他杀了这个想法也没有，反正当时就是气急摸到什么就什么。那天说实在的他也该死。当时没有电，因为我们家当时施工的时候，电线都是插在邻居家的，我们自己家房子都扒了，电线都被扯了拽了，当时也黑，没看见。要是有灯有电的话，两人打架能看得清的话，恐怕后来也不会发生这事。他喝了酒又闹，家里又黑乎乎的，然后就用绳子勒，因为他喝多了，所以可能反抗不了，没那么大力气了。当时感觉他不骂人了，也不发出声音了，我就赶快把绳子解了，这就已经不行了，我按他人中按他胸部，自己认为自己能懂一点挽救的，但是挽救不过来。”

个案6：(实施犯罪后有想过施救吗?)“怎么会想着要救他呢？他，你不知道，他那个人我厌恶到什么程度，但是为了两方的亲人、小孩、父母，还有我自己，我是后悔的。如果为他跟我生活这么多年，再来一次，还是这样干，就到底了。不会后悔。为了他这个人，我不会后悔。”

个案7：“其实那段时间我是在谋划着。实在真的，实在过不下去了，我就自己走吧，带着孩子走吧。然后那天晚上不知道是因为什么，孩子就哭了。那天晚上他没打我，他是打孩子的。我是真的受不了了。那天晚上他又喝多了，我就趁他喝醉了，(沉默了一段时间，情绪有些激动，同时开始抽泣)但凡有一点点希望，我也不希望走上这条路。可是那时候我真的不知道该怎么办，我觉得只有这样，我也解脱了，他也解脱了，大家都解脱了。最重要的是孩子解脱了，她才一岁，这些东西都不是她应该承受的。(哭泣)怎么说，这个我一点都不想提这个！这些！(情绪激动，哭泣)”

个案8：“那天是他从派出所出来，也一直在扬言要杀了我们，然后我们就把他捆了……我就觉得我死能让大家平安，我就拿命去碰，我拿命去碰我也不后悔，为了大家我牺牲我自己……看到他死了，也不害怕，很轻松，我感觉我的亲人都解脱了。”

(二) 同归于尽型

每个理智的人都会在选择实施犯罪前对犯罪行为带来的惩罚进行趋利避害，当风险大于犯罪所带来的利益时，犯罪人会因为犯罪成本过高而放弃犯罪，只有当犯罪结果利大于弊，犯罪人才会选择用犯罪的方式来实现自己的利益。① 我们这里所说的同归于尽型的犯罪类型是指受暴妇女认为实施犯罪行为(即杀死施暴者)才能最大程度地保全自己的性命或者保护自己的子女，这种明知自己会为犯罪行为付出巨大的长远的代价但依然没有排斥

① 徐钰. 受虐妇女“恶逆变”犯罪问题研究[D]. 上海：华东政法大学，2018.

放弃，我们可以称之为受暴妇女与施暴者“同归于尽”。实施这种犯罪方式的受暴妇女往往具备自毁情结。

2003 年 1 月 17 日，河北省宁晋县一村民刘某因不堪忍受丈夫张某近十二年的家庭暴力，将毒鼠强掺在咸食里将丈夫毒死。在下毒之前她曾想在毒死丈夫之后自己自尽，以保全家人能够过上平安的日子。这里刘某表现出来的是典型的自毁情结，长期的家庭暴力已经让她心力交瘁，迫于丈夫的威胁和对家人的保护，她不得不选择与丈夫“同归于尽”来结束这一切痛苦，让家人平安地生活下去。

在我们的调查中，访谈个案 3、个案 4 的受暴妇女在与施暴者争执过程中产生同归于尽念头。个案 3 中受暴妇女遭受了长达 13 年的家庭暴力，个案 4 中受暴妇女在家庭暴力中患上了抑郁症，在调查中我们发现，她们在处理家暴问题上有一个明显特点，就是喜欢自己一个人调节情绪，性格内向，不喜欢倾诉。当受暴妇女习惯了一个人调节情绪，遇到挫折时也不喜欢和别人交流，所以在遭受了家暴时，在和丈夫闹矛盾导致家庭关系紧张时，也没有想过向别人倾诉，而是把苦水咽在自己肚子里，最后导致心理逐渐崩溃。一般实施这种犯罪方式的受暴妇女已经形成了明显的缺陷型人格。

个案 3：“就是我跟他同归于尽，我打也打不过他，骂也骂不过他，后来我就买了那个汽油。汽油嘛就早晨是 6:00 吧，6:00 是 6:00，我还记得，6:00。叫了个车子就回去了呀，回去的时候就发生了这么……放火把家里烧了。那时候我也在火里面，火很大的，把我人包在里面，包在里面的时候，我当头脑里什么也不想，什么死了就拉倒了，一了了之了。我也不想有人救我，我在那里面当时第一批人进去拖，拖我的时候嘛，没把我拖得出来。我反正不想过了，我死了，反正什么东西他也不会找我的家人的呀，老是坚持那种想法，总想没有其他的选择。(哭)是我自己选择了这条路的，真的是。”

个案 4：“我自己都对这个行为(杀夫)觉得不可思议，因为他经常吃喝嫖赌，然后再加上我的身体不好，在 2011 年的时候得了抑郁症，是轻度的。然后在这个事发之前我得了个荨麻疹，之后我老是睡不着，就是害怕，人家说这个荨麻疹要复发的，然后我在那段时间又在服安定，我就想本来生活就很压抑，不是太愉快，我就想如果这荨麻疹不能好，我也就死了算了……

因为当时脑子是不清楚的。然后我们就一直想着死到现在还没死，其实那个煤气是天然气，我们不知道。然后他就拿个被子用枕头闷着我，他闷会儿我我闷会儿他，还是没有用，后来就弄被子，也是这样子，后来我就拿了个塑身裤，然后他勒勒我，我就觉得有脑溢血的感觉。然后我勒勒他，他说还好说话，他在说话我手就没有放，大概过了10秒钟，我放的时候他就扑了一口气，我就推他，他没有说话，我说难道会死吗？我就摸他鼻子，还有呼吸，只是晕倒，那个时候他还要吃安眠药，我就把它全扔掉了，我大概开了四十几粒吧，吃了10粒就扔掉了。反正他们也找到了，所有我扔掉的安定也都找到了。然后我就跑到煤气那边，离煤气近一点，然后我就晕倒了。”

第五节　受暴妇女“恶逆变”行为诱因

一、家庭暴力事实——表层原因

一般只有长期遭受家庭暴力的妇女才会产生“恶逆变”行为，但是也不排除即时“恶逆变”犯罪和遭受了短期家暴而无法忍受的妇女以暴制暴的犯罪行为。

江苏省妇联2005年在南通监狱女子分监采用问卷和访谈的形式进行了相关调查。在回收的513份有效调查问卷中，237个家庭存在家庭暴力，占46.20%。而这237个存在家庭暴力的家庭中，有125人的犯罪行为直接与家庭暴力有关，占52.74%。调查结果显示，237个存在暴力的家庭中，有160个是丈夫对妻子施暴，125个直接因为家庭暴力而犯罪的女性中有93人长期受到丈夫的殴打、虐待。她们所犯罪名涉及杀人、介绍容留卖淫、伤害、拐卖、盗窃、诈骗、抢劫、纵火、爆炸等，但以杀人、伤害等暴力型犯罪为最多，有62人犯故意杀人罪，占49.6%，伤害、投毒、爆炸、纵火等恶性案件17起，占13,6%，因不堪家庭暴力而杀人的女犯最小年龄为25岁，最大年龄58岁。她们之所以从家庭暴力受害者成为刑事犯罪的被告是由于她们再也无法忍受而且又无力平息丈夫的殴打和虐待。①

① 何韬.我国女性受害人犯罪的预防[D].南昌:南昌大学,2007.

以上数据显示施暴者的家暴行为是诱发受暴妇女“恶逆变”犯罪最直接的原因，受暴妇女由于受到身体暴力和精神虐待，心理上产生了极大的不平衡，这样一个被家暴的事实是“恶逆变”犯罪行为产生的最直接原因。但是在一般情况下，妇女在生理上相对于男性不占优势，所以以暴制暴并不是一个理智的选择。在正常情况下，由于一次家暴产生的愤怒情绪也不至于产生“恶逆变”行为，所以，在这表面原因的背后一定隐藏着更深层次的原因，多次互动的结果让受暴妇女的行为发生了从量变到质变的变化。

二、内外部因素——深层原因

受暴妇女“恶逆变”行为的产生并不是突然的，而是一个由被害者转向犯罪人的特殊犯罪过程，在这个过程中，内部因素和外部因素共同作用，最终导致了“恶逆变”行为的产生。犯罪行为成因，是由多种因素组成并彼此联系、相互作用的有序动态体系，既不是单一的因素，也不是不分层次的多元性因素的简单集合，而是由多种犯罪因素有机组成的原因系统，是个有序的结构，其构成因素呈若干层次或等级。① 许多学者在分析“恶逆变”行为产生的原因时，只是简单地将影响行为发生的因素罗列出来，因素之间缺乏一定的逻辑顺序，而受暴妇女从被害人转化为犯罪人是一个动态发展过程，在分析最后“恶逆变”行为的产生原因时，要注重过程分析，从受暴妇女的内部因素出发纵向分析，再了解外部特殊的生活环境对其心理上带来的变化，从动态变化过程中探究“恶逆变”行为产生的深层原因。

（一）内部因素的发酵

1. 认知上的缺陷诱发犯罪

在此次女子监狱调研因遭受家庭暴力而“恶逆变”犯罪的 35 名女犯中，有 22 人的学历在小学及以下。一项对 217 名女性杀人犯的调查显示，文盲占其中总人数的 47.7%，小学文化程度的占 28.57%。② 这说明产生“恶逆

① 宋践，刘洪广. 犯罪学[M]. 北京：中国人民公安大学出版社，2014：68.
② 佟新. 女性违法犯罪解析[M]. 重庆：重庆出版社，1996：124.

变”行为女性的文化程度普遍偏低。一个人的个性在一定程度上来自于先天遗传，但是他的后天认识是学校教育、家庭教导和社会文化共同塑造的结果。如果个体的认知存在偏颇，其思维可能比较狭隘，对事物的看法相对片面化。

首先，传统思想的影响较深。调研中这些女性绝大部分来自乡镇、农村，祖辈的生活和观念对她们影响很深，她们相信人生中的主要任务就是相夫教子。丈夫在外承担主要家庭经济来源，作为女性，她们处于从属地位、依赖家庭，本身没有太多的生存技能。依赖性让她们难以脱离家庭独立生活，再加上本身求知欲望不高，所以，当受到家庭暴力时，她们没有足够的勇气离开施暴者独自到外求生，一次次的犹豫和忍耐导致家庭暴力逐渐升级，最终发展到不可控的地步。

其次，家庭教育和学校教育的缺失。这些女性通常对法律常识不甚了解。调查的 35 名女犯中，有 31 人在犯罪前未听说过《反家庭暴力法》，只有 10 人认为家庭暴力是违法行为。法律知识的缺乏和法律观念的淡薄，当她们感到无路可走的时候，不知道使用法律武器保护自己，反而采取犯罪手段来结束施暴者的罪恶，她们不清楚触犯法律的后果，有些人甚至不知道自己的行为已经构成了犯罪，最后让自己由受害人变成了犯罪人。一个接受过较高文化教育的女性，在面对丈夫暴力行为时，可以更冷静地分析自己所处的境遇，可以更好地控制自己的情绪和悲伤，可以有更多的方法向外界寻求帮助，一个有较高文化素养的女性通常也有自己生活的重心，不会因为家庭上受到打击就失去对生活的向往，她的心境会更加宽阔理智，在家暴面前会冷静地使用合法的手段去保护自己。① 而文化素质比较低下的女性在面对家庭暴力时，不清楚如何做出正确的反应，她们常常感到不知所措。比如，在受到伤害时不知道如何搜集自己受伤害的证据，不知道向什么法律部门投诉，也不知道可以运用哪条法律来保护自己。还有些产生“恶逆变”行为的女性根本不知道自己的行为不受法律保护，并且是违法的，她们认为自己的行为是为了保护自己保护孩子，是正当的行为。这些女性在认知上已经与社会严重脱节，正因为认知上存在缺陷，使得她们无法合理对待所遭受的

① 徐钰.受虐妇女“恶逆变”犯罪问题研究[D].上海：华东政法大学，2018.

家庭暴力,才会选择以暴制暴或者其他方式杀死施暴者,产生"恶逆变"行为,这些女性既可怜又可悲。

个案8:

问:你知道有反家暴法吗?你听说过吗?一些反家暴宣传,你在电视看过吗?

答:看电视我也不看新闻我也看不懂,我也不看。

问:相关的一些反家暴宣传教育你接触过吗?

答:不知道。

问:你遭受家庭暴力的情况有没有向周围的人说起过?向其他人咨询过你该怎么办?

答:我们家暴只有家里人知道,又不方便和别人说。也不能跟别的人说。

问:你身边的人是不是认为家暴是很普遍的现象?好比说你的亲戚啊,你的邻居啊,周围的村里的人是不是家暴是很普遍的一个现象,觉得打老婆很正常呢?

答:我家最严重,唉哟那种人家平时吵吵吵闹闹的,那正常的,但是不像我家,我实在是没有办法了,我也没有文化,但凡有人和我说一下应该怎么做我也不会像这个样子杀了他了,把他抓进去,即使关不上几年,那他也不敢了,对不对啊……

2. 常年遭受家暴形成缺陷型人格

缺陷型人格也叫人格缺陷,是一个复杂的心理结构系统。它是人在社会化过程中,在一定时期内,在客观人性的基础上,加上社会环境的诱因,使个体出现人格异常化,欠缺了健全人格中的某些因素从而形成的人格的亚健康状态,并且会随着时间、地域的变化而变化。① 人格缺陷是犯罪心理形成的基础成因之一,有学者提出犯罪人之所以要犯罪,是为了满足自己某一方面的需要,需要缺陷是缺陷型人格的实质。行为人是通过正当途径还是非法途径来弥补这种需要缺陷,决定了行为人是否要受到刑法的评价。马斯洛的需要层次理论提出人们的低层次需要也叫作缺失性需要,是关乎个

① 杨文博. 论人格缺陷[D]. 武汉:武汉大学,2013.

体生存的需要，特别是生理需要和安全需要受到威胁时，人们会尽一切方法和手段去获得。

常年受到家庭暴力的女性，自身的安全需要是不能得到保障的。让自己处于安全的环境中是人的生存本能，当人身安全受到威胁时，必然会用各种方式来弥补这种需要。每个人弥补需要缺陷的方式都不一样，归纳起来有两大类，第一种是上行弥补手段（上行映射），第二种是下行弥补手段（下行映射）。前者是人的正常动机，会通过正规途径来弥补，而后者就有可能发展为犯罪动机。

通过在女子监狱的调查发现，35 名被调查的女犯中，绝大多数受暴女性在犯罪前经常处于无助的状态，希望有人能帮助解决问题，她们在面对极大压力时感觉自己要崩溃，心理状态很差，有一部分人经常感到恐惧或焦虑，也会感到愤怒和怨恨。在多次遭受家庭暴力后，受暴妇女的心理逐渐发生变化，逐渐变得自卑、敏感，无助感越来越强。由此我们可以推测，这些女犯在犯罪前可能已经出现心理问题进而导致人格上的缺陷。长期遭受家庭暴力的受虐妇女，时刻要提防随时到来的家庭暴力，不但要面对来自施暴者的家庭暴力，还要想方设法保护自己和家人的安全，此外，还要应对来自外界的舆论压力，精神上长期处于紧张焦虑的状态，做事易冲动，心理容易崩溃，当这种无助感达到上限的时候，精神处于濒于崩溃的边缘，很有可能失去理智，产生杀死施暴者或者同归于尽的想法。

对受暴妇女恶逆变犯罪人来说，其致罪人格缺陷的形成过程不仅有被动的过程也有主动的过程。被动的过程是指受暴妇女实施恶逆变犯罪是因为其无法从外界寻求有效的帮助，不能冷静地分析现状用法律允许的方式维护自己的权利，只能依靠自己仅有的力量，最终在面对丈夫高强度的暴力虐待下只能以犯罪的方式去进行对抗。主动的过程是指受虐妇女的恶逆变犯罪行为是通过交往、学习而得来的。受虐妇女所处的家庭环境中一直有暴力行为的存在，对她而言暴力行为并不陌生，甚至在长期的暴力虐待之后她对实施暴力行为已经有了不同的认知，根据萨瑟兰提出的“差异结交论”，“犯罪是在差异结交过程中被学习的”，因为犯罪行为是学习而来的，是不同的个体在社会交往、大众传媒的影响过程中，通过个人之间的接触互动而被学习得来的。[①] 对于受虐妇女恶逆变犯罪人而言，她们所经历的长期受虐待的家庭生活环境不仅使其压抑了许多愤怒而且也改变了其对待暴力行为的态度，而她们对丈夫暴力行为的不断忍让与妥协，丈夫的暴力行为却变本加厉没有停止的意思。在这样不断恶性循环的互动过程中，最终导致受暴妇女产生了犯罪动机。

综上所述，常年受到家庭暴力的妇女，在自己的低层次需求长期没有得到满足时，会逐渐变得自卑、敏感、孤僻、暴躁冲动或者产生人格仇视，从而出现人格异常化。受暴妇女产生人格缺陷后，由于内心对缺失性需要的强烈渴望，更容易采用下行弥补手段来弥补自己的需要缺陷，这种下行弥补手段就是产生"恶逆变"行为。

3. 长期消极情绪积累导致犯罪

女性主动实施犯罪的场合非常少，大多数女性犯罪都是由于外在环境的不良影响，特别是生活中遇到挫折，得到不平等的对待，为了缓解内心的压抑和宣泄不满情绪，在不得已的情况下才会发生攻击性行为。[②] 可见，"恶逆变"行为的产生原因之一是受暴妇女为了释放自己长期压抑的消极情绪。下面我们将从受暴妇女情绪发展的四个过程分析她们的消极情绪是如何产生并积累，最后导致"恶逆变"行为的发生。

(1) 希望期

绝大多数女性在结婚之前都对未来怀着美好的憧憬，希望自己能够拥有一个幸福美满的婚姻，因此对家庭和丈夫的期望很高。她们在结婚前没有想过未来的丈夫会对自己施暴，受访女性中有些甚至是排除种种阻力而与未来的丈夫走到一起，她们非常珍惜这段婚姻和缘分。

在她们面对第一次家庭暴力时，她们的第一反应是惊讶。婚前她们没有认清施暴者的本质，没有想到结婚之后会遭受家庭暴力，对于这样残酷的事实她们难以接受。

个案6："第一次动手，打了我一个耳光，当时我就愣了，因为我在家里面，说实话，虽然说是农村长大的孩子，但是一般都没有被经常这样打过嘛，

---

① 张筱薇. 比较外国犯罪学[M]. 上海：百家出版社，1996：119.

② 赖修桂，赵学军. 女性犯罪研究[M]. 北京：法律出版社，2013：253.

可能说被责怪是有的，但是也没有被这么赤裸裸的打嘛。当时第一个反应我也是愣了，然后打完之后我也没有什么反应，然后我也没有反击啊或者怎么样的，然后我就没说话。当时他给我的感觉也是比较那个吧，他也没有什么太大的反应，然后我就站了几秒钟，我就坐在床上了，然后我也没说话。当时好像是下午吧，我就一晚上没有和他讲话。”

虽然这些受暴妇女内心十分难过委屈，但是，一次实施家暴的行为并没有让受暴妇女采取防范措施，而是选择了理解、原谅施暴者。她们大多会从自身找原因，认为是自己有些地方做得不够好才会导致丈夫对自己施暴，只要自己尽到一个做妻子的责任就能改善这种情况。

有的受暴妇女想到孩子以及身边其他人的看法，就忍气吞声，不敢将家暴事实声张出去，害怕遭到别人的冷嘲热讽，于是选择了沉默和忍耐。她们寄希望于施暴者身上，希望他们能够自己悔悟，让家庭生活回归正常。

(2) 犹豫期

一段时间后，丈夫并没有如受暴妇女如期的那样变好，反而持续着家庭暴力行为。这时，她们开始怀疑自己之前的认知，不再将家庭暴力归因于自身，而慢慢发现丈夫的缺陷。再次遭受暴力时她们没有第一次那么强烈的惊诧感，但是委屈感依旧强烈，对丈夫开始充满失望和不满，这时受暴妇女会产生离开的念头。

但是，由于受暴妇女此时基本有了孩子，和施暴者的家长关系相处较好，内心也比较不舍。基于家庭之间千丝万缕的联系，以及施暴者一次又一次的悔过认错，受暴妇女开始进入犹豫期，内心开始纠结是否应该离开这个家庭，远离施暴者。

个案8:“第一次打完之后，我就有那种很想逃离这个人的感觉。但是在他的一再保证下，我想可能他以后真的会改。”

有些遭受了较严重家暴的妇女这时会选择向家人以及朋友求助，或者到当地社区、妇联以及其他一些组织寻求帮助，希望能够通过外界的干预或者离婚来制止和摆脱暴力。

(3) 失望期

在经历一次次的原谅和宽容之后，家庭暴力仍然持续发生，而且频率增高程度升级。经历了多次家庭暴力而施暴者丝毫没有转变之后，受暴妇女已经不再对施暴者抱有回心转意的希望，反而认清了施暴者的本质特性，对施暴者彻底失去了信心，进入了失望期。

这时受暴妇女不再寄希望于施暴者，她们出于对孩子的考虑，自力更生承担起家庭的重任，不再依赖施暴者。大部分妇女会选择离婚、离家出走，严重的甚至产生自杀的念头，以此来脱离家庭暴力的阴影。

一次又一次的反抗都以失败告终，无助感日渐强烈，这时她们也不再犹豫，内心的失望和痛苦已经不能使她们与施暴者生活在同一屋檐下。她们开始积极寻求外界的帮助，有的甚至已经到公安机关寻求庇护。

个案1："报警后，后来警察把他抓走了，他当着警察的面又到我妈妈那边道歉，又到我妈妈那边……嗯……做出好多有诚意的承诺，就是意思让我下次再也不怎么怎么了，但是下次还是这个样子。

"人家那个警察来说说他，他说'嗯呐，那好的，我对她保证好'，人家都说'你好不容易找了这么个老婆挺好的，对吧'。他在外面一套，回来又是一套(抽泣)……

"比原来更变本加厉，就说他当着警察的面一套，对我又是另一套。"

(4) 爆发期

在经历前面三个阶段的受暴妇女如果仍然没有获得及时的帮助和救济，仍然生活在家庭暴力的环境中，所承受的痛苦已经超过心理所能承受的最大限度。受暴者在长期家暴中慢慢积累失望、恐慌、反抗的情绪，在精神上一直处于惊恐和绝望之中，人格尊严受到藐视，心灵变得十分脆弱和敏感，正常的心理已经变得扭曲，她们将怨恨和愤怒压抑在心中，由于种种原因不能脱离苦海的她们，在最后的阶段一定会以某种方式爆发。

消极情绪如果得不到释放就会进入潜意识层面，往往表面冷静内心深处却有一座还未爆发的火山，"不在沉默中爆发，就在沉默中死亡"，后文所说的"恶逆变"犯罪就是受暴妇女爆发的一种极端方式。她们有的是在遭受家庭暴力强烈刺激下被激发了求生本能激情防卫，有的是预谋已久，认为杀死施暴者是唯一的解决办法。前者杀人冲动，后者冷静，但她们杀人手段大多都极其残忍，因为她们要将遭受的每一分痛苦和愤怒都发泄在此刻上，这同时也反映出她们内心的绝望和无助。

个案4："犯罪使用自来水钢管，是他准备打我的呀，是他事先说说的呀。

所以说这个犯罪啊也是有一种……冥冥之中就像一种安排一样的，他所说的一切，然后都是我按照他说的一切实施。”

还有的施暴者会将愤怒转移到自己其他亲人身上。39岁的王某，自从25岁结婚后，就因生活琐事长期受到丈夫的暴力殴打和虐待，有病也不给治。娘家人劝其离婚，她却觉得离婚太丢脸，同时也舍不得孩子，虽然恨丈夫恨得咬牙切齿，却因丈夫的强悍，无力与之抗争。日积月累，她终于无法再忍受，竟转而把怨恨发泄到只有5岁的儿子身上，为报复丈夫，她竟然亲手掐死了自己的儿子。①

（二）外部因素的刺激

人类的生存离不开个体的社会化过程，犯罪学与犯罪心理学学的研究都表明犯罪行为的产生即发生在个体社会化过程中。犯罪行为是在犯罪心理的支配下进行的，但是有犯罪心理不一定会导致犯罪行为的发生，犯罪行为的发生还涉及很多其他外部因素。② 外部环境不断影响着受暴妇女从遭受家庭暴力到以暴制暴这一行为转变过程中的心理变化，内部因素在外部因素的刺激下，最终导致“恶逆变”行为的发生。

外部因素一般包括个体生存和发展的具体环境和宏观的社会总体环境，前者对个体的认知、情感和心理起着最直接的影响，这种环境我们统称为微观环境，而后者包括我们所处的社会环境、法律环境、政治环境、经济环境等宏观因素的集合。受暴妇女从被害人转化为犯罪人这一过程中，她们所生活最直接的环境起着主要作用，从宏观角度来说社会环境和法律环境里缺陷性是一直存在的，整体大环境下无法避免的各种因素的集合是催化受暴妇女“恶逆变”行为产生的原因。下面我们从微观和宏观两个角度对受暴妇女产生“恶逆变”行为的环境诱因进行分析。

1. 微观环境

(1) 家庭环境

家庭是与个体联系最紧密的地方，它是一个人成长的起源地，特别是在注重家庭的东方社会，家庭成员之间互相具有无可比拟的亲密性和影响

---

① 裴秋秋. 女性犯罪多数缘于家庭暴力[N]. 江南时报，2000-10-27.

② 宋践，刘洪广. 犯罪学[M]. 北京：中国人民公安大学出版社，2014：68.

力。① 所以，家庭环境对个体的身心发展起着至关重要的作用。在这里，产生“恶逆变”行为的受暴女性毋庸置疑受到了新生家庭环境的影响，但是，原生家庭环境的影响可能更加深远。

在良好的家庭环境中，人们更容易感受到人心的温暖，即使受到犯罪侵害，他们也会得到家人的抚慰和支持，这对消极情绪的化解具有很大的作用。而不良家庭环境中成长的或是过度溺爱而抗挫能力差，或是从小接受简单粗暴的教育甚至受到暴力对待，容易在受到侵害后同样采取以暴制暴的方式来解决问题。② 在后面的章节中我们也详细叙述了家庭暴力的代际影响，男孩容易成为施暴者，女孩更容易成为受虐者。美国心理学家班杜拉提出的学习理论认为犯罪行为是后天习得的，犯罪心理的产生有三方面来源：观察学习（包括家庭成员的影响和强化）、凭直接经验学习以及生物学因素。③ 心智还未发育成熟的未成年人被动地生存于成人所建构的暴力社会中，由于耳闻目睹父母之间的暴力行为或者亲身经历过父母施暴，会对其心理发育造成负面影响，于是在潜移默化中形成了暴力可以解决一切问题的认知。这里我们着重研究的是遭受家庭暴力的妇女，虽然她们平时并没有表现出认知上的缺陷，但这种认知一直存在于她们的潜意识里。当她们无法用合法途径理性对待自己遭受的家庭暴力时，就会采用从原生家庭习得的暴力方式，从受虐者转变为一个犯罪人，“恶逆变”行为由此产生。2006 年上映的日本电影《被嫌弃的松子的一生》，女主角松子的父亲将爱全部倾注于生病的姐姐身上，在成长过程中她得不到父亲的关爱，长大后还时常遭受到来自同居男人的暴力侵害，后来在一次暴力争执中将同居伴侣杀害。原生家庭的影响往往伴随着人的一生，并且难以泯灭。

除了原生家庭，新生家庭环境对受暴妇女“恶逆变”行为的产生有着更为直接的影响。首先，由于施暴者的一次次施暴行为，家庭氛围必然不会融洽，一次次的争吵和暴力冲突导致家庭成员之间互相不信任并且关系松散。其次，孩子的存在会使受暴妇女不断忍受这种暴力侵害，她们害怕自己的离开会使孩子生活在一个缺陷的家庭。但是忍让反而让施暴者变本加厉，随

① 曾文星，徐静. 心理治疗：原则与方法[M]. 北京：北京医科大学出版社，2000：160.
② 杨静妍. 受家暴女性“恶逆变”犯罪之心理分析与防范策略[D]. 上海：华东政法大学，2013.
③ 梅传强. 犯罪心理学[M]. 北京：中国法制出版社，2014：40—42.

着施暴程度的升级，她们忍无可忍，看到自己的孩子深受暴力环境的影响，或者是觉得孩子也可能会遭受到暴力威胁，在持续性的压抑和消极情绪的积累下，最终产生了以暴制暴的想法来阻断施暴者的暴力侵害。最后，家庭其他成员的冷眼相望会使受暴妇女感到更加绝望。家庭本是一个可以寻求慰藉和支持的地方，但其他家庭成员不但没有给予必要的帮助，而且害怕他们自己惹上是非，这种观望的态度让其更加心寒，容易让她们自暴自弃。

家庭的多方面因素不断影响着受暴妇女的心理变化，不管是原生家庭还是新生家庭环境，其中不良的因素都会催化着受暴妇女"恶逆变"行为的产生。

(2)社交环境

社交是指人与人之间的交际往来，人们可以通过社交传递和获取一些信息、交流思想以达到一定目的。社交环境则是指人们除家庭之外的进行社交的场所，一般包括居住的社区环境、工作环境以及交际圈。梅奥等人通过实验提出社会人假设，梅奥曾说"人是独特的社会动物，只有把自己完全投入到集体中才能获得彻底的自由"。可见人并不能相对独立地存在，社交就是人们从个体化走向社会化的途径，人们通过社交将自己融入社会中。社交环境是个体融入社会的一个重要环节，在这一过程中，个体的心理和行为不断受社交环境的影响而产生变化。

在一个良好和谐的社交环境中，人们通过结交生活上以及工作上的朋友，互相交流学习，提高自己的工作技能以及增长各方面的见识。当遇到挫折时，一个良好的社交环境可以给你提供一个缓解压力和释放情绪的场所，比如可以约上两三闺蜜倾诉心事，大家互相帮助互相支持，消极情绪也许就会慢慢被释放。受到家暴的女性如果生活在一个积极融洽的社交环境中，那么身边的朋友、工作伙伴以及社区的工作人员会积极地对她进行引导和帮助，这种帮助让受暴女性获得心理上的安全感，有助于缓解曾经受到的伤害，降低"恶逆变"行为的发生率。

然而在一个不良的社交环境中，比如社区中存在一些帮助家暴妇女的机构，但是如果这些机构态度冷漠，一直遭受家暴的妇女无法通过最便捷的渠道获取帮助，就会让她们产生一种退却心理，认为其他机构的态度必然也不会好到哪里去，由此丧失了向社会上其他组织寻求帮助的勇气，不断累积的消极情绪和日渐升级的家暴极有可能使她们走向"恶逆变"的道路。再如她们的邻居和身边的朋友如果知道她遭受了家庭暴力，但是没有人真正地去安慰她帮助她，反而以一种观望的态度在背后议论纷纷，不断对其流露出同情和怜悯，这些言行对受暴妇女造成了更大的伤害。标签理论能够合理地解释此种现象，标签理论是以美国社会学家埃温德・利默特和霍华德・索尔・贝克尔的理论为基础形成的，其认为越轨行为并非是个人本身的品质，而是由外部反映所贴上的一种品质；一个人的主导身份决定着人们对他的反应，不良的品质与犯罪的身份相联系，因此被贴上否定性标签的人被限制了相应的生活机会。① 现实生活中受到家庭暴力的妇女如果被外人知晓，特别是身边亲近的朋友和同事，就会给她们贴上"被害人"的隐形标签，这种基于信念崩溃的紧张感让她们怯于表达受害情绪而产生自卑感、愤怒感，就更加希望通过暴力反抗让自己不平衡的心理得到部分化解。

个案1："哪个敢帮我啊！我寻求的呀，人家说'怎么帮你呀'？！他在那边说实在话，我跟你说到底的话嘛，反正只要听到他的名字，反正每个人都感觉人家都有自己的家庭，我也寻求别人帮助，人家说了嘛，我们家要好好地过日子，包括他二哥都说这样的话了，我到后来简直就崩溃了。因为他打我的时候，我打电话告诉他哥哥，他哥哥嫂子就跟我说，他说我们说说他，那人家只能这么说，我能说说他，但是我不能保证。"

个案8："父母不同意我和他在一起，而我又坚持最后嘛，可能因为自己的个人方面的原因，又觉得这个事情当初父母不同意是不是，那自己要坚持，最终自己的坚持是错的，那会儿不晓得怎么去跟父母开这个口。

"我觉得我跟他在一起之后，跟我以前的所有朋友都几乎没有什么交集了，他这个人疑心特别重。"

2. 宏观环境

(1) 社会环境

社会中的每个人都有着千丝万缕般的联系，如同诗人约翰・多恩所言

① 夏玉珍. 犯罪社会学[M]. 武汉：华中科技大学出版社，2016：44.

"没有人是一座孤岛",脱离社会生存的人是不存在的,没有人是永远孤立的存在着的。所以,一个人行为的发生并不仅仅是由个人意志和周围环境所决定的,还受宏观环境的影响。在此基础上来看,受暴妇女"恶逆变"犯罪行为的发生不能简单地将原因归于施暴者、个人以及家庭,整个社会都应当肩负一定的责任。

首先,传统的思想观念在社会上一直存在,即使我们一直在呼吁男女平等、家暴不是家务事,但不可否认的是整个社会的偏见从来没有消失过,甚至强化了人们的固有观念,以至于筑起一道更加坚硬的壁垒。家庭暴力产生的原因在前面的章节中我们也详细地分析过,其中有着复杂的历史根源和社会根源。由于我国封建传统思想的影响,在男女关系上一直尊崇"男尊女卑""夫权至上",男性认为妻子是附属品,是自己的私有财产可以随意处置,这样一种传统思想到现在虽然已经有所改观,但仍然存在于一些人的观念之中,无论对施暴者还是受暴者,这种根源性的思想并不是一时可以改变的。关于施暴者我们将在下一章节进行阐述。受暴妇女也会因为这些传统思想害怕将家暴事实传到外人耳朵里,认为这是一件丢脸的事,自己忍一忍就好。这种传统观念由此阻断了受暴妇女向有关机构寻求帮助的脚步。

其次,"各家自扫门前雪,莫管他人瓦上霜"的观念也使社会风气变得冷漠,正是这样一种观念的存在,整个社会对家庭暴力的宽容度很高。在监狱的调查中,发现发生"恶逆变"犯罪的受暴妇女在遭受家庭暴力之后,娘家人和婆家人、亲戚朋友以及邻里的态度大多是消极的,有人觉得多一事不如少一事冷漠对待,有人认为是家务事不必多管,这种事不关己的态度让受暴妇女更加笃定了自己无法向他人求助来获得解脱,只有也只能靠自己来逃离暴力的魔爪,如个案 4:"周围有人劝过,不敢劝啊。要是叫你来劝了,他拎起个汽油桶准备烧,你们哪个来上门来劝,就这样做,人家就不干了。"山西省妇联的一项调查显示,发生暴力的家庭,其中有部分受暴女性曾经向娘家、亲朋好友、派出所、村委会或居委会等求助过,但都因受暴者和施暴者是夫妻关系,被淡化为"家务事"而一推了之,得到处理的只占极少数。这些受暴妇女在忍无可忍时,有的杀夫杀子,有的离家出走,为生活所迫而抢劫、盗窃、卖淫、诈骗等。江苏省妇联权益部对南通监狱女子分监 1477 名女犯所做的问卷调查中，有50%的受虐女性曾迫切地希望离婚，但却没有如愿。有23.6%的受虐女性曾向娘家及亲朋好友或有关机构求助过，但被求助者有15.61%采取不搭理或虽然搭理但却劝其不要伸张的态度。这种不被扼制的家庭暴力，终因施暴者有恃无恐而变本加厉，使受虐女性在积愤难消的情况下，走向疯狂报复的极端。[①] 社会上只要大多数人选择对家暴保持沉默或者观望态度，就是对施暴者的纵容，这种社会风气的蔓延会导致施暴者更加不受道德层面以及外界舆论的约束，从而使受暴妇女遭受更严重的家庭暴力最终走向“恶逆变”的道路。

最后，除了社会大环境外，社会救助系统的救助薄弱和公安及司法系统的处置效果不理想也催化了受暴妇女“恶逆变”犯罪行为发生。由于社会救助组织和公安及司法系统同属于社会机构，从宏观角度来说，都属于社会的组成部分。社会观念无法在短时间内改变，但是，这些机构对受暴妇女的救助措施效果却是防治受暴妇女“恶逆变”犯罪行为的最后一道防线。一般受暴妇女可以求助的社会组织机构有(村)居委会、乡(镇)政府、妇联等，最多的是向公安机关求助，到法院调解离婚。然而在现实生活中，这些机构并没有发挥出应有的作用，在监狱的调查中，35人中仅有6人曾受到过妇联、村委会、居委会或者警察等的帮助。在访谈的个案中，也仅有一人求助过妇联，结果也是调解了事。基层社会组织的性质决定了没有实权去处理家暴事件，只能通过协调或者找其他部门配合。有些农村基层工作人员甚至对家庭暴力的性质也缺乏正确的认识。整体上社会救助系统薄弱，既缺少宣传，又缺乏能力，各个组织之间相对独立，没有形成网状援助结构，所以在处理这类家暴事件上并没有取得令人满意的效果。可以说，公安机关是受暴妇女能抓住的最后一根救命稻草，但是调查却显示，一些警察在处置家庭暴力事件的时候缺乏经验，往往过于注重调解，如果报警之后警察没有妥善处理，施暴者变本加厉，受暴妇女内心只会更加绝望，一旦这根救命稻草也无计可施，她们很有可能会走上杀夫的犯罪道路以求得到解脱。

社会对受暴妇女的支持和援助对她们来说至关重要，一方面社会整体

---

① 裴秋秋. 女性犯罪多数缘于家庭暴力[N]. 江南时报，2000-10-27.

风气让受暴妇女无法走出求助那一步，另一方面，若她们已经发出了向社会求助的信号，而社会机构或人们没有提供有效的帮助，反而会打击受暴妇女，加速了"恶逆变"犯罪行为的发生。

(2) 法律环境

2016年《反家庭暴力法》正式实施，在正式开始实施《反家庭暴力法》之前，我国并没有一部完整的、专门的法律来规制家庭暴力行为。无专门法律的规制，就导致各地方没有一个统一的标准和准确可行的手段来解决前来寻求帮助的被家暴者的问题。如"四川李彦杀夫"一案中，李彦在饱受家庭暴力的折磨后向民警求助，然而因为没有法律条文可供参考，民警也只能调解结案，这使李彦意识到报警无用，求助无用的情况下，一些女性在家庭暴力中选择了杀夫来终止一切。陕西省女子监狱对家庭暴力犯罪调查中，共抽取101份案卷，其中杀夫型占64份，占63 %，而其中提及曾遭受家庭暴力的为29份，占杀夫型案件的45%，在对案主的访谈中了解到，她们在遭受家庭暴力后，曾多次向有关部门求助，但每次都没有结果。在对陕西省女子监狱11名因杀夫被判死缓的服刑妇女调查时发现，她们在犯罪前都曾长期遭受家庭暴力的侵害，四处求告，无人过问，最终走上以暴抗暴的道路。① 正是因为之前没有特定的法律条文来定性"家庭暴力罪"，所以相关部门无法可依，只能调解了事或者干脆不受理，即使出现了严重的家庭暴力案件，法院无法依据特定的法律只能依据《婚姻法》《妇女权益保护法》以及《治安管理处罚法》等一些法律中的相关条文来对施暴者进行制裁，因为处罚力度过小且不具有威慑力，还是会有更多的家庭出现家庭暴力。

《反家庭暴力法》的出台是防治家庭暴力上的一大进步，我们在后面的章节中对于这部法律的创新以及不足进行了详细的阐述。其中人身安全保护令制度是具有实用价值的一项制度，它将反家暴工作从事后防治变为了事前预防。虽然《反家庭暴力法》的颁布具有里程碑的意义，但是其中存在的一些不足仍然有待完善。比如人身安全保护令在施行过程中申请条件不完善，证据规则也比较严苛，执行机制也存在不合理之处。② 这些不足让现

---

① 周娟.家庭暴力与女性犯罪[J].零陵学院学报，2004(6)：10—12.

② 孔超.我国《反家庭暴力法》中人身安全保护令制度研究[D].南京：南京大学，2019.

实生活中反家庭暴力防治措施的实际可操作性大大降低。另外，这部法律强调公权力的干预，但是在现实生活中，往往存在这样一个隐患，即施暴者接受了处罚表面上与受暴者和好后，往往由于心理上的不平衡会再次施暴，并且施暴程度越来越高。

一部法律真正发挥作用在于它能够深入民心，起到震慑作用。法律的宣传至关重要，《反家庭暴力法》进入大众视野之后，宣传相较于之前有了明显的变化，但是在一些农村地区和比较偏僻的地方，仍然有很多人没有听说过这部法律，也没有接触过相关法律宣传。在35位调查者中有21人竟从未听说过相关宣传，在访谈的个案中，她们表示从来没有接触过相关法律宣传，犯罪前也没有听说过《反家庭暴力法》，法律知识没有普及大众，这和农村妇女接受的教育程度低有一定关系，但是法律宣传对于中老年妇女来说仍然是学习《反家庭暴力法》的主要途径。访谈的个案基本可以反映出法律宣传（尤其在农村地区）的不到位，各个基层组织、政府没有发挥到应有的作用。有几位被访谈者表示如果以前接受过相关法律教育，就不会做出犯罪行为，这可以说明法律知识的普及对于预防受暴妇女走上杀夫道路起到一定作用。一部法律的制定，尤其是这种与人们生活息息相关的法律，必然要经过推广才能让每个人懂得如何利用法律的武器来保护自己。在《反家庭暴力法》颁布之后如果受暴妇女乃至于社会仍然没有反家庭暴力的意识，那么，我们可以说这部法律的宣传还没有做到位。

法律的规制不强，宣传不够，人们就难以拿起法律的武器保护自己，受暴妇女如果有较强的法律意识，那么解决家庭暴力的途径绝对不会像调查中的女犯们那么狭隘，"恶逆变"犯罪行为发生的可能性也会大大降低。

第六节　受暴妇女"恶逆变"犯罪预防与恢复策略

一般来说，预防受暴妇女"恶逆变"犯罪的根源性措施就是对家暴行为进行预防和控制，构建家庭暴力预警机制（在后面的章节中有详细的阐述）。在这里，我们从受暴妇女本身出发，从"恶逆变"行为发生之前、之后两个阶段进行预防、控制以及恢复。

一、事前个体预防与社会预防相结合

（一）个体预防

1. 提升受教育水平

1956年中国发布《关于扫除文盲的决定》，再次明确扫盲工作目标。20世纪50年代开展的三次扫盲运动，帮助1600万名妇女脱盲。改革开放后，中国持续开展扫盲工作，到1993年累计扫除妇女文盲1.1亿。1995年以来，中国政府颁布实施三个周期的中国妇女发展纲要，始终把扫除妇女文盲、提高妇女识字率作为主要目标，把扫除农村妇女文盲作为重点。全国15岁及以上女性人口文盲率由新中国成立前的90％降至2017年的7.3％，实现历史巨变。

在大力扫除妇女文盲的基础上，中国高度重视保障女童接受基础教育的权利和机会。制定出台《中华人民共和国义务教育法》等法律和政策，不断加大义务教育投入，重点向农村地区倾斜，通过设立中小学助学金、制定女童专项扶助政策、实施“春蕾计划”和“希望工程”等助学项目，大大增加了农村女童受教育的机会。党的十八大以来，大力推进城乡义务教育一体化发展，补齐农村义务教育短板，农村女童接受教育的机会更多。2017年，女童小学净入学率达到99.9％，与男童完全相同；普通小学和普通初中在校生中女生比例分别达到46.5％和46.4％，比1951年分别提高18.5和20.8个百分点。义务教育阶段基本实现男女平等。

中国高度重视教育发展，女性接受高中阶段和高等教育的机会不断增加。改革开放40多年来，大力普及高中阶段教育，加大中西部贫困地区扶持力度，实行家庭经济困难学生资助政策，女性接受高中阶段教育的机会显著增多。2017年，高中阶段教育毛入学率达到88.3％，高中阶段教育在校女生占在校生总数的47.7％，其中普通高中在校生中女生比例已达50.9％。1998年颁布《中华人民共和国高等教育法》，不断扩大高等教育规模，推行助学贷款制度，设立助学奖学金，为更多女性接受高等教育创造了条件。2017年，普通高等学校本专科在校女生占在校生总数的比例已达52.5％，比1978年提高28.4个百分点，比1949年提高32.7个百分点（见图4－1）；女研究生占研究生总数的比例已达48.4％，比1985年提高

29.8个百分点。①

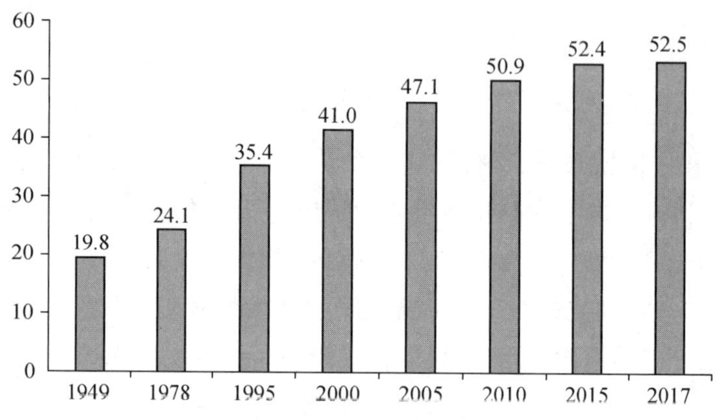

图4-1　普通高等学校本专科在校女生比例(%)

在封建传统观念的影响下我国妇女的知识水平一直不如男性，但是当今社会的发展为学习提供了更加便捷的方法，女性想要提高自身知识水平已不是什么难事。女性自身要加强自我修养，积极主动地学习新知识，不断充实自己，不断提高自己的法律素养，只有这样才能使自己在面对挫折时保持一颗清醒的头脑，找到合适方法去应对。这样，在面对家暴时，才能知道自己该用什么方法保护自己，懂得运用法律的武器来维护自己的利益，积极地通过法律途径寻求援助，能够充分认识到"以暴制暴"的方式并不能从根本解决问题，而只能让自己从一个深渊陷入另一个深渊。

随着现代女性受教育水平的提升，女性开始逐渐迈出家门走向社会，并在政治经济领域担任重要的角色。现代社会角色下的女性由单一的家庭角色转变为家庭和社会的双重角色，处在现代社会角色下的女性更加要求关注自身的发展，具备较高的职业意识和成就意识②，所以她们的重心不像以前那样只放在家庭上，这类妇女在遭受家庭暴力的时候会更积极寻求帮助，必要时会脱离家庭，她们更清楚地认识到家庭暴力带来的后果。根据调查数据表明产生"恶逆变"行为的女性一般认知水平不高，在家庭中承担着传

① 《平等 发展 共享：新中国70年妇女事业的发展与进步》白皮书(全文)[EB/OL].(2019-09-19)[2020-11-18]. https://baijiahao.baidu.com/s?id=1645092523310572625&wfr=spider&for=pc.

② 赖修桂，赵学军. 女性犯罪研究[M]. 北京：法律出版社，2013：251.

统的相夫教子的女性角色。她们将“贤妻良母”作为自己的人生目标，这种传统女性的主体意识一般表现为依赖性、自卑感和懦弱心理。由于丈夫在家庭中处于权威地位，所以她们遇到家庭暴力时所表现出来的一般是顺从和忍受，长期的施暴更容易让她们产生“恶逆变”行为。追求双重角色的完整和谐是现代社会女性的角色理想，女性必须努力增强角色素质，充分认识到女性的角色并不只是定位于家庭，迈出家门走向社会才是大势所趋。

2. 提高自我调节能力

我们在前文分析受暴妇女“恶逆变”行为的原因时，强调消极情绪的长期积累是诱发“恶逆变”的主要内部原因之一。人在面对挫折产生消极情绪后如果没有得到及时的舒缓和发泄，长此以往会累积过多负面情绪，在这种情况下长此以往，心理必然会出现失衡状态，一旦达到情绪崩溃的临界点，她们的负面情绪必然会爆发出来。受暴妇女“恶逆变”行为的产生就经历了这样一个过程。所以，在这样一个长期的过程中，如果学会自我调节，懂得调适自己的情绪和心理状态，她们就不会自暴自弃乃至于产生犯罪的念头。懂得自我调节并不意味着一味的忍受，而是在受到家庭暴力之后能够及时宣泄情绪，缓解内心的压抑和痛苦。这也是避免受暴妇女发生“恶逆变”的一个有效方法。

(1) 要善于进行情绪调节

不少女性暴力犯罪以及其他类型的犯罪就是在情绪调节丧失的情况下发生的。所以懂得调节情绪对于预防“恶逆变”行为的发生很重要。其中最重要的是受暴妇女要善于用恰当的方式表达自己的情绪，必要时在合适的场所宣泄自己的情绪。在觉得自己无法通过自身来调节情绪时，她们可以向身边的亲朋好友倾诉自己的遭遇，也可以向社会上的一些妇女援助组织寻求帮助，同时可以选择去心理辅导机构，让心理医生通过专业的手段来释放自己压抑的情绪。

(2) 要善于进行心理调节

通过心理预防形成的心理调节能力，能够使女性自觉地抑制着本能冲动，经常地或临机地调适着个人与社会现实的关系，缓解着由本能冲动或外在压抑所引起的内心冲突与挫折，使她们的心理始终处于与其自身的年龄和身份相适应的最佳状态，在任何打击或诱惑之下，都能保持相当的理智与冷静,不致发生越轨行为。① 对于受暴妇女而言,进行心理调节首先要认识到家庭暴力并不是不能说的"秘密",遭受到侵害就要通过合法途径保护自己的权益。其次,提高自身的心理抗压能力,被家暴虽然也是遭受到挫折,但这个挫折还不至于压垮身心,通过有效的途径一定是可以解决的。最后,要善于利用社会资源来修复自己的受挫心理,比如寻求心理辅导。如果在受到家庭暴力后能够及时地调节自己的心理,受暴妇女就能冷静理智地看待自己的遭遇,找到更合法有效的方法去解决问题。

(二) 社会预防

1. 建立家庭、学校、社会预防网络

人并不是相对独立的存在,人的行为受环境里各个方面因素的影响,遭受家庭暴力的女性产生"恶逆变"行为同样受社会中各种环境因素的影响,所以从受暴女性的角度去预防这种"恶逆变"行为,就需要从受暴妇女生活的环境即家庭、学校、社会三重建立预防网络。

这里的家庭指的是受暴妇女的原生家庭,家庭对人的影响毋庸置疑是巨大的,家庭教育是人一生中不可或缺的一部分,对女孩来说,父母要加强对她们的文化教育、尊严教育、平等教育,在日常生活中传授法律常识,注重培养她们的自我保护意识,由于女性的心理相对比较脆弱,所以更要注重培养她们的抗压能力。此外,一个良好的和谐的家庭环境是至关重要的,父母为孩子构建一个良好的家庭氛围更有利于孩子身心健康发展,所以,让孩子能够在家庭中感受到安全感和幸福感是健康人格形成的前提条件。

一个人的知识水平决定其理解事物的能力、辨别能力和控制能力,女性罪犯中虽然不乏高知犯罪群体,但占大多数比例的依然是那些未曾接受基础文化教育的或者文化水平较低的群体。② 学校作为传授知识的主要场所,对女性的教育具有义不容辞的责任,所以更不应该有性别歧视的现象出现。学校教育不仅要重视对她们文化知识的传播,更要加强她们的思想道德品质,鼓励她们学习和发扬艰苦奋斗精神,注重对其进行职业生涯教育,突破

---

① 赖修桂,赵学军. 女性犯罪研究[M]. 北京:法律出版社,2013:317.

② 包雯,张亚军等. 女性犯罪人被害化调查研究[M]. 北京:中国检察出版社,2015:176.

封建传统观念的束缚，要对她们的人生观、价值观、世界观以及婚姻观进行正确的引导，鼓励她们成为新时代自强独立的女性，对自己的社会角色进行正确定位。在这里，学校应该更要加强对心理教育的重视，虽然大部分学校都会开设心理课程，但是一些课程存在形同虚设的情况，没有教给学生真正有价值的知识。如果受暴妇女从小就能培养良好的心理素质，懂得如何运用正确的方法调适自己的情绪，发生恶逆行为的可能性就会大大降低。此外，法律知识的传授也应该是学校必不可少的责任，努力培养女性树立正确的善与恶、守法与违法的评价理念，是预防受暴妇女"恶逆变"的重要手段。

从社会方面来说，首先应该有针对性地加强对女性的法制教育，增强其法律意识和自我保护意识。对于法律知识的普及本身具有一定的难度，庞大的体系和文字的晦涩更加不利于传播，所以，针对女性的法制宣传更要有针对性，运用简单易懂的语言和图片以及相关活动向女性普及《反家庭暴力法》《婚姻法》等法律知识，让她们能够知法、懂法、用法，在遭受到家庭暴力时会使用法律的武器保护自己。由于受暴妇女"恶逆变"犯罪高发于农村，而农村妇女法制意识普遍较低，对法律的接受程度更低，农村这一特殊环境法律的普及率也相对欠缺，所以对于此更要作大力研究。其次是完善社会支持体系，利用社会力量为受暴妇女提供援助。妇联在拯救受暴妇女方面发挥了极大的作用，但是妇联所能提供的资源是有限的，在实际操作中主要起到的大部分是调解作用，所以设立一个专门的妇女家暴援助中心是有必要的，这个机构可以召集有法律专业背景和心理学专业的志愿者，利用他们的专业知识和方法，为遭受家庭暴力的妇女提供专门的援助，对已经产生不良心理的受暴妇女建立起"一对一"或者"多对一"的专业关系，并对她们犯罪转换的风险进行评估，一旦发现有高几率的"恶逆变"行为的发生，及时对其进行援助和心理疏导。最后，整个社会应该转变对家庭暴力"事不关己"的态度，如果发现家庭暴力的存在，应该及时阻止并通知相关部门，鼓励人人成为家庭暴力的发现者，对及时伸手援助的人进行奖励也不乏为一项有效的措施。

2. 增强公权力的有效干预

2016 年《反家庭暴力法》在人们的呼吁下颁布实施，这部法律是防治家庭暴力的一个重要举措，它将家庭暴力正式列入法律禁止的范畴，为家庭暴力筑上了一道结实的"防火墙"。这部法律带来有利影响的同时,其中存在的不足之处也值得我们去反思。比如法律中明确了公安机关、人民法院等国家机关以及居委会、妇联等一些社会组织在防治与处置家庭暴力中的法律责任,但是,违反了这些责任只是笼统地用"造成严重后果的"类似词语进行概括,并没有进行具体说明,无法对相关机关和社会组织进行有效的约束。此外,这部法律里的规定大多是原则性规定,缺乏有效的配套措施,公权力在进行干预时,实际操作性低,特别是基层公安机关在处置家庭暴力时更是困难重重。因为公安机关、法院、检察院、司法、行政等机关的及时介入对家庭暴力的防治有着重要的作用,因此,公检法部门的职责应该更要具体明确。

公安机关更应该化被动为主动,目前很多地方公安机关已对家庭暴力进行档案记录,分等级进行危险评估,按期进行电话询问和走访,动员邻居和同社区的人进行特别关注,对施暴者和受暴者人身危险性进行评估。公安还应该与社会组织共同构建一个家暴预防网络,与相关组织联系安排专业心理辅导人员对受暴女性进行一对一心理咨询或者在必要时提供法律援助,一旦发现有不良心理的苗头出现立即对其进行正确的引导,这可以把受暴妇女产生"恶逆变"行为的可能性降到最低。

检察机关应当严格按照法律程序对家庭暴力案件进行法律监督,法院应及时受理因家暴提起的民事诉讼案件,准确运用人身安全保护令来保护受暴妇女的合法权益。

其他机关要加强协作,共同配合,相互之间构建一个家暴防治体系网,在各自的职责范围内做好家暴防治工作,并且要着重关注受暴妇女的人身安全和心理辅导,在防治家暴的同时也要密切关注受暴妇女的情绪和心理变化,及时扼制她们的犯罪念头。

3. 健全心理疏导机制

家庭暴力不仅带来肉体的伤害同时也带来精神上的伤害,家暴年复一年,长期压抑的消极情绪会让女性的心理发生扭曲,她们可能会瞬时间爆发,选择疯狂的暴力方式去反抗,由此产生了"恶逆变"行为。可见,预防受暴妇女"恶逆变"犯罪一个重要途径就是及时对受暴妇女的不良情绪和心理进行疏导。

对女性进行心理预防具有两方面的依据：一是人（包括女人）具有理性和意识（或自我意识），不仅能够接受外界环境与规范的影响和制约，而且能够进行自我评价、自我修养和自我控制；二是犯罪人（包括女性犯罪人）往往表现为人格缺陷和变异，这种缺陷和变异往往导致社会认知能力、适应能力和自我控制能力低下，进而导致他们在特定的环境下进行违法犯罪活动。① 对于受暴妇女“恶逆变”犯罪行为而言，她们有可能是利弊权衡后的理性选择，认为将施暴者杀死是消除家暴一劳永逸的办法，也有的是在遭受家庭暴力的刺激时一时情绪冲动，做出极端的行为，从而产生“恶逆变”犯罪。所以要对受暴妇女进行心理疏导，让她们对自己的境遇有一个正确的认知，在此基础上通过合法途径维护自己的合法权益。

受虐妇女综合征的形成是一个长期的过程，如果要预防“习得性无助”演变为受虐妇女综合征，就要对受暴妇女进行长期的心理疏导。在她们遭受家庭暴力的初期就要进行引导，让她们将消极情绪发泄出来，将恐惧和迷茫倾诉出来，通过心理安慰让她们正确面对施暴者的施暴行为，鼓励她们运用正确的方式维护自己的合法权益。对于长期遭受家庭暴力的妇女，如果她们已经出现“习得性无助”的现象或者有受虐妇女综合征的倾向，这时就更应该积极主动关注她们的精神状态和心理反应，将她们列为重点辅导对象，为她们提供一对一的心理辅导服务，为她们提供快速解决家庭暴力的方法，鼓励她们尽快脱离家庭，不要做法律禁止的事情，遏制她们的犯罪念头。除了有关国家机关和社会服务组织，整个社会应该形成心理辅导网络，特别是跟受暴妇女关系较为密切的朋友和家庭成员，更应该尽己所能地去帮助她们。有时候一个人的一句话就能改变受暴妇女的心理状态，从而减少犯罪的发生。

对于城市受暴妇女心理疏导工作的开展相比于农村更加方便。城市居民的工作单位较为固定，居住较为聚集，有关社会关爱组织更容易对其进行“跟踪”心理辅导服务。而农村家庭居住较为分散，开展心理健康的辅导和疏导工作具有一定的挑战性。所以，更要加强农村村民委员会的基层作用，在村委会配置专门的女性心理疏导员，以便及时发现受暴女性的心理变化，

① 赖修桂，赵学军.女性犯罪研究[M].北京：法律出版社，2013：317.

一旦发现有不良苗头，通过走访的方式与她们谈话、聊天，积极地解决她们所面临的困境，使她们及时走出不良的心理状态。

二、事后恢复与心理矫治相结合

（一）恢复型——"恶逆变"后的量刑对策

虽然受暴妇女"恶逆变"犯罪行为看起来是被动行为，但是只要实施了犯罪行为就应当被定罪。但是，考虑到"恶逆变"行为的特殊性，我们应当将"恶逆变"犯罪与普通犯罪区别对待。由于产生"恶逆变"行为妇女的犯罪对象已经被消灭，其不再具备再犯可能性，可以根据犯罪后的表现考虑酌定从宽处罚，这对于"恶逆变"犯罪妇女重新回归社会具有一定的意义。

首先，对于防卫过当的"恶逆变"犯罪妇女，其行为的主要目的是为了自我防卫。在抵抗施暴者的家庭暴力行为那种激烈的场面下，人的本能意识占据上风，这里基本排除她们的主观恶性。我国《刑法》第二十二条第二款规定了防卫过当的责任承担，我们可以认为此项规定的主体被拟制为理智的、心智成熟的相对人标准①，但是这里应该将"恶逆变"妇女身体与精神上长期受到侵害和打击考虑在内，应当秉持更加宽松的刑事处遇政策。

其次，在受暴妇女所实施的"恶逆变"犯罪中，被害人即原施暴者存在一定的可归责性，因为之前的持续性高强度的家暴行为对受暴妇女造成了心理上的危险性，无论是即时"恶逆变"犯罪还是延时"恶逆变"犯罪行为，一定程度上与施暴者的家庭暴力行为所引起的犯罪冲动有关，两者之间的互动关系为"恶逆变"犯罪提供了一定的基础。此种被害人过错也从侧面反映出受暴妇女的"恶逆变"犯罪所具有的人身危险性较小，犯罪的目的和动机单纯，应当将这些因素综合纳入量刑的考虑范围内。但是此种被害人过错应当进行必要的限制：第一，如果受暴妇女所实施的"恶逆变"行为针对的对象是无辜的第三人，比如除施暴者以外的其他家庭成员，因为第三人没有正当理由承担并理解针对自己的加害行为所谓的"部分正当性"，在此情况下酌

① 贾健，王玥. 未成年被害人向犯罪人转换的原因及其控制对策[J]. 广西社会科学，2019(02)：103—110.

定量刑情节一般不应当予以适用；第二，手段的必要性、相当性以及犯罪行为的恶劣程度也应当纳入考虑的范畴。

受虐妇女综合征是由美国临床法医心理学家雷诺尔·沃柯首次提出，他通过对四百余名受虐妇女和办案人员进行调查，收集了有关受虐妇女的思想、行为和情感的大量信息，在此基础上提出受虐妇女综合征。它的核心概念是"暴力循环"(cycle of violence)和"习得性无助"(learned helplessness)。暴力循环指的是暴力会周期性发生，遵循紧张关系形成阶段、恶性暴力阶段和温馨甜蜜阶段的循环且逐步升级的周期。多次暴力周期后，受暴妇女就会逐渐接受暴力事实，产生无助的信念，不再寻求帮助，即"习得性无助"。有学者将受虐妇女综合征这样定义：妇女因长时间遭受家庭暴力的侵害，精神过度紧张，在心理上精神上产生的无助感，认为自己无法摆脱施暴者的暴力，而对施暴者做出的过激反应的一种行为模式。① 长期遭受家庭暴力的妇女在心理上和精神上遭受的痛苦和折磨往往会使她们在再次遭受家庭暴力时做出过激行为。而受暴妇女的这种"以暴制暴"行为并不能简单的定义为故意杀人罪或者故意伤害罪，国外对于家庭暴力受害人的行为有专门的研究，已将受虐妇女综合征纳入到量刑的考虑范围之内，我国学者对受虐妇女综合征是否应该纳入法律法规中持有很大的争议。并不是所有的案件都适用于受虐妇女综合征，在实践过程中应该考虑受暴妇女所生活的具体环境，如何公正地评估受暴妇女的行为是合理的在量刑中至关重要。所以我们应该引入受虐妇女综合征的深层概念，将其纳入刑事证据体系，在适用时必须当堂质证应该更为合理。

最后，由于承办案件的法官对家庭暴力行为认识不同，各地对受暴妇女以暴制暴案件法律援助程度、社会舆论对该案件的关注程度都不一样，所以对于受暴妇女"恶逆变"犯罪的量刑各地都有不一样的标准，这就导致出现了类似情节案件的量刑幅度差异很大的情况。2003 年 7 月 3 日《南方周末》以《杀夫：悲凉一幕》为题报道了刘拴霞案，河北省宁晋县法院后对该案做出一审判决，以故意杀人罪判处刘拴霞 12 年有期徒刑。2006 年 3 月 2 日，上海市浦东新区法院对王长芸故意杀人案做出一审判决，判处被告人有期徒

① 季理华．受虐妇女杀夫案中刑事责任认定的新思考[J]．政治与法律，2007(8)．

刑14年。这一判决与2005年刘颖故意杀人案(被判处有期徒刑3年,缓刑5年)相比相差较大,引起广泛关注。[①] 为了维护司法公正,统一该类案件的量刑标准已经刻不容缓。基于"恶逆变"犯罪受暴妇女长期遭受身心摧残的事实,应该将这一类案件与普通的刑事案件区别对待。我国可以在原有案件审判的基础上,根据案件的不同类型进行合理分类,对不同案件类型的量刑出台专门性的指导意见。[②] 公平公正的量刑标准更有利于"恶逆变"犯罪受暴妇女的心理平衡,使她们能够更快地进行自我反省,更好地回归社会。

(二)对"恶逆变"犯罪妇女的心理矫治

所谓女犯心理矫治,是我国刑罚执行部门系统地运用心理科学知识、技能和方法,同时借助精神医学、社会学、监狱学的理论,通过对女性进行心理评估、心理健康教育、心理咨询和心理治疗、心理预测与危机干预等措施,矫正其不正当的认知方式,调节其不稳定的情绪,消除去不良心理及其他心理障碍,以完善其个性、增强生活适应性的一种活动。[③] 以上通过对心理矫治的概念解释,可以看出主要是从心理评估、心理健康教育、心理咨询、心理治疗四个方面开展心理矫治工作。考虑到家庭暴力"恶逆变"犯罪妇女犯罪的原因较为单一,动机单纯,具有高矫正型和低再犯性的特点,并且施暴者对她们实施犯罪行为具有不可忽视的责任,所以一般的受暴妇女"恶逆变"犯罪人通常满足刑法规定的法定与酌定的减轻、从轻量刑的情节,所以在刑罚上应当以缓刑为主,少监禁,主要辅以心理咨询和心理治疗,解决她们在家庭暴力上的心病,同时矫正她们对犯罪行为的认知,让她们真正认识到"以暴制暴"是错误的解决问题方式,冷静思考自己的所作所为,从自己的犯罪行为中吸取深刻教训。除了对她们犯罪之前的心理状态进行恢复调节,还要注意预防受到法律的审判和在监狱里形成自卑、焦虑、过度悔恨的心理以及自毁情节对她们自己造成二度伤害。

对家庭暴力"恶逆变"犯罪妇女的心理矫治最好从监狱内和监狱外同时进行,监狱外的心理矫治更有利于她们的再社会化。但是无论是从监狱内

---

① 分别参照赵凌:《杀父案再起争议》,载《南方周末》2003年7月3日;上海市浦东新区人民法院(2006)浦刑初字第174号刑事判决书:"王长芸故意杀人案";内蒙古包头市昆都仑区人民法院刑事判决书:"刘颖故意杀人案"。

② 包雯,张亚军等.女性犯罪人被害化调查研究[M].北京:中国检察出版社,2015:176.

③ 赖修桂,赵学军.女性犯罪研究[M].北京:法律出版社,2013:251.

还是监狱外，其内容都应该包括犯罪人对受惩罚态度的矫正，犯罪人对生活态度的矫正，犯罪人对其行为危害性的认知的矫正，行为人对待家暴方式的矫正，犯罪人人格缺陷的矫正等等。① 对于家庭暴力"恶逆变"犯罪妇女，相比于在监狱中服刑，将她们放置于社区中进行矫治的效果应该更为显著。这类"恶逆变"犯罪人更需要亲情和家庭的温暖，社区矫正能使她们在不与家庭和社会隔离的环境中接受教育改造，在心理上给她们制造一种安全感，能够帮助她们慢慢走出家庭暴力的阴霾从而脱离受虐妇女综合征的心理状态。

① 徐钰. 受虐妇女"恶逆变"犯罪问题研究[D]. 上海：华东政法大学，2018.

第五章　家庭暴力"恶逆变"之施暴者

本章主要是针对家庭暴力中男方（即丈夫）对女方（即妻子）进行的暴力行为。在这种侵害行为中，以丈夫作为施暴方，妻子作为受害方为视角，对丈夫对妻子实施家庭暴力的内外在影响因素等进行较为详细的研究。

第一节　外在诱发因素

一、社会因素

首先，经济压力是造成家庭暴力的原因之一。在时下高强度高竞争的社会里，男性在工作、人际交往和家庭生活中常常会遇到挫折和压力，内心不可避免积蓄大量负面情绪。如果内心的负面情绪和压力得不到有效渠道的排解，很容易对身边人进行身体和心理上的伤害，将怒火转嫁给妻子，将妻子变为自己的"出气筒"，家庭冲突很容易产生。此时如果缺乏有效干预，冲突便会升级为家庭暴力。

此外，按照"社会—结构因素论"，家庭在面临住房紧张、入不敷出、疾病缠身、失业和令人心情沮丧的工作环境等困境时，其成员容易产生孤立无援和走投无路的感觉，容易产生家庭暴力。[①] 近年来，社会急剧变革，尤其是教育、医疗和住房体制改革使得不少家庭经济拮据，有些夫妻相互埋怨和指责，导致夫妻之间"拳脚相向"，不幸应了"贫贱夫妻百事哀"的俗语。在调研中，这些女性犯罪前月生活费绝大部分在5 000元以下，一半人在2 000元以下，生活的拮据是产生矛盾的主要根源。我国在就业方面、职场上一直存在着性别歧视的问题，从而导致在同一领域、同样职位、同一工作岗位上女性

---

① PEFER W SHEEHAN. Analysis of the report of the royal commission on human relationships[J]. Australian Psychologist 1978,13(2):167－182.

的薪资水平是远低于男性的，在职场晋升中女性更普遍和更容易遭遇晋升壁垒。而在农村，此种情况就表现得更为突出，即使在婚姻最初，男女双方在挣得收入的能力上相差无几，随着婚姻存续时间的延长，也很可能逐渐演变成男强女弱的格局。因为两性之间在生物构造上的差异，妇女在生儿育女等家庭生产方面具有天然的优势，所以大多数妇女在婚后将主动承担更多的家事劳动。众所周知，时间和精力也是稀缺资源。妇女将更多时间投入家事劳动，意味着市场劳动投入的相对不足，导致收入能力的下降。女性为了家庭往往放弃了在社会谋职的机会，家庭收入完全来源于男方，女性和男性的经济收入不平衡也是导致家庭暴力产生原因之一。经济地位的高低对家庭中的其他地位结构产生了影响，经济基础决定上层建筑，施暴方由于具有经济上的控制权，进而产生个体优越感，往往在家庭之中以高姿态居之，更加有恃无恐，对矛盾的处理方式也会变得更加粗暴，而受害者在经济无法完全独立的情况下，发言权往往难以被重视，也易被忽视，其受关注程度较低，容易受到来自较高收入者的精神、身体暴力。[①] 美国学者戴维·莱文森曾对全世界 90 个未使用文字的农业社会的家庭暴力形式进行研究，得出的一个结论是：在那些丈夫在家庭中掌握了经济和最终决定权，以及成年人之间通常以武力来解决冲突的社会，殴打妻子的事件更为司空见惯。[②]

但是，随着"男女平等"的理念不断深入人心，女性希望通过努力获得职业发展后使得自己在家庭中的地位不断提高。当男性在家庭中的地位优势受到较大威胁时，他们也有可能通过暴力这种最原始的方式来恢复以往的平衡。

其次，社会支持的匮乏是造成家庭暴力的原因之二。陈粲、赵幸福在研究中表明，"家暴施暴者在社会支持上要低于普通群体"[③]。黄国平等在研究中表明，"同实际社会支持相比，领悟社会支持对家暴施暴者的影响要更大"[④]。

---

① 汤文卿. 浅谈家庭暴力[J]. 现代交际，2018(20)：49—51.
② DAVID LEVENSON. Family violence in cross-cultural perspective [M]. Losangeles: SAGE Publications, 1989.
③ 陈粲，赵幸福. 家庭暴力施暴者的社会支持和家庭功能[J]. 伤害精神医学，2007(4)：217—218.
④ 黄国平，张亚林. 家庭暴力施暴行为与生活事件、社会支持和施暴态度的关系[J]. 中国心理卫生杂志，2007(12)：845—847.

个案2:"父母在农村,很少过来,对,每年会给他们打点生活费。其他亲戚就更不要说了,好长时间没联系了,好多人号码都没有了。

"这个行业,你懂的,每个人都忙得要死,底下有些东西我不好讲,反正你是别指望有什么人情味。"

种种理由和托词,归结于自己所处的这个社会,是社会给了自己过大的压力,自己是因为社会才产生了家暴行为。这从侧面反映出了社会支持的重要性。

社会支持通常是指来自社会各个方面包括家人、朋友等给予个体的心理上或者物质上的帮助和支持。社会支持可以分为两大类:实际社会支持和领悟社会支持。实际社会支持是指客观的、可见的、实际的支持,包括物质上的援助和直接服务;领悟社会支持是指主观的、体验到的情感上的支持,包括个体在社会中被尊重、被支持和被理解的情绪体验及满意程度。

许多学者都在关注家暴受害者和其社会支持的关系,但很少有人关注施暴者的社会支持。实际上,社会支持低下是施暴者家暴行为的重要诱因之一。缺乏实际社会支持,个体在遭受家庭困难时往往束手无策,产生急躁和愤怒情绪;缺乏领悟社会支持,个体会在社会生活中体验不到尊重和理解,产生压抑和不满情绪。此时的妻子成了唯一的"救命稻草",许多负面情绪都会宣泄到她身上,家庭暴力自然就容易滋生了。社会结构因素论认为社会分配的不平等和贫困会导致底层家庭形成强烈的失意感和挫败感,这种社会压力促使施暴者针对弱者,以暴力手段重塑其家庭社会地位结构,以获得内心平衡,而最近的受害者往往来自柔弱的女性和儿童。①

二、环境因素

功能派认为,社会团结(social interation)是社会生活必不可少的,他们强调和谐合作和功能协调,每个人都有自己的社会功能,明了的行为规范和稳定的人际关系,否则,就会出现冲突,导致"失范"(anomie)。人一旦"失范",缺少社会团结,就会倍感孤独失意,行为惘然,此时就会出现社会冲突和暴力。所以,功能派认为,建立和睦的家庭生活和协调的社会关系是防止

① 汤文卿. 浅谈家庭暴力[J]. 现代交际,2018(20):49—51.

家庭暴力的最佳办法。一方面，那些经常迁移的家庭容易爆发家庭暴力，因为他们在不熟悉的社会环境下求生存，心理压力很大；另一方面，周围没有熟悉的社会关系监督和阻止他们的暴力行为。①

（一）家庭环境

家庭暴力作为一种冲突事件，家庭内部的权力不平等是导致其产生的重要原因。美国社会学家科塞认为，冲突是由于价值观、信仰以及稀缺地位、权利和资源分配不均引起的争斗。对于此问题，冲突派分析了两大原因：一是在这样的家庭里，一旦家长在社会上失宠受挫，他就会为所欲为，把家庭作为对社会不满的出气筒。二是这些家庭里的家长们由于在家里过于专制，故而没有能够与之平等交流思想、分享感情的家庭成员，从感情上讲，他们是孤独的，因而他们在社会上一旦失去既得权力和地位，就会疑神疑鬼，担心自己在家中的权力和地位也将失去。此时，他们往往会产生一种反常的心态，企图诉诸暴力来巩固自己在家中唯我独尊的地位。由此，冲突派认为，在那些权力过于集中的专制家庭里，家长在事业发展上最受挫伤的时候，往往也将是最容易发生家庭暴力的时候，类似情况也包括那些穷困潦倒的单身母亲家庭，因为母亲们在就业上屡受歧视，很难找到高薪工作，正常的家庭物质生活都难以维持，作为一家之主，单身母亲的心理压力很大，她们的脾气多很暴躁，难免经常把自己的孩子作为宣泄怒气的对象。②

1. 童年经历

童年的经历是一个人成年后产生暴力倾向的因素之一。从弗洛伊德开始，心理学一直强调个体的童年经历对其心理形成的重要性。弗洛伊德认为，童年经历会对个人的成长及长大后的个人人格产生极大的影响，每个成人的人格、特质、秉性都是有迹可循的。目睹家庭暴力对儿童的影响很大，一方面在行为模式上会习得施暴者的暴力行动，另一方面儿童会在潜移默化中认为暴力是解决问题的最佳方式，暴力可以实现一方控制另一方的目的。如果是男童，在长期目睹母亲遭受父亲的家庭暴力情况下，很可能在成

---

① 肖华锋．20 世纪 60～80 年代美国家庭暴力问题初探——兼谈美国社会学流派的观点[J]．赣南师范学院学报，1997(4)：66—69．

② 肖华锋．20 世纪 60～80 年代美国家庭暴力问题初探——兼谈美国社会学流派的观点[J]．赣南师范学院学报，1997(4)：66—69．

人后将此行为加诸在其妻子身上，成为新一代的施暴者。①

家庭暴力的循环观点认为在家庭暴力环境中成长的子女，会通过看、听、模仿而习得以暴力手段解决其所面对的矛盾，造成再次的家庭暴力循环。

在精神分析学者看来，童年经历会通过潜意识来影响个体的人格，包括其行为和认知。这里的童年经历主要包括了父母教养方式、父母关系、有无虐待经历等等。赵幸福、张亚林在《家庭暴力施暴者的社会心理多因素logesitc回归分析》中直接指出，父亲惩罚、严厉的养育方式对家暴行为具有显著预测作用②；还有梁春莲、万素华在《夫妻关系对孩子行为影响的初步研究》中表明，父母关系不良的儿童在残忍、攻击性上要显著高于父母关系良好的儿童③；李宝华、王彬在《男性暴力罪犯的冲动、攻击性人格特点及其与童年期受虐待关系》中讲到，童年遭遇虐待可增加个体的冲动、攻击性，从而增加暴力犯罪的可能。④

通过林少菊、谢晴的访谈发现，童年经历的确会对他们的施暴行为产生影响：

父母教养方式：“我爸是个很严厉的人，我应该干什么，不应该干什么，都是他说了算。现在好点了，但老实说，小时候我很害怕我爸。”

父母关系：“爸妈吵架是常有的事，我记得高中的时候，老爸出轨，两个人动起手来，差点就拿刀子了。”

有无虐待经历：“小时候挨打是常事，不听话嘛，要么是一天不给吃饭，要么是被皮带抽一顿。”⑤

如果父亲采取专制型抚养方式，对儿童以命令与惩罚为主，甚至经常付诸暴力，在处理问题时，男孩会否认情感与沟通的作用，认为命令与惩罚才

---

① 陈友华，佴莉. 家庭暴力：社会工作干预与社会学思考[J]. 扬州大学学报（人文社会科学版），2018，22(5)：14—22.

② 赵幸福，张亚林. 家庭暴力施暴者的社会心理多因素 logesitc 回归分析[J]. 中国临床心理学杂志，2008(2)：210—214.

③ 梁春莲，万素华. 夫妻关系对孩子行为影响的初步研究[J]. 健康心理学杂志，2002(3)：215—217.

④ 李宝华，王彬. 男性暴力罪犯的冲动、攻击性人格特点及其与童年期受虐待关系[J]. 精神医学杂志，2010(2)：119—122.

⑤ 林少菊，谢晴. 质性研究视角下的家庭暴力施暴者影响因素分析[J]. 湖南警察学院学报，2014，26(4)：32—38.

是有效的方式。建立婚姻关系后，这种行为模式会延续到家庭生活中，进而很容易产生家庭暴力。同样，如果父母经常吵架，甚至有暴力行为，儿童也会认同与模仿，影响以后的婚姻生活。

同样的，在一个不健康的家庭环境中，在一个家庭责任模糊不清的环境中，在一个缺乏有效合理沟通的环境中，任何一个家庭成员都无法拥有健康的思想和相应的道德责任。斯金纳提出了家庭功能的七个维度：角色、沟通、情感卷入、情感表达、价值观、控制、任务完成。不难看出，对于一个家庭来讲，各自在家庭中担任的角色十分重要，而施暴者在家庭中，可能是儿子、丈夫、父亲，他必然要承担相应的责任，当发生家庭纠纷或者冲突矛盾时，要积极乐观运用合法合理的手段来解决，能晓之以理动之以情，绝不应该使用暴力。

为此，家庭系统必须完成一系列基本的维度，这些维度包括了以下几类：

问题解决：在维持有效的家庭功能水平时，这个家庭解决问题（会威胁家庭完整和功能的问题）的能力；沟通：家庭成员间的信息交流情况，重点在于言语信息的内容是否清楚，信息传递是否直接；角色分工：这里指家庭是否建立了完成一系列家庭功能的行为模式，任务分工是否明确和公平，家庭成员是否认真完成了任务；情感反应：指家庭成员相互间情感表达的程度；情感介入：指家庭成员相互间对对方的活动和事情的关心与重视程度；行为控制：指整个家庭的行为模式，在不同情形下有不同的行为模式；总的功能：家庭在总体功能上的表现。

综合这七个维度，我们可以判断家庭功能发挥的好坏。陈粲、赵幸福在《家庭暴力施暴者的社会支持和家庭功能》中讲到，家庭功能中总的功能、情感介入和行为控制三个维度对家庭暴力有显著的预测作用。①

调研中发现，大多数施暴者的家庭功能处于不健康状态，家庭成员难以处理家庭矛盾、相互缺乏沟通、家庭任务分工不明确、家庭成员没有履行各自职责、冷漠、互不关心、缺乏良好的家庭规范、难以面对突发困难。

个案6："反正就是基本上说平时发生争执的时候，也是一些家庭琐碎的事情啊，然后比如说就是我们两个吵架或者什么的，可能因为就是鸡毛蒜皮

① 陈粲，赵幸福. 家庭暴力施暴者的社会支持和家庭功能[J]. 伤害精神医学，2007(4)：217—218.

的事，比如说他今天喝酒了，而且喝大了，然后回来就会讲今天又喝酒，他就会说你唠叨啊，干嘛呢。然后我也比较那个吧，如果说他对我态度比较恶劣吧，我也会用语言反驳什么的，然后两人就会起争执。然后比如说争执得厉害一点，双方一般都会有一方退让。如果我不退让，他可能就会说，你再讲，再讲我要打你啊或者怎么样的。”

2. 夫妻之间

两个人走进婚姻的原因很多，轻信对方的甜言蜜语而草率结婚的不在少数，在现实中也会存在仅仅因为感情甚好而不顾一切现实条件而结婚的，但婚后残酷的现实生活和恋爱期间的恩爱甜蜜可能完全不同，引起夫妻感情的裂痕，一方或双方在婚后移情别恋。总之，有很多原因都可能导致夫妻感情不和。涵养较好的夫妻可能相安无事地冷战到底或者好聚好散，而素质较差和控制能力不强的缺乏应有的理性认识，可能在矛盾激化后诉诸暴力，采用极端的态度和方式来对待对方，导致矛盾升级。有调查表明，50%的男性和34%的女性承认，夫妻感情不和是引起家庭暴力的主要原因。①

根据调查研究，部分施暴者在家庭地位或者妻子对他的态度上面有任何不满或者怀疑与不安，就会通过暴力手段来得到心理上的平衡或者安全感。在个案中，因为子女姓氏跟随父亲还是母亲会导致冲突，因为家庭琐事、认为妻子对家庭关心不够，认为妻子对孩子关心和照顾不周，因为家里需要的费用分担问题，或者因为妻子对自己的管束过多或者妻子对自己过于唠叨也会激起对妻子的不满，尝试通过暴力行为让对方停止或者改善自己的行为。

个案1：“我的现在这个男人是网上认识的，当时我在手机上嘛，他不知道从什么地方，找到我的QQ号，加的我。加我的时候嘛，那时我老公死了，我说实在话心里也很……（伤心难过），好想有一个人来……（安慰）我。但是当我跟他走到一起的时候，他整个人就变了。就不像以前在手机上说的那么甜言蜜语。好多东西嘛，说实在话就怎么说呢，我也说不清楚的事情，好多东西。

“我们在一起生活7个月的时候，我就从各个角度慢慢观察他，对吧？观

① 杨青松，邓克平. 家庭暴力的现状与防治——以广州地区为例[J]. 法学评论，2002(1)：156—160.

察他好像处处都变了，我跟他说了这么一句话，我说你的狐狸尾巴什么时候现出来。当时这句话是我说的，他后来就说‘你说的什么意思啊’？那时候他已经好多好多的陋习啊已经呈现在我的面前了，包括好比说晚上上床不洗脚啊，一开始认识的时候还是挺勤快的，洗脚干嘛干嘛的，好像生活细节的方面啊，那个吃饭的样子啊，就很难看。

“第一次发生冲突时候就是 7 个月，我还记得是农历七月半那一天。露出了狐狸尾巴，就那一天打了。我真的很……我以前有很长的头发，被他一把头发抓过去，我人都晕过去了。我整个脸呐，这个腿啊，全部是打青了。当时第一次，他把我关在家里三天。把我关在家里三天，三天……”

此外，由于婚外恋、婚外情而激发的家庭暴力案件数呈上升趋势，比例达到 35%—40%。随着社会文明程度的提高，人权逐步得到保障，衣食无忧的人们开始追求自由，当然也追求婚姻和性的自由。婚后三观不一致，生活追求不同，加上平时又缺少沟通，必然导致矛盾的产生。有些人会以出轨的方式逃避现有的婚姻，当忠贞的爱情遭受到了挑战时，受害者遇到刺激性因素就会使用暴力甚至是采取极端的违法行为以消解内心的悲愤。科技进步也带来了社交的高效化，一些人利用高效的社交软件有目的性的寻求异性，寻求刺激，一旦事情暴露，便会引起家庭矛盾的激化，导致暴力事件发生。还有些男性不顾道德的约束，嫖娼等恶劣的行为直接威胁了家庭的和谐和稳定。

个案 6：(实施犯罪的诱因)“因为他就说他在外面嫖了，就是说人家女的要跟他结婚。懂啊，人家跟他结婚，他说哪一天把我打死了，就反正我上班呀加班呀，眼睛看不见啊，就是把我推到河里去。等于说就是你自己的意外死亡。他就跟我举了一个例子，他说，我以前那个同学，被她丈夫弄死了，然后对外说是自己自杀的，也说是神经的问题，他觉得人家那个先例已经有了，以后对我也要这样子。”

3. 双方家庭

婚姻不只是两个人之间的事情，同时涉及两个家庭，夫妻双方背后的家庭乃至家族都会对夫妻两人构成影响，因此，双方家庭对于子女的影响也或多或少地影响着夫妻之间的感情和情感走向。在调研中我们发现，有相当一部分的家长最初是不同意女儿走向这段婚姻的，但是女方却不顾一切地走向了这段婚姻，其后事实证明父母的预判是正确的，但是女方固执的坚守这段婚姻，并且怕父母担心同时也怕父母失望，而不愿意将悲惨的生活展示给父母，而男方似乎为了验证女方父母的判断一样，走向了婚姻的尽头。

个案2：“但是我妈妈不是很同意我跟他在一起。因为我妈妈觉得他脾气不太好啊，可能将来我会吃亏啊什么的，但是我觉得他可能会改好，然后我们的日子可能也会能够过好。然后我就不太愿意告诉我的妈妈吧，我当时就是说不想让家里面知道我过得其实也不是很开心吧。”

个案4：“我认为我们是在父母不同意的情况下结婚的，就应该过得好好的，就应该让父母来祝福我们，对不对？（他们）就认为我的眼光也是对的。所以我有什么呢？比如说他哪里不开心，我都会很忍让，不会当着我父母的面去说我们俩的什么矛盾，就是不让我父母知道，尽量避免让父母知道这些东西。然后他呢，他知道这个是你的弱项，他就肆无忌惮，一点点夸大，他喜欢把我们俩所有的比如说不愉快啊或者矛盾都要暴露在我父母面前。”

（二）法律环境

控制措施乏力也是一个需要重视和改善的方面。在面对各种各样的家庭暴力案件当中，往往没有足够完善详细的法条法规来进行判定，导致施暴者没有注意到家暴带来的严重后果，从而轻视家暴带来的后果，不认为家暴是一种违法行为。如前所述，我国法律法规在这方面还需要有详细强制的明文规定以及惩治条例来控制家庭暴力的蔓延。

法律的宣传力度不够，让一些普通家庭中的夫妻对“家庭暴力”所带来的法律问题认知不够，使得施暴者会变本加厉，用更暴力的行为对待妻子。由于意识不到家暴的严重性，意识不到这是违法行为，施暴者会无视法律在这方面的问题。

虽然我国《宪法》《婚姻法》《民法通则》《刑法》《妇女权益保障法》，以及《治安管理处罚法》等法律法规对家庭暴力行为都有禁止性规定，但缺乏明确的认定和制裁条款。例如，《婚姻法》第四十三条规定：“实施家庭暴力或虐待家庭成员，受害人有权提出请求，居民委员会、村民委员会以及所在单位应当予以劝阻、调解。对正在实施的家庭暴力，受害人有权提出请求，居民委员会、村民委员会应当予以劝阻；公安机关应当予以制止。实施家庭暴力或虐待家庭成员，受害人提出请求的，公安机关应当依照治安管理处罚的法律规定予以行政处罚。"可是,基层组织的劝阻对施暴者并不具有强制力;而该条文规定公安机关实施行政处罚的前提是受害人提出请求,如果受害人慑于施暴者的淫威或者根本不知道可以求助于公安机关制止家庭暴力时又当如何?而且不少人认为家庭问题最好在家庭内部解决,害怕公权力介入后不仅不利于家庭纠纷的解决甚至进一步激化矛盾,或者担心公权力积极介入后当事人却和好如初还反过来责怪执法人员"多管闲事",执法者最终会采取"多一事不如少一事"的态度。

现行法律仍存缺陷。目前主要存在立法缺陷、司法不健全等问题。中国的法律干预系统还没有形成完整的有关于家庭暴力的体系,虽然新《婚姻法》对于家庭暴力有着明确的禁止,但家庭暴力举证难、司法介入难、司法执行和监督不足等问题仍对反家庭暴力的进展产生了极大的制约。具体表现为:司法工作人员对家庭暴力在定性和定量上不具统一性,各执法部门之间执法内容的交叉性、执法责任的不明确性、执法程序不规范性以及对家庭暴力的制裁不力等问题都是家庭暴力屡禁不止的原因之一。①

我国在第十二届全国人民代表大会常务委员会上通过了《中华人民共和国反家庭暴力法》,该法将家庭暴力定义为"家庭成员之间以殴打、捆绑、残害、限制人身自由以及经常性谩骂、恐吓等方式实施的身体、精神等侵害行为"。但是在现实生活中,受害者还将受到施暴者施以的强迫性行为、性虐待行为和施暴者转移婚内共同财产的经济控制(财产暴力)等行为。另外,随着二孩政策的出台,也出现许多男方及男方家庭以离婚、抢夺子女抚养权等威胁、恐吓手段强迫女性违背个人意愿再次生育的现象。在该法中规定"家庭暴力受害人及其法定代理人、近亲属可以向加害人或受害人所在单位、居民委员会、村民委员会、妇女联合会等单位投诉、反映或者求助",然而受害人在遭受家庭暴力后,如果出现被威胁、被恐吓或者被限制人身自由的情形是难以主动向有关部门反映求助的,而其法定代理人和近亲属如若不知晓受害者情况则无法及时提供帮助,所以应当鼓励社会公众对身边受害者提供帮助。②

① 赵海村,卢建江,于景辉.家庭暴力产生的成因分析及解决对策[J].法制与社会,2018(23):141—142.

② 汤文卿.浅谈家庭暴力[J].现代交际,2018(20):49—51.

个案1:“这个确实。我报了警的话,人家只不过来一下而已,就像我被审判的时候,我说了我被他打的时候呢,我报了警,你们又在哪里?我当时真的是这么说的,我说等我出了事了,好比我家人死了,我说那时你们重视了,我也许这个话不好听,确实这个是我从内心的一种想法。你像我那个小姐妹,人家只不就跟我在一起吃了一顿饭回家,她老公说要离婚,家里打得一塌糊涂,以后我走出去,说实在话,没有人敢靠近我,没有人敢那个(帮)我。”

三、文化影响

在许多层面,暴力是文化所认可和鼓励的,甚至是一种深感荣耀的文化表述形式。男性通过暴力手段实现对女性的控制(不排除也有部分女性的暴力行为),是父权模式的表现。“对妇女的暴力——是文化的各个方面所认可和允准的。”①传统社会女性处于从属地位,缺少对女性应有的尊重。而家暴具有隐蔽性,“家丑不可外扬”的心理驱使很多受害者隐瞒受虐情况。不仅仅是家庭暴力,整个社会的暴力氛围也无处不在,最风靡的游戏、甚至影视作品通常也少不了暴力。②

特殊文化环境中成长而形成的不完全社会化③。在农村家庭暴力犯罪的案例中,一般都是遵循着较为封建保守的家庭观念,这些文化和观念与如今现代性的男女平等思想和开化的社会规范有相悖之处,比如“重男轻女”的生育观念,“男主外、女主内”的生活观念,“相夫教子”的女性规范等等,在赋予男性对于家庭强控制力的同时,也渗透着对于女性不尊重的态度。所以,在较为传统教条的价值观念的指导下,一旦遇到在生活琐事等方面使其厌烦,加之夫妻之间矛盾不断激化的情况下,他们往往会采取强硬的措施,通过暴力解决家庭纠纷和矛盾。

由于文化冲突在个体成长方面产生混乱而引起其不完全社会化。“文

① 黄列.家庭暴力的理论研讨[J].妇女研究论丛,2002(3):56—64.

② 陈友华,佴莉.家庭暴力:社会工作干预与社会学思考[J].扬州大学学报(人文社会科学版),2018,22(5):14—22.

③ 王君昌.社会工作介入农村家庭暴力的具体策略研究——基于社会心理学视角[J].云南农业大学学报(社会科学),2018,12(5):42—48.

化冲突”的概念最初由塞林提出的，它包括两种情况：其一，当某种文化与其异质的文化相遇时产生冲突，按照前一种文化的行为规范行动的人，往往会容易产生与异质的社会规范相抵触的犯罪行为。其二，现代社会为了维持统治和发展其社会机能，在所有的领域加深了专门化。随着社会的分化，个人往往会隶属于几个不同的社会群体和组织，然后相互重叠的行为规范和行为方式就会降临到他的头上，而且使其行为标准产生了分裂和混乱，使其很容易产生越轨行为。农村家庭暴力的产生，男性施暴的原因在文化冲突方面并不鲜见，大多为了维护“面子”“尊严”，而不顾妻子在家庭中的地位权利，进行犯罪行为。这也和现如今农民和农民工在社会中遭受的种种社会歧视及不同行业的影响有关，使得男性农民往往出现价值观的冲突和分裂，产生心理上的差距，从而导致在夫妻相处中的行为过激。

我国有着长达两千多年的封建君主专制制度，在曾经的中华法系时期，家暴确实是古代意义的私事，宗族家长制下的族长、家长对于族人、家人拥有除了杀害之外绝对的惩罚权力。新中国成立后，作为人民民主专政国家，我国在宪法及相关法律中都有“男女平等”的基本规定，但“重男轻女”“男尊女卑”的传统观念使许多人并不将家庭暴力视为违法，只把它当作“家务事”，这种根深蒂固的封建观念成了滋生家庭暴力的温床。① 由于我国的传统封建思想根深蒂固，不少人仍然将“男尊女卑”等思想作为自己逃避应有的责任的借口，企图逃过法律的惩罚与道德上的谴责。

杨青松、邓克平在调查中得出：37.7%的施暴丈夫认为，“大男子主义”是其动手殴打妻子的原因之一。② 因为在多数社会成员的意识中依然存在“国法不及于家”的封建思想，认为“打家里人不犯法”。这便是重新定义自己的行为让自己的行为合理化，让他人接受自己的暴力行为。

传统观念认为妇女嫁给丈夫以后就成为其“财产”，应当对丈夫百依百顺，嫁鸡随鸡嫁狗随狗，尤其在偏远的农村地区这种思想根深蒂固。从我国的思想文化发展来看，男权以及夫权文化和思想对夫妻关系的定位有较大的影响，同时这也是家庭暴力的主要原因，准确来说是历史遗留问题。男尊女卑以及

① 魏闻，胡真．浅议家庭暴力的特征、成因及防治对策[J]．法制博览，2017(30)：98—99.
② 杨青松，邓克平．家庭暴力的现状与防治——以广州地区为例[J]．法学评论，2002(1)：156—160.

夫权统治，对中国家庭思想观念的影响非常大。女性应当三从四德，受男性统治，这种封建礼教思想文化在当今社会产生的影响较大。在我国广大农村地区，尤其是偏远的山村，家庭生计主要来源于男性务工，对男性的绝对依赖使得男性成为主要施暴者。当他们遇到问题或者困难时，容易将烦躁的心情发泄在女性、父母以及子女身上，久而久之也就成为一种"自然"习惯。①

在西方，情况也有诸多类似。"妇女被当做奴隶看待，使用她们从事最繁重、最下贱的工作，以及满足性欲。"②19 世纪的英格兰法律甚至规定丈夫可以拿直径不超过大拇指粗的棍子殴打妻子。男性的性别所有权，以及有关统治和控制的论点是许多家庭暴力的基础。③

所以，无论是中国还是西方，这些残留的糟粕文化对于现今我们对待家庭暴力的态度仍然有着一定程度的影响，对于大众定义家暴行为也有一定的影响。"我这算家暴吗？""我们这是家务事，跟别人有什么关系？"等等都反映出大众对于"家暴"定义模糊不清，没有意识到家庭暴力的严重性甚至没有意识到这是违法的。

第二节　内在驱动因素

一、人格缺陷

家暴施暴者有一定的生理基础，大脑前额皮层（尤其是背外侧部分）内部的神经基质是个体执行功能的生理基础，而执行功能的损坏与暴力行为有关。因感染、外伤、代谢障碍而导致大脑前额叶、边缘系统受损的病人，就会明显增加攻击性。此外，Nr2e1 基因、儿茶酚氧位甲基转移酶基因（COMT）、甲胺氧化酶（MAO）、5-羟色胺（5-HT）、多巴胺（DA）等均有可能与家暴施暴行为相关。并有较多证据表明暴力行为涉及中枢神经系统内一些物质的代谢异常。海洛因、酒精、可卡因等精神活性物质的滥用也往往

① 陈月. 家庭暴力的现状、成因及对策[J]. 现代交际，2019(9)：72—73.

② [美]安吉洛·M. 科迪维拉. 国家的性格[M]. 上海：上海世纪出版集团，2001：188.

③ START E. Rethinking homicide：violence，race and the politics of gender[J]. Int J Health Serv，1990(20)：3—26.

导致判断能力下降、自制力变差等人格改变，从而与暴力行为相关联①，这是生理性的因素影响。

此外，身处社会中的每一个个体都有自己特有、独一无二的人格。人格是个人显著的性格、特征、态度或习惯的有机结合；人格主要是指人所具有的与他人相区别的独特而稳定的思维方式和行为风格。通过对人格的解读，可以更好地对施暴者的这种行为进行理解与研究。就以人格(心理学角度)为一个切入口，对施暴者进行人格类型特征分析。

世界卫生组织(World Health Organization, WHO)指出，家庭暴力对健康、人身安全、人权及社会和谐造成广泛影响，已成为主要的公共健康问题。施暴者的个性、性格这些方面是暴力发生的主要诱因之一，在我们已知的一些施暴者中会发现，部分施暴者存在一定的焦虑感、拥有较强的占有欲、有不安全感、情绪时常不稳定、行为上鲁莽不计后果等一些特点，甚至也可能存在人格障碍或者酗酒抽烟等行为。

为此，毋嫘、洪炜对陕西省咸阳市施暴者精神健康状况进行了相关问卷调查。研究结果如下：严重躯体施暴者存在一定个性基础，在分裂样、分裂型、边缘型、依赖型及反社会人格类型上得分偏高。分裂样人格以缺乏温情体验、情感淡漠、人际关系有明显缺陷为特征②，分裂型人格除上述特点外还常表现出怪异思想和言行，是罹患精神疾病的易感因素。此类施暴者孤僻退缩，过分沉湎于幻想或猜疑，常受病理性动机支配而冲动施暴，暴力程度比较严重。③ 边缘型人格以抑郁焦虑等情绪障碍为主要特征，同时与依赖型人格一样，害怕并且极力避免被抛弃。这类施暴者有高度的人际依赖和愤怒，在感受到威胁时殴打虐待伴侣达到掌控目的，最害怕伴侣提出分手，常威胁要自杀或要死一起死，许多谋杀案就是发生在此种情况下。④ 具有反社会人格的施暴者通常缺乏同情心，且常常滥用酒精，暴力程度严重，除了

① 黄国平，张亚林，贺达仁.家庭暴力成因与干预的哲学思考[J].医学与社会，2003(2)：14—16.
② 张聪沛.临床精神病学[M].北京：人民卫生出版社，2009：246—252.
③ 张亚林，曹玉萍.家庭暴力与精神卫生[J].中国临床心理学杂志，2002，10(3)：233—235.
④ Holtzworth-Munroe A, Stuart G L. Typologies of male batterers: three subtypes and the differences amongs them[J]. PsycholopyBu11，1994，116(3)：476 - 497.

在家中虐待伴侣外，在社会上有其他犯罪行为。①

在访谈的八人中，个案4、7中的施暴者不仅酗酒，而且会在酒后对妻子施暴，不管有没有理由都会打一顿，他们在喝酒前后完全是两个人。

个案4：“就是说他吵架打架，摔东西砸东西，反正酒一喝嘛就不行了”，“他不喝酒好一点，不喝就会好一点。就是你不能管他，他喝酒你也不能管他，还有什么其他的事，你不能管他，你管他呢他就嫌烦，然后就摔东西、吵架”。

个案7：“他的性格，那平时不喝酒，还是可以的，跟他容易沟通。一喝过酒什么也不认，喝完酒之后性格变得很暴躁”，“（他）喝完酒会打我，但是他喝完酒，也会到别人家闹事”。

个案8中的施暴者实施家暴的原因百分之九十的是由于赌博，因为赌博造成的家中经济状况不景气，双方为此有很深的矛盾。

个人病理模式理论认为，施暴者有精神疾病或性格缺陷，如缺少自尊、不成熟、精神分裂症等，这导致他背离非暴力的行为规范。病理性行为异常引致的暴力可归因于伴侣一方或双方的心理或精神疾病或性格缺陷，早期甚至有学者提出（在某些情况下）受害者是受虐狂的说法，此类人陷入受虐角色认识之中而难以改变行为模式以避免再遭受伤害。这些以病理为取向的解释指出，应给予官能不全者和没有学会以非暴力方式自我表达者以治疗。②

通过利用艾森克人格问卷和反社会人格障碍问卷，罗伯特·杰伊·利夫顿指出，家暴施暴者具有更多的外向型人格和反社会型人格障碍。外向型人格表现为易受情绪控制、易冲动；反社会型人格障碍表现为高攻击性、无羞愧感、行为无计划性、社会适应不良。③

在众多家庭暴力事件中，施暴者存在一定的且可能有严重心理疾患问题。该研究为施暴者进行家庭暴力行为现象提供了心理学依据。

根据调查发现，施暴者会或多或少有一定程度上的人格缺陷。人格缺

① 柳娜，张亚林，曹玉萍，等.成年男性严重躯体施暴者人格与儿童期受虐关系[J].中国公共卫生，2010，26(6)：733—734.

② 黄列.家庭暴力的理论研讨[J].妇女研究论丛，2002(3)：56—64.

③ 罗伯特·杰伊·利夫顿.纳粹医生[M].王毅，等译.南京：江苏凤凰文艺出版社，2016：462.

陷是人格的某些特征相对于正常而言的一种边缘状态或亚健康状态，是介于人格健全与人格障碍之间的一种人格状态，也可以说是一种人格发展的不良倾向，或是说某种轻度的人格障碍，常见的人格缺陷有自卑、抑郁、怯懦、孤僻、冷漠、悲观、依赖、敏感、自负、自我、多疑、焦虑、敌视、暴躁冲动、破坏等等，这些都是不良的心理因素。① 拥有人格缺陷的人会在日常生活中对自己和其他人产生不良的影响，好吃懒做、性格粗暴、冲动鲁莽、具有强烈破坏性的人，会影响平时工作的效率，也会妨碍正常的人际关系，同时还会给人留下不好的印象，初印象不佳的后果。

通过编码分析，发现施暴者无一例外具有明显的人格缺陷和劣习。如个案1中描述施暴者“心高气大，是想做老板的那个大料子的一样，他根本就不是说像人家一样一步一个脚印地走过来，他没有，他就是认为自己很能干”，“他对我接触其他人的行为，就比如说他看到，他就怀疑你跟别人……我跟小姐妹说个话，他晚上找到人家老公。跟人家老公，把(跟)人家夫妻两个打架，打得家里一塌糊涂的”。个案3中描述施暴者“他这个人对家庭反正是不负责任的，表面上他是听我的话的，就是你说什么他都说好，但是他是不会去做的”，“他不够上进，如果是一个上进的人，朋友圈再怎么样，也不可能跟他们混在一起。还有就是人生观什么都有问题”。个案4描述施暴者“心神不定，在哪个单位里面都做不长，有时候嘛发脾气或者有矛盾，就不在这个单位里面了，就又跳一个单位”，“性格比较暴躁，就是家庭他是老大，父母亲呢都管不住他，他也不听父母亲的管”，“他就是说谎不诚实”，“个人就是很毛躁，品德修养不够，文化层次不够”，“跟他父母也吵架，就是他十分的野蛮，就家里人控制不了他”，“他是一个很野蛮很霸道的人”。个案5描述施暴者“我父母比较了解他，用外面那种语言说，就是在外面就是混子”。个案6描述施暴者“感觉也是一个比较自大的一种性格，而且他一般就是大男子主义吧，就是说他做的决定一般都是你不要轻易地去反驳吧，还有一个脾气也不是很好吧”。个案7描述施暴者“一喝过酒什么也不认，喝完酒之后性格变得很暴躁”，“他家中的那些老少爷们，这些人一起商量什么事情的时候，也只是让我参与，都不让他参加，他们认为他也起不了什么作用，然后

① 陈国和.当代大学生人格缺陷及其成因分析[J].宁夏大学学报(教育科学版)，2003(6).

呢他就好像有点自卑,就跟我闹跟我吵"。个案 8 描述施暴者"我没办法理解他的那种心理,他那种心理就是特别的那样,可能就是说你都不晓得你一个很细小的动作,或者就是稍微一句话,他就会发躁","不喝酒也这样,喝完酒更严重,只不过说不喝酒的时候可能稍微好那么一点点"。个案 2 没有明显描述施暴者人格缺陷的话语,但是根据个案 2 中的描述,我们可以推测施暴者是一个好吃懒做、粗暴冲动、具有强烈破坏性的人。其他七个个案中的施暴者均具有明显的人格缺陷。它们不仅影响活动效率,妨碍正常的人际关系,同时还会给人蒙上一层消极、阴暗的色彩。

人格缺陷还与酗酒、赌博、嫖娼、吸毒等恶习相关或互为因果。调查"请问施暴者平时是否存在以下特征和行为",回答"酗酒/烟瘾"的有 19 人,回答"毒瘾"的有 2 人,回答"外遇/出轨/嫖娼"的有 13 人,回答"赌博"的有 10 人,回答"父权、夫权主导思想根深蒂固"的有 5 人。个案 1、2 中的施暴者有过前科,个案 3 中的施暴者嫖娼赌博借高利贷,个案 4 中的施暴者酗酒嫖娼还打架,个案 5 中的施暴者酗酒又赌博,个案 6 中的施暴者酗酒严重,有过嫖娼和打架的经历,个案 7 中的施暴者酗酒严重,并且酒后会实施家暴。许多施暴者具有一定的暴力倾向,除了对妻子施暴,如个案 1 中施暴者还会打妻子小姐妹的老公,个案 2 中施暴者会打父亲也会打来劝架的人,个案 8 中的施暴者会打奶奶。调查"除了对你实施家庭暴力外,他对其他人有暴力行为吗",施暴者也打孩子的有 10 人,打老人的有 6 人,全家人都打的有 6 人,经常和周围人打架的有 8 人。因此,施暴者的人格缺陷和劣习是引起家庭暴力的一个重要原因,这也是受暴妇女实施犯罪行为的一个导火索,有的受暴妇女由于极其厌恶施暴者,在一时冲动下杀害了施暴者。

同时,在调查"第一次发生家暴后,施暴者的反应是什么",回答"道歉,保证不再犯"的有 21 人。另外通过访谈分析我们发现,施暴者施暴后大多具有道歉和悔改的表现,屡次施暴屡次道歉,并做下保证不再施暴。然而现实却是在求得受虐者的原谅之后又再次施暴,有的施暴者在警察面前做了保证之后回家却变本加厉,如此循环往复造成恶性循环。

个案 1:"他当着警察的面又到我妈妈那边道歉,又到我妈妈那边……嗯……做出好多诚意的一种说法,意思就是下次再也不怎么怎么了,但是下次还是那个样子","比原来更变本加厉,就说他当着警察的面(保证会对我好)，(回家后)他说你会出去说的，你会跟我报警的，他就这么说”。

个案2:“(报警后)变本加厉了，要杀他姐姐家杀我姐姐家。”

个案4:“那时候有打，打过了以后就哄啊，哄了以后就没事了，再加上我这个性格呢，就是说不那么太钻牛角尖，就好像……哄了以后就算了就没事了呀”，“他就是这一个性格，就是说跟你吵过架以后，他非要把你哄了开心，把你哄的笑起来，他才出去”。

个案5:“他一直都是这样，反正打完了以后他会立马跟你道歉，反正就是口头上面的这样的。”

个案6:“那天晚上他就跟我道歉啊，又说以后保证不会啊，接下来反正各种各样的就是这种情况吧”，“发生争执的时候，他的亲戚也都会讲他、劝他，当时都是有用的，比如说也会道歉啊或者干嘛的，说以后要好好过日子啊”。

个案8:“(打完之后)保证呀，下次不会了呀，但是下次依然如此。”

二、不良认知

首先，人们对于自我认知、自我归因也影响着他们个体行为。归因是指人们对于行为原因与行为之间关系的看法。由于个体教育程度、经历、认知等方面的不同，每个人都有自己特定的归因方式，如外部归因和内部归因、稳定性归因和不稳定性归因、可控制归因和不可控制归因等等。

我国心理学家叶茂林和杨治良在研究未成年罪犯时指出，未成年人罪犯和正常群体在攻击倾向性上没有本质差别，罪犯群体之所以表现出比正常群体更明显的攻击行为，在于他们归因方式的不同。未成年人罪犯将事情发生的原因更多地归结于外部原因，总认为自己的挫折是他人或者他事造成的。

同理，家暴中的施暴方在面对自己的挫折或者失败时，也会倾向于作出外部的归因。当自己对妻子进行家暴的时候，首先想到的不是自己的过错，而是将错误归咎于妻子，认为是妻子做得不够好、没有把家照顾好。

在个案3中的施暴者由于孩子在报户口时跟妻子一个姓，觉得在家中失去了(男人的)尊严，双方矛盾从那时起激化。所以后来施暴者经常对妻子进行精神暴力，“每次两个人吵架，他就说他又不是倒插门啊，小孩姓顾他算什么,这些话就出来了"。

在敌意归因中,往往会想到:"饭也不会煮,地也不会拖,天天就知道逛淘宝,花我的钱,我觉得我被骗了,她完全是故意的,就是看上我的钱了才和我结婚的。"

在外部归因中,往往会想到:"我无理取闹?开玩笑,我不想要孩子吗?是她自己生不出来,你问问她结婚前都干了些什么,就知道熬夜泡吧,谁知道染上什么病了。"

事实上,夫妻间发生矛盾是很正常的,如果两个人能冷静下来选择好好沟通,关系反而可以更加巩固;但如果男性抱以敌意性、外部性归因,将过错都归咎于妻子,结果只会引发更激烈的不满和愤怒。随着负面情绪的积累,家暴就很容易产生了。

其次,压力应对方式也影响着家暴的发生。压力应对方式是指个体在遭遇挫折和压力时所采用的认知和行为方式,主要包括积极、消极应对两种。积极应对是指主动寻求合理的压力宣泄方式,并为解决矛盾而付出努力。消极应对主要是指放弃解决矛盾的机会,以不合理方式发泄压力或将压力转嫁到他人身上;又或者一味逃避矛盾,否认和逃避压力。① 戴春林、应贤惠在《高中生攻击结构与应对方式的影响》一文中表明,青少年的生理攻击、言语攻击和愤怒情绪均与消极应对有较强的正相关。② 通过采访发现,家暴施暴者在压力应对方式上也表现出相同的趋势。

功能论里讲述,经常迁移辗转的家庭容易发生家庭暴力,因为他们在不熟悉的社会环境下求生存,由此就会产生很大的心理压力。"挫折—侵犯"理论讲到,大多数男性在事业上遇到挫折,会产生巨大的经济压力,从而转化为个体内心的焦虑不安,此时夫妻双方再有一些琐碎争吵,极易发生家庭暴力。

在个案1、7和8中的施暴者由于在外受到歧视,或者受气后,回家后就会用实施暴力的形式将气撒到妻子的身上,有的施暴者不仅对妻子实施暴力还对孩子动手。

---

① 林少菊,谢晴.质性研究视角下的家庭暴力施暴者影响因素分析[J].湖南警察学院学报,2014,26(4):32—38.

② 戴春林,应贤惠.高中生攻击结构与应对方式的影响[J].心理科学,2008(4):953—955.

个案1:"他一旦情绪不好了,他在外面好像遇到什么人……他不是在北京市坐过牢的嘛,说社会不歧视的话,那是假话。好比说有人不想跟他讲话,他马上就回来就骂骂骂骂骂,就这么骂,骂的火起来了,就是这样子。"

个案7:"他吵也吵不过别人,打也打不过别人,后来回来就让我说,我就会埋怨他了,他就打我了呀","在外面一受气了,回来就会撒气,有的时候他也不单是撒在我身上,也撒在小孩身上,两个孩子也被他打过,女儿他也打,我们家反正他都会打"。

个案8:"持续了蛮长时间的,到最后我们就是说已经发展到只要他有稍微一丁点的不顺心,我跟孩子就成了他的出气筒。"

三、道德感欠缺

施暴者的暴力行为也源于道德感的不健全,包括根植于生理结构的暴力天性和道德控制力的缺乏。

施暴者往往通过视受害人非人化和自塑被害人身份等暴力合理化手段进行道德自我辩护。施暴者的道德感不健全与社会化缺陷有关,体现为同情机能的不足和理性判断的缺乏。

(一)道德感欠缺:施暴行为的来源

道德感建立在道德观的基础上,但比道德观更能支配控制人从事符合道德的行为。施暴行为和其他犯罪行为都存在道德感缺乏的问题,但施暴行为区别于普通犯罪在于施暴者往往直面被害人的痛苦,故而施暴者较之一般犯罪人常常更加缺乏愧疚怜悯等道德感。施暴者道德感的缺陷使其缺乏抑制从事不道德行为的内心力量,这往往是施暴行为的来源。

1. 暴力天性否认道德责任

一些科学家断言,暴力犯罪倾向根植于罪犯的神经生理结构。我们极其不愿承认但无法否认的一点是,人的本质是趋于暴力的。恩格斯论断称:"人来源于动物界这一客观事实已经决定人永远不能完全摆脱兽性",暴力欲望是基于人类兽性中对自身生物力量的依赖。心理学家理查德·特伦布莱衡量了一个人生命进程各个阶段的暴力水平,提出孩子的攻击本性甚至是不用学习的。暴力最初是打响人类生存竞争之战的导火索,拉丁谚语称"如果你希望和平,那就准备好战争",囚徒困境以及霍布斯陷阱就是基于人对生存以及更好生活的永恒追逐。暴力是"人类为了确保自身安全而形成的一种本能,是人类在长期进化过程中逐渐演变发展而来的,给人类带来一定的生物优势"。当一旦有机会消灭敌人并且不存在遭受复仇回击的危险时,达尔文社会进化理论下的生物往往表现得异常残暴,比如占据数量优势的大猩猩将落单大猩猩撕成碎片并不是笑话。

当我们用"暴力是人类天性"试图解释施暴者的作恶动机时,当我们发现"恶之源"平庸到每个人都可能具备时,我们似乎丧失了对施暴者的苛责立场,我们正在陷入一场"用深入研究替换谴责话语"的道德陷阱。然而,普通人真正实施暴力行为少之又少,用法医心理学家罗伯特·西蒙的话来说"好人所思,坏人所为",我们对施暴者进行道德审判的心理支撑即在于认识到暴力天性并不能减轻施暴者的道德责任,我们真正谴责的是施暴者缺乏普通人所具备的同情、怜悯、愧疚、自责的道德感从而使其缺乏抑制暴力行为的内心力量。

2. 道德控制压制暴力行为

普通人不会任由暴力天性肆意操纵自身行为的关键在于道德感压制了暴力冲动,施暴者暴力行为的来源恰恰在于道德感在与不道德行为博弈的过程中处于下风。生存压力下人类为了捕捉稍纵即逝的机会,将敌人在重组和反击报复之前彻底消灭的原始适应性或许可以解释人类暴力天性的来源,认识到人类的天性趋于暴力并不意味着道德调节的无用,相反更加强调施暴者具备克制冲动的道德责任的重要性。从道德的内在制约效力来看,休谟认为道德感根植于人的本能情感,本能情感区分于霍布斯和洛克所主张的人性本是自私的道德体系,最初的本能情感基于父母与子女之间持久的亲情,当人与更大的共同体连接起来时他们本能的同情心和仁慈心在某种程度上可以延伸至人类的全体成员,逐渐发展成作为个人、作为公民、作为人类的友爱情感,并且当自私情感妨碍他们对于他人利益的关心时,他们会感到懊悔和愧疚。从道德的外在制约效力来看,赫胥黎指出:"对人们反社会倾向最大的约束力并不是人对法律的畏惧,而是出于对同伴舆论的畏惧",舆论培养的道德感通过建立羞耻感控制人们对于暴力行为的运用。随着道德力量在社会意识中的根深蒂固,实施暴力已不再是稀松平常,再凶残的施暴者同样需要采取措施化解暴力带来的内心冲击。

区别于盗窃、诈骗等侵害他人利益的传统犯罪行为，暴力事件中施暴者往往需要直面被害人不断呻吟和苦苦挣扎，他们更容易被一种强大的罪恶感意识所包围。当个体"经历、目睹到一个或多个涉及自身或他人的实际死亡"，会导致"强烈的害怕、无助或恐慌"，严重情况下极有可能演变成为创伤后应激心理障碍。奇怪的是现实中的施暴者并没有陷入此般的纠结和困惑，于是人们开始惊呼施暴者是从受害人的痛苦中汲取养分的恶魔，他们对自己造成的伤害毫无愧疚、怜悯、同情。例如，传媒女生被害案的凶手李某接受采访时提及"算她(受害人)倒霉，我就想找一个巨大的刺激来发泄，她是一个无辜的牺牲者"；上海杀妻藏尸案的凶手朱某将妻子尸体隐藏105天，在此期间利用被害人的钱款、身份证肆意挥霍享乐，毫无悔罪表现；湖南路虎撞人事件的阳某因癌症生活无望蓄意报复社会，一念之下造成15人死亡43人受伤的惨剧等等，都容易使人相信他们是恶魔。

可施暴者真的是恶魔吗？事情的真相似乎并没有这么简单。若施暴者毫无道德感，某些强奸犯为何会指责恋童癖是变态？某些连环杀手为何是父母眼中的孝子？若施暴者残存道德感，惨绝人寰的暴力行为为何不会给他们带来任何生理上的不适以及心理障碍？即使实施最残忍暴力行为的施暴者们也并非绝对地丧失道德，但需要承认的是施暴者的道德发展并不健全，主要表现为选择性地开启或关闭对于受害人的情感联系。他们基于自我保护的意图合理化伤害甚至杀戮行为，这是他们维护自身道德的方式，他们道德感的缺失源于同情和理性在个人社会化过程中产生缺陷。

(二) 暴力行为合理化：施暴者的道德辩护手段

尼采断言：一个人身上的二元性可以将他展示为既"反基督"又"爱基督"。19世纪法国作家阿方斯·都德曾呼喊"双重人，双重人!"，面对兄弟亨利之死，都德的"第一自我在哭泣，第二自我却在袖手旁观"。[①] 奥斯维辛的医生们可以既对孩子们好到不同寻常的程度，然而下一秒又可以亲自将其送进毒气室，或者是面对一个关系颇为融洽的囚犯，在执行筛选时却又能那般冷酷绝情。这群人可能一面是慈爱的丈夫、父亲，但他们在某个阴暗的角

① 罗伯特·杰伊·利夫顿. 纳粹医生[M]. 王毅，等译. 南京：江苏凤凰文艺出版社，2016：462.

落同时可以完美驾驭冷血无情角色的转换。这种角色转换区别于剧烈且持续性的精神分裂和多重人格，终极目的即在于防止自我道德的剧烈崩溃。

施暴者同样提供了一个反面的自我，用于激发作恶潜能和摆脱愧疚。当暴力欲望无法控制，当正面的自我无法承受面对面的伤害与杀戮，反面的自我从身体内部僭越与取代那个满怀愧疚的原本自我，角色转换由此召唤出那个适应暴力的自我，这个反面的自我可从来不承认自己是一个施暴者。他们通常会无辜地控诉，“我的反应是一个正常人都会具备的，我有我的道理”。引用一些杀人狂的话“我们就是把电灯泡塞进人们嘴里，此外我们真的没有伤害任何人”，“我看我自己更多还是个受害者而非施暴者”，法学家兼纳粹占领时期的德国驻波兰总督汉斯·弗兰克更是用“一个得病的欧洲将会重新获得健康”解释屠杀犹太人的原因。

自利性偏差和伤害行为去道德化评判给真相盖上一层薄纱，尤其施暴者用自欺手段欺人的方式更无疑给真相设置了一道屏障，但施暴者真心诚意相信他们的辩解是真实的吗？人性之光或许就在这里闪耀，我们到底还是无法在自欺这个问题上自我欺骗，人们有能力意识到真相。① 区分“杀人”和“踩死蚂蚁”很容易，区分“把人当蚂蚁踩死”和“踩死蚂蚁”同样不困难，一般来说，直面暴力甚至杀戮容易产生类似应激反应心理障碍，包括严重的焦虑、噩梦、颤抖和很多身体不适，因实施暴力、亲眼见证被害人的痛苦产生的犯罪感和道德质疑就是人们有能力意识到真相的表现。

然而直面真相是痛苦的，人有展示自我积极面的动力，施暴者也不例外，在所有人的心中都偏向认定“自己是一个正直且善良的人”。认知心理学家费斯汀格指出：每个人在其生活中都力求认知系统的一致性，当出现认知不协调时，个体在心理上会出现不舒服、不愉快、紧张甚至受压迫的惩罚性的心理感觉。② 当“我是一个好人”和“伤人是件坏事”的认识发生冲突，施暴者无法控制对于暴力的渴求且短时间无法忽视根植于内心的传统道德观念时，他们为了协调认知矛盾、缓解因认知冲突带来的紧张从而开启自我辩解的手段，引入新的认知元素是他们实现自我保护的方式，于是隔断可能的

---

① 斯蒂芬·平克. 人性中的善良天使[M]. 安雯译. 北京：中信出版社，2015：569.

② 孟昭勤. 论道德选择的心理基础[J]，西南民族学院学报(哲学社会科学版)，1994(4).

情感联系,以求降低紧张感和凸现出无辜而增强愉悦感便是施暴者"自然而然"的选择。

1. 受害人非人化:降低紧张感

自利性偏差指导下开启的对于被害人的道德厌恶是施暴者实行自我保护的方式之一。"受害人非人化"是施暴者贬低受害人的极端方式,也是行为人对被害人痛苦无动于衷、接近冷漠的开始。"一个生存机器将其他生存机器视为环境的一部分,它们和一块岩石、一条河流或一口食物没有什么两样。"正如森武夫所指:"欲杀人的情况下,需要把对方视为垃圾、敌人、魔鬼、畜生、忘恩负义之徒,不把他看作人,割断与对方的情绪联系。"①这种超然冷漠并不只见于拥有病态人格的个例,某种特殊意识形态下的普通群众同样可能拥有。需要注意的是,"非人化现象"并不代表施暴者丧失辨别能力,实际上他们可以正常区分"现实社会的人"和"臆想杀戮世界中的生物",甚至他们的同情心对不同的对象有条件地开启和关闭着。尼采在《查拉图斯特拉如是说》中将人生形容成"横亘在动物和超人之间的一条绳索",极少数人会一辈子从事令人震惊的犯罪行为,犯罪人大多数都隐藏着"多层面具",如白银案中的高承勇,扮演着正常家庭中的普通父亲和丈夫的角色但在不知名的地方隐蔽地实施暴力与伤害。

2. 塑造被害者身份:增强愉悦感

自利心理下开启的自我保护的方式之二在于塑造被害者形象继而合理化犯罪动机、将暴力美化成弱势群体对压迫环境的正当反抗。赵承熙在录像中称"你们把我逼到这个角落,让我别无选择";杨新海被提审时称"为什么别人有的我没有";马加爵接受采访时称"他们辜负我,我就恨他们"……这种背负"复仇"欲望的施暴者最初可能因合理需求无法满足和正当权利无法伸张而备受打击、自信和自尊长期处于挫折和社会排斥的压力之下趋于脆弱、长期缺乏自我调节和减压能力后报复和发泄逐渐演变成强大的暴力内驱力、暴力的动机被激发且因暴力的加剧带来的愉悦指数增强。在塔尼亚·辛格和她的合作者的实验中:男人面对欺骗自己的人遭受电击,他们的纹状体和眼眶皮层开始发亮,当一个人渴望尼古丁、可卡因和巧克力的时候

① 陈和华.犯罪:环境诱因与人格缺陷的集合[J],犯罪研究,2009(2).

大脑同一部位亮灯，意味着复仇给实验者们带来了愉悦感。于是他们将犯罪看成"以暴制暴"的占据道德制高点的行动、将过错归咎于社会或受害人本身、屏蔽任何对于自身的指责。

（三）个人社会化缺陷：道德感欠缺的成因

显然"犯罪人是完全缺乏道德感"的论断毫无疑问是偏激的，但值得思考的是施暴者为何可以轻易割断与被害人之间的情感联系、漠视被害人的痛苦、关闭对于被害人的同情。当代行为主义心理学关于人类行为方式的研究表明："人类个体对其行为方式的选择，归根到底是受其行为结果所左右的。得到酬赏的行为将趋于重复，受到惩罚的行为将避免重复，而长期得不到酬赏或反馈的行为则趋于消退。这一规律也同样影响着人们的道德选择。"①个人道德观念的形成是道德社会化的结果，若个体遵守社会道德标准，则会受到群体舆论的赞许；若个体违背社会道德准则，则会受到群体舆论的谴责，长此以往个人在社会化过程中将社会主流的道德规范作为衡量自身道德意识的标准。人的先天素质和后天成长环境因素会影响道德社会化过程，某些由遗传产生的神经系统功能的个体差异和后天对于恶性环境的适应、互动甚至会引起道德社会化缺陷。"道德社会化缺陷对于一个人的犯罪意识的形成作用，不在于其道德内容的善与恶、美与丑比例的多少，而在于为犯罪意念、动机、目的的形成扫清了主观约束的障碍，并且提供了精神支持。"②个人道德社会化的缺陷会造成道德同情机能的不健全以及理性进行利害判断的缺失。

1. 同情机能欠缺

关于道德同情需要明确的是：第一，道德同情并不是生理的自然反射，也即并非每个人都能泛起同情心；第二，道德同情的正常运行与人后天的健康社会化过程息息相关。

（1）同情基因的缺陷导致同情能力的缺乏

同情是移情效应的最高形式。从人们被他人的痛苦或快乐的情绪感染升级为甚至将他人的利益作为自己的利益，揭示了从移情到同情的升级。

---

① 孟昭勤.论道德选择的心理基础[J].西南民族学院学报(哲学社会科学版)，1994(4).

② 梅传强.犯罪心理生成机制研究[M].北京：中国检察出版社，2004：57.

影响同情心发生作用的因素最初被认定为纯生理缘由，即同情能力产生于生物学和认知神经中的镜像神经元（也称移情神经元）的机械运动。现今绝大多数科学家都不接受对于镜像神经元的夸张与吹捧，然而当见证他人痛苦并感同身受时我们脑岛的活跃却无法忽视生理因素对同情产生的作用，于是我们逐渐认同：同情是大脑中各种激活移情和调节移情的神经元相互作用的复杂模式。神经科学表明：大脑中某种皮质边缘系统，尤其是额叶和眶前皮质，前扣带和脑岛，以及大脑深层，特别是杏仁体和核突之前的复杂关系，都可能会影响同情的能力。①

（2）社会化过程影响同情机能的实现

李斯特称："犯罪的根源应当在正常的社会生活中寻找。"②同情心在不同情况下有条件的开启与关闭，甚至在面对复仇和竞争出现的反向移情，反映着人们对于社会关系的认识影响人们泛滥同情心的程度。正常的社会化过程是同情健康运行的前提。个人社会化是主流的社会规范逐渐内化成个人人格的过程，在这个过程中会受到许多因素的影响，如家庭、社会环境、社会交往等等。人社会化的源头在于童年经历，"精神分析理论认为，一切心理异常都源于童年生活经验"，童年创伤对于道德内化和同情能力的建构有着不可磨灭的负面影响。童年创伤是造成同情基因关闭的风险因素。童年创伤的极端方式便是童年受虐，连环杀手汤米·林·赛尔斯的童年充满了虐待与遗弃，因抢劫正在服刑的某犯罪人披露曾被父亲勒令脱光衣服吊在树上进行暴打。于是他们均秉持"我经历的生活你为什么不可以经历"的怨念和对于暴力体验的麻木继而在忍受暴力到实施暴力的过程中愈发忽视暴力行为带给被害人的痛苦。除此之外，英国精神分析师约翰·鲍尔比提出的"依恋理论"，试图阐述早期亲子关系的质量对个体人格和心理成长的重大影响。婴儿时期的适当情感依附会帮助健全情感自我调节功能、自传式记忆以及建立在个人经历和行动上的反思能力，相反罹失亲人的拥抱、亲吻、抚摸等的婴儿将不安全感深深埋在印象中继而逐渐丧失爱的能力。③ 值得注意的是，童年创伤对于同情正常运行并非产生绝对的负面影响，换言之

① 斯蒂芬·平克. 人性中的善良天使[M]. 安雯，译. 北京：中信出版社，2015：667—668.
② 冯·李斯特. 论犯罪、刑罚、刑事政策[M]. 徐久生，译. 北京：北京大学出版社，2016：185.
③ 陈和华. 论反社会人格与犯罪[J]. 犯罪研究，2005(1).

没有暴力行为的孩子并非一定出于幸福家庭，过度放大原生家庭问题是没有必要的。艾夫夏罗姆·卡斯比、特里·墨菲特发现人体内一种促进新陈代谢的名为 MAOA 的酶与暴力成反比，MAOA 水平低的男性可能比 MAOA 水平高的同胞们更容易犯下暴力罪行，受过虐待且 MAOA 水平低的儿童制造出近一半的暴力犯罪，然而受过虐待与 MAOA 的变化之间并没有必然的联系①，但是原生家庭的缺陷有可能困扰孩子终生的确也无法否认。

2. 理性判断的缺乏

同情心不健全发展的典型是“以利己目的伤害他人却没有任何愧疚之心的”反社会人格者，正如并不是所有的反社会人格者都是犯罪人，丧失同情的能力并不意味着必然会导致犯罪。行为主义理论认为：“强化决定了有机体行为方式的形成和转化的过程，合理地控制强化就能达到控制行为和塑造行为的目的。”在针对反社会人格者的矫正方案中模仿学习、角色扮演、迁移训练等方式让对象逐渐习惯与原反社会规范相对的主流社会规范认同的处事态度和行为，并通过奖励措施进行强化、逐步提高改正反社会行为的积极性，达到即使无法产生情感共鸣，但通过模仿正常情感致使不与社会脱节以及树立规范意识达成远离犯罪的目的。

亚当·斯密在《道德情操论》中提出，我们对于陌生人的同情远远比不过我们自己对私利的关切，原因就在于社会对于“善意”的奖励远比不上“自私”带来的好处。个体既可以通过合理合法的途径满足私利诱惑，甚至可以选择能满足的需求进行替代，并不必然动用非法手段，然而个体为何会选择风险最大的犯罪行为是值得思索的问题。贝卡利亚在《论犯罪与刑罚》一书中将犯罪原因归结于人类趋利避害的天性，刑罚即在于使犯罪带来的痛苦大于快乐，但将致罪因素简单归结于不可抗拒的天性对于犯罪预防没有什么意义，且个人社会化的过程中社会环境不可避免地给予施暴者以侥幸，使得罪犯容易屈从于犯罪的冲动。犯罪的根本原因在于“驱使犯罪的力量与控制犯罪的力量的冲突”②。精神分析理论认为：一切源于“本我”无限膨胀

① 玛莎·斯托特. 无良是一种病[M]. 陈雅汝，译. 北京：中信出版社，2010：180.
② 陈和华. 犯罪原因分析的技术路径[J]. 法学，2013(8).

然而“超我”又相对不足。“本我”是由先天的、本能的欲望所构成，依据快乐原则满足需求。健全人格的发展在于“超我”的监督下用道德和理性约束无限膨胀的“本我”。当“本我”过度扩张、“超我”建构不足，就会出现为了满足“本我”的一时快乐而无视周围环境的后果。拉里·西弗医生将暴力概括为“由眶额叶皮层和前扣带皮层提供的‘自上而下’的控制力量或叫‘刹车’的力量和由边缘地带如杏仁体和脑岛等引发的‘自下而上’的过度驱动之间的不平衡”，暴力“刹车机制失灵”反映犯罪人一种不受惩罚的愿望，“罪犯自然要根据自己的经验判断刑罚，也就是说根据实际运用的刑罚而不是立法者在一定程度上直言相告的威胁来判断刑罚……犯罪人想象有许多逃脱的机会，首先存在着不被发觉的机会，其次被发觉之后，存在着证据不足、法官仁慈或者受骗、在错综复杂的审判过程中不被判刑以及由于宽大而撤销或减轻判决、课刑的机会”。

犯罪人并非毫无理性，他甚至“理性”地比较“犯罪利益”和“犯罪损失”的代价最终选择了暴力行为的“解决方案”，但你很难评价说他足够理性，因为他评判“利”“害”关系的方式出现问题，他有条件地遗忘了“压制犯罪欲望的利益”和“犯罪损失发生的必然性与及时性”。施暴者并非不能意识到压制欲望的安全性和被捕受惩的可能性，而是有意识地回避了对这一可能的关注和考虑，他们在进行一场赌博和冒险：用自身前途甚至是生命赌一场偶然，这在真正珍惜自己利益，尤其是长远利益的理性人那里是不可想象的。人的理性并非简单提倡压制需求和欲望，而是不带偏见地考虑到所有可能性，继而认同压制欲望所获得的利益远甚于随欲而行所附加的代价的结果。与其“以暴制暴”用刑罚加大犯罪带来的痛苦或者徒劳宣扬“割肉喂鹰”的利他主义以试图削弱犯罪带来的快乐，不如建立人们心中对于快乐和痛苦的理性衡量机制。

（四）道德推脱：施暴行为的强化

“道德推脱”这一概念源自心理学家班杜拉，是指个体在行为认知上会产生一定的倾向性，这些倾向包括重新定义自己的行为使其伤害性显得更小、最大程度地减小自己在行为后果中的责任和降低对受伤目标痛苦的认同。在他看来，道德推脱解释了人们为什么做了不道德的行为而没有明显的内疚和自责。我们每个人在内心都建立了自己的道德准则，这些准则对我们的行为起着调节作用，从而激发道德行为和阻止不道德行为。道德推脱可以对这种调节机制有选择性地激活或者使之失效。当个体做出不道德行为时，道德推脱使得自我调节功能失效，从而摆脱内疚和自责，接受自己的不道德行为。

家庭暴力的增加和家庭伦理道德的落后与保守密切相关。目前，道德文化与经济的发展是一个相辅相成的关系，发展的市场经济会给传统的道德文化带来冲击和挑战，这种冲击和挑战主要体现在人们趋于对利益追求的最大化。一方面，家庭成员内部之间对金钱和利益的驱逐更为明显，与此同时家庭成员之间的亲情连接也开始出现裂痕。另一方面，现今社会的开放又促进了人们有着独立的人格和个性。这也极大地减弱了人们对家庭的归属感和责任感，由此促使某些家庭相对松散。① 这也解释了为什么一些施暴者对于自己的暴力行为没有该有的愧疚感和自责，达到了无动于衷甚至于理所应当的地步。

道德推脱通过八种机制来生效：道德辩护、委婉标签、有利比较、责任转移、责任分散、扭曲结果、非人性化、责备归因。

道德辩护是指个体对自己的不道德行为进行重新解释，使其在道德上看来是合理的；委婉标签是指通过道德上可以接受的“标签”重新定义自己的行为；有利比较是指个体将不道德行为与更有害的行为进行比较，从而使原本的行为看起来可以接受；责任转移是指将不道德行为归咎于非自身的原因；责任分散是指将不道德行为归咎于特定的团体；扭曲结果是指扭曲不道德行为的结果，从而逃避内疚和自责；非人性化是指通过贬低对方而使不道德行为可以接受；责任归因是指将不道德行为发生的原因归咎于对方的错误。

根据八种机制作用方式不同，分为三大类：

重新定义自己的行为：道德辩护、委婉标签、有利比较；减少自己在行为后果中的责任：责任转移、责任分散、扭曲结果；降低对受伤目标痛苦的认同：非人性化、责备归因。

施暴者存在着明显的道德推脱现象，如：

---

① 吴学安.人身保护令应成反家暴利器[N].法制日报，2016-03-03.

道德辩护:“不是有句俗语吗？打是亲,骂是爱。”这利用了所谓的道德感来为自己的不道德行为进行辩解,看似有理,实际上毫无理由可言。

委婉标签:“这是我们的家务事,怎么到你们这就上纲上线了?”以“家务事”之名来为自己的暴力行为进行解释,任何事情都不应先以暴力解决。

有利比较:“我已经很容忍了,就她这样子,换你们打得肯定更狠。”进行所谓的行为比较,来让其他人对他的行为抱以宽容和理解与接受,从而减少对自己的敌对和指责。

责任转移:“我也不知道怎么着,控制不住自己,回过头来就已经动手了。”自己不知道为什么动手,不知道自己为什么会这样,以模糊不清的理由糊弄,但实际上是否真的不知道自己为什么会有这样的行为还有待商榷。

责任分散:“谁家夫妻还不吵吵架,动动手啊？老公教训老婆怎么还不对了?”不道德不正确的行为在他看来是夫妻之间经常可以遇到的事情,在他看来,这些暴力行为并不足以站在道德点上指责他。

扭曲结果:“只是点小摩擦，擦破点皮，没什么大事。”降低自己行为造成的严重后果,让自己减少愧疚感和自责,实际上的伤害是否真的如他所说只是小伤呢?

非人性化:“她就是犯贱,喜欢别人打她。”对方是否真的如他描述那般呢？一切只是他认为的,通过贬低对方来达到让他人对这些行为有所接受和理解。

责备归因:“我辛辛苦苦工作养家,她却在外面偷情,难道不该打?”从对方身上寻找错误本身就是不提倡的,任何的错误都应先从自己身上找,而不是将责任完全推卸到对方身上,把自己的不道德不合理行为的错误点撇得干干净净。

根据亲密伴侣暴力危险性预测量表(DA-R),家庭暴力分为低危、中危和高危三种程度。对于施暴者而言,道德推脱机制是作用于不同程度的家暴的。当夫妻从婚姻冲突变为低危型家庭暴力时,道德辩护、委婉标签、有利比较三种机制起着主要作用;从低危向中危变化时,责任转移、责任分散和扭曲结果起着主要作用;当家暴程度演变为高危程度时,施暴者则主要是处于非人性化与责备归因的道德推脱机制中。

施暴者往往通过使受害人非人性化和自塑被害人身份等暴力合理化手

段进行道德自我辩护。施暴者的道德感不健全与社会化缺陷有关,体现为同情机能的不足和理性判断的缺乏。因此,道德感的培养和塑造是暴力行为防控的重点。

四、行为强化

美国心理学家斯金纳提出了强化理论。他认为,个体行为出现的频率取决于他的行为后果。当行为的后果对他有利时,他就会重复这种行为;当行为的后果对他有害时,这种行为就会减弱或者消失。强化的表现方式分为两种,正强化和负强化。正强化是指通过对个体施加某种刺激,使得反应行为概率增加;负强化是指通过撤除对个体的某种刺激,使得反应行为概率减少。

从斯金纳的强化理论层面来分析施暴者为何会频繁进行家庭暴力,甚至没有停止的原因。由此可见施暴者的目的是为了控制支配对方。

赵颖、高建华指出,当个体能够通过殴打家庭成员获得某些满足或者达到某些目的,而没有得到应有的惩罚时,他就会不断使用暴力。①

正强化:"打是最有效的,不打她就不听话啊,还犟嘴,一打就老实了,叫她干什么就干什么了。"

如果妻子不采取反抗措施,听之任之,受到丈夫的摆布,这就会起到正强化的作用。丈夫会认为暴力行为是有效的,从而继续下去。

负强化:"邻居来过,居委会也来过,有什么用,我一说她在外面偷人,都站我这边了,你是大学老师,你告诉我打得对不对?"

如果社会力量(警察、社区、家人等)未对施暴者进行有效震慑,甚至有的站在施暴者一方,这就会起到负强化作用。在未得到惩罚后,施暴者会认为暴力行为是合理的,从而愈演愈烈。

当男性在外遇到工作不顺利、事业失败或者屈就于他人都容易造成自尊的丧失,随后则会通过家庭暴力来重拾在外失去的自尊。这种时候,如果受害者或者其他家庭成员或他人不及时阻止此类行为,施暴者只会更加频繁施暴,一旦又不顺心,甚至最后在心情不好的时候便会进行家庭暴力。

① 赵颖,高建华. 警察对家庭暴力施暴者的干预策略探讨[J]. 福建警察学院学报,2008(5).

很多男性通过家庭暴力来彰显自己的“力量”，来证明自己是一条“硬汉”。这时候女性，或者其他亲密关系的成员需要通过实际来告诉他，真正的“硬汉”，真正的男子气概并非通过家庭暴力，而是在工作上得到成功，家庭中得到其他家庭成员的真正的尊重得到，并且暗示他家庭暴力者不是“硬汉”，反而是“懦夫”。女性要通过实际行动来表达对于家庭暴力这一行为的抵制与反对，并且鼓励男性在工作上、家庭中积极的正确的行为。

第六章　家庭暴力“恶逆变”之社会环境

家庭暴力虽然发生在家庭内部，看似只是施暴者和受暴者两者之间的冲突，但是家庭暴力发生有其深刻的社会根源，家暴损害的不仅仅是家庭内部成员的权益，对整个社会和谐和稳定也造成了极大的破坏。因此，为了全方面多角度地防治家庭暴力，除了家庭环境，我们还必须对整个社会环境有所了解，包括社会民众对家庭暴力的基本认知和态度，作为家庭暴力主要干预机构的公安机关及警察对家庭暴力的认知态度和处置情况。在此基础上，我们深入了解家庭暴力发生的基本状况以及警察在处理家庭暴力案件上存在的不足，提出警察在处理家庭暴力应采取的改进措施，进而推动基层社会治理家庭暴力的路径实现。

第一节　公安机关——反家庭暴力的第一防线

《中华人民共和国反家庭暴力法》已于 2016 年 3 月 1 日起正式实施，这部法律虽然仅有三十八条，但其中提及公安机关的就有十三处之多，足以见公安机关介入家庭暴力的重要程度。依据该法规定，在家庭暴力发生后，警察是干预家庭暴力最早的公权力形式，公安机关在处置家庭暴力工作中承担着预防、出警、取证、调解、处罚等多重职责。公安机关是群众最能直接接触到的司法部门，在发生家庭暴力后受暴者首先会想到的就是拨打 110 报警。所以公安机关在家庭暴力的防治和处理中承担着不容忽视的角色。

为了深入了解目前警察对家庭暴力的整体认知情况、干预态度以及处置的基本情况，分析警察在处置家庭暴力案件上存在的一些问题和面临的困境，探索公安机关防治家庭暴力的有效措施，我们在 S 省针对派出所民警随机发放调查问卷，共发放问卷 240 份，回收问卷 220 份，回收问卷中有效问卷为 175 份，以下数据分析均以此次调研数据为基础。

一、警察对家庭暴力的认知

根据调查问卷显示，警察对家庭暴力的认识不够全面，对相关法律的学习还不充分。受封建传统思想的影响，人们（包括警察）普遍认为家庭暴力是家务事。在《反家庭暴力法》颁布之前，警察对家庭暴力的概念并没有一个清楚的界定，在法律颁布之后，他们对家庭暴力的认识虽然有所改观，但是还是有很多警察觉得家庭暴力是家务事，社会公权力不应该去干预。①《反家庭暴力法》在以下几个方面明确了公安机关的职权：赋予公安机关家暴案件的管辖权；赋予调查取证权，警方的调查取证成为处理家暴案件的依据；制止家暴、给予批评教育或者出具《告诫书》；协助受害人就医，协助执行"人身安全保护令"。但是根据问卷调查，有很大一部分警察对这部法律只是有一定的了解，并没有进行深入的学习。

（一）对家庭暴力内涵的认知

表 6－1 请问您认为以下哪些行为属于家庭暴力？［多选题］

		频数	百分比/%	有效百分比/%
有效	A. 殴打、捆绑、残害	174	99.4	99.4
	B. 限制人身自由	157	89.9	89.9
	C. 经常性谩骂、恐吓	150	85.7	85.7
	D. 侮辱、诽谤	131	74.9	74.9
	E. 精神虐待	164	93.5	93.5
	F. 经济控制	77	43.9	43.9
	G. 不履行赡养、扶养及抚养义务，有病不给医治	117	66.8	66.8
	H. 性暴力	155	88.7	88.7
	I. 其他	11	6.3	6.3

《反家庭暴力法》第二条明确规定，家庭暴力是指家庭成员之间以殴打、捆绑、残害、限制人身自由以及经常性谩骂、恐吓等方式实施的身体、精神等侵害行为。家庭暴力主要分为身体暴力、精神暴力、经济控制和性暴力这四

① 高扬. 试述公安机关干预家庭暴力的现状与对策[J]. 法制与社会，2016(27)：165—166.

种类型。对家庭暴力内涵的认知，是警察能否妥善处置家庭暴力案件的前提。从问卷显示的数据我们可以看出大多数警察都能认识到哪些内容属于家庭暴力的范畴。但是我们发现，选择"经济控制"这一选项的警察不到一半，选择"不履行赡养、扶养及抚养义务，有病不给医治"的警察相较于其他选项也明显较少。大多数警察对家庭暴力显性暴力内涵是比较清楚的，他们的认知还普遍停留在身体、精神和性暴力上，对比较隐形的暴力内涵例如经济控制和有病不给医治等他们还没有将其纳入家庭暴力的认知范畴内。

表 6－2　您是否认为家庭暴力就是家庭纠纷的一种？

		频数	百分比/%	有效百分比/%	累积百分比/%
有效	A. 是，两者处置方式相同	32	18.3	18.3	18.3
	B. 不是，但在实际执法过程中往往采取相同的处置方式	48	27.4	27.4	45.7
	C. 不是，两者处置的方式不同	88	50.3	50.3	96.0
	D. 不清楚	7	4.0	4.0	100.0
	合计	175	100.0	100.0	

家庭暴力与家庭纠纷有着本质区别。家庭暴力的核心是权力和控制，是违背家庭成员主体地位平等原则而事实上产生的不平等控制和支配，[①]从而产生了对对方身体、精神上的侵害或财产控制。而一般家庭纠纷中虽然也可能存在着抓扯、互相打骂等轻微的暴力行为甚至因失手造成的严重身体伤害，但是家庭纠纷的双方是平等关系，可以相互协商和妥协。家庭暴力存在明显的周期性，不同程度地造成受害人身体或心理的伤害后果，家庭暴力的这种控制性、周期性、伤害性与一般夫妻家庭纠纷有着本质的区别。[②]

问卷中显示有 77.7%的警察都认识到家庭暴力不同于家庭纠纷。但是只有一半的警察认识到家庭暴力的处置方式与家庭纠纷不同，在实际处置家庭暴力时，还是有相当一部分的警察采取与处理家庭纠纷一样的方式。然而也有一小部分警察认为家庭暴力就是家庭纠纷的一种或者对此不清

① 赵敏．警察防治家庭暴力的调查与思考[J]．广西警官高等专科学校学报，2014，27(2)：49—54.

② 马忠红．我国警察干预和处置家庭暴力案件应避免的认识误区[J]．广州市公安管理干部学院学报，2010(1)：31—32.

楚。警察只有对家庭暴力和家庭纠纷进行清楚的区分，才能对两者采取不同的处置方式，而不能以“家庭纠纷”为由将家庭暴力的受害人拒之门外。

（二）对《反家庭暴力法》的认知

表 6－3　请问您对《反家庭暴力法》的了解程度？

		频数	百分比/%	有效百分比/%	累积百分比/%
有效	A. 明确清楚	28	16.0	16.0	16.0
	B. 比较清楚	57	32.6	32.6	48.6
	C. 略有了解	77	44.0	44.0	92.6
	D. 不了解	13	7.4	7.4	100.0
	合计	175	100.0	100.0	

表 6－4　请问您对《反家庭暴力法》所规定的“家庭暴力”的内涵清楚吗？

		频数	百分比/%	有效百分比/%	累积百分比/%
有效	A. 明确清楚	25	14.3	14.4	14.4
	B. 比较清楚	64	36.6	36.8	51.2
	C. 略有了解	69	39.4	39.6	90.8
	D. 不了解	16	9.1	9.2	100.0
	小计	174	99.4	100.0	
缺失		1	0.6		
合计		175	100.0		

《反家庭暴力法》自 2016 年 3 月 1 日颁布至今已五年之久，作为家庭暴力直接干预者的一线民警，是最需要对《反家庭暴力法》进行深入学习的。只有深入贯彻法治精神，切实落实相关政策，清楚认识在处置家庭暴力案件上应该承担的职责，才能依据法律更有效地来处置家庭暴力案件。

根据调查显示，有一半的警察对《反家庭暴力法》略有了解或是根本不了解，甚至有近一半的警察对这部法律中规定的“家庭暴力”的内涵也是略有了解或是根本不了解。这个现象有些出人意料，《反家庭暴力法》颁布已五年之久，社会对家庭暴力也越来越重视，但是数据显示最基本的如家庭暴力的内涵竟然也只有一半多的警察能够了解。这种情况的出现，可能有三个原因：一是大多数警察对家庭暴力不够重视，所以没有深入学习《反家庭暴力法》的意识;二是公安机关对该部法律的宣传力度不够;三是《反家庭暴力法》与警察在家庭暴力处置的职责没有相应的对应,法律没有相应的实施细则,造成警察对于《反家庭暴力法》的重视程度不够。专业的法律素养是一名行政执法人员必备品质,警察在法律上的知识匮乏势必会影响他们办理家庭暴力案件的效果。

(三)对家庭暴力现状的认知

表6-5 您认为在现阶段,我国家庭中发生家庭暴力的比例是什么情况?

		频数	百分比/%	有效百分比/%	累积百分比/%
有效	A. 20%以下	81	46.3	46.3	46.3
	B. 20%—50%	34	19.4	19.4	65.7
	C. 50%以上	5	2.9	2.9	68.6
	D. 不清楚	55	31.4	31.4	100.0
	合计	175	100.0	100.0	

据全国妇联第三次全国妇女社会地位调查数据统计,24.7%的女性,在婚姻过程中遭遇不同程度的家庭暴力。调查显示我国有近30%的家庭存在暴力现象,因为家庭暴力的私密性,实际情况可能会更糟。我们的调查数据显示有接近一半的警察认为家庭暴力的发生率在20%以下,这同时也印证了警察对家庭暴力的现状还没有清晰的认识,一方面把家庭暴力简单归类为家庭纠纷处理,另一方面对于家庭暴力现状过于乐观,这些都是造成家庭暴力没有引起警察足够重视的原因之一。

部分警察将家庭暴力案件当作一般的家庭纠纷案件,忽视家暴自身的特殊性,如果不将家庭暴力案件特殊对待,就难以在处置上面总结经验和技巧。大多情况下,在家暴案件中公安机关本着避免进一步激化矛盾的原则,要么充当"和事佬"注重调解,要么就是考虑行政处罚,只有在发生严重后果时,公安机关才会将其作为犯罪来处理。① 这种单一的干预手段非但起不到很好地防治效果反而可能会助长施暴者的气焰,使家庭暴力不断升级。随着国家对家庭暴力的防治越来越重视,对公权力的介入也作出了相关规

① 于军,张卫星.预防·控制·修复:公安机关预防家庭暴力的长效机制构建[J].上海公安高等专科学校学报,2016,26(5):12—19.

定，所以近几年公安机关已经初步形成了家庭暴力案件处置的一套完整机制。但是由于家庭暴力案件的复杂性和可变性，警察在进行处置的过程中明显感觉很难找到规律，难以形成经验，这也是警察干预家暴面临的困境之一。

二、警察干预家庭暴力的态度及履责情况

作为一种公权力机构，相较于居（村）民委员会、妇联、民政等部门和组织，公安机关发挥着特殊的不可替代的作用。

首先，家庭暴力作为违法行为需要公权力的强制性干预。家庭暴力行为，侵害了家庭成员的人身权利，使处于弱者的一方身体权、健康权、生命权和自由权受到损害，甚至引发死亡事件。公安机关以国家强制力为后盾的强制性干预，为处于弱势地位的妇女提供有效的支持，预防了暴力升级。

其次，公安机关完善的组织体系可以应对家庭暴力的连续性与反复性。家庭暴力多由非对抗性矛盾引发，反复发生。家庭暴力的这种特点，导致了受害人求助时间的不确定性与反复性。家庭暴力在全天各个时间段都有可能发生。而公安机关有着严密的警务体系，全天候工作，受害人寻求警察帮助不受时间限制，是最直接、最经济的求助方式。

再次，警察干预形式的多样性可以应对受害程度的不可测定性。家庭暴力形式呈多样性和隐蔽性，表现在对生命健康权、人身自由权、人格权等多方面权利的侵害，受害程度难以鉴别。人民警察权力具有其他国家机关或社会组织所不具有的技术侦查、紧急处置等权力，在查明受害人受害程度方面具有独特的技术与职能优势。

最后，警察干预可保护受害人的利益，缓和家庭矛盾。由于受害人与施暴者之间存在各种情感或血缘关系，公安机关对施暴者的处理可以根据受害人意愿，综合考虑处罚措施对于受害人家庭生活的影响，既可以移送检察机关提起公诉，量刑处罚，又可由公安机关直接处罚，如责令当事人具结悔过、赔礼道歉、进行拘留或者要求参加有关的学习教育等。公安机关的处罚既具有强制性，又可以不危及家庭根本利益，有利于消除施暴者和受害人之间的矛盾，缓和家庭关系。

（一）干预家庭暴力的态度

表 6－6　对于家庭暴力，您认为警察是否有必要进行干预？

		频数	百分比/%	有效百分比/%	累积百分比/%
有效	A. 有必要	62	35.4	35.4	35.4
	B. 视其严重程度而决定	103	58.9	58.9	94.3
	C. 没有必要	10	5.7	5.7	100.0
	合计	175	100.0	100.0	

表 6－7　有人认为我国公安机关长期警力不足，为了打击严重危害社会治安的犯罪行为，对家庭暴力的干预不能要求过多，你同意这种说法吗？

		频数	百分比/%	有效百分比/%	累积百分比/%
有效	A. 非常同意	37	21.1	21.1	21.1
	B. 同意	65	37.1	37.1	58.3
	C. 不清楚	26	14.9	14.9	73.1
	D. 不同意	47	26.9	26.9	100.0
	合计	175	100.0	100.0	

公安机关对家庭暴力的干预仍有许多制约因素，但是又必不可少。从表 6－6 中的数据可以看出，35.4%的警察认为有必要对家庭暴力进行干预，还有 58.9%的警察认为是否干预应该视严重程度而定。

从表 6－7 可以看出，有 58.3%的警察认为对干预家庭暴力不能要求过多，并不愿在家庭暴力案件上投入过多精力。有学者在个人访谈中总结出以下原因：有相当一部分民警认为，与其他刑事犯罪相比，家庭暴力的社会危害性较小；民警在如此繁多的警务工作中根本没有必要也没有精力介入家庭暴力；应当将家庭暴力案件交由街道、妇联、民政等政府部门协调解决，尤其是妇联和街道；问题升级后直接由法院负责办理。①

虽然警察对家庭暴力有了干预的意识，但是他们对干预家庭暴力的态度并不十分积极。这也是由于家庭暴力问题干预的合理性定位不明确，警察干预家庭暴力，意味着公权力干预家庭私领域，公权力如何合理干预，警

① 赵敏．警察防治家庭暴力的调查与思考[J]．广西警官高等专科学校学报，2014，27(2)：49—54.

察从何时开始干预，怎么干预以及干预到什么程度，成为一个关键的问题。受传统观念影响，部分警察没有将家庭暴力视为犯罪，认为家庭暴力是家务事，未将家庭暴力作为犯罪行为纳入警察的工作范围，处理方式上以调和为主导，模糊了家庭暴力的违法犯罪性质。但事实上，警察介入家庭暴力不仅可以减少家庭暴力的发生，而且也减少了由家庭暴力而引发的社会治安秩序的不稳定，警察对家庭暴力的干预是十分有必要的。

表 6-8　您认为是否有必要根据家庭暴力的危险等级对家庭暴力案件进行分类专项统计？

		频数	百分比/%	有效百分比/%	累积百分比/%
有效	A. 有必要，以便公安机关有效地介入	97	55.4	55.7	55.7
	B. 家庭暴力案件少，分类的意义不大	17	9.7	9.8	65.5
	C. 没有必要区分，暴力程度严重的直接进入治安或刑事案件程序	43	24.6	24.7	90.2
	D. 不清楚	17	9.7	9.8	100.0
	小计	174	99.4	100.0	
缺失		1	0.6		
合计		175	100.0		

表 6-9　您认为社区民警是否应当对有可能产生家庭暴力的家庭进行专门登记？

		频数	百分比/%	有效百分比/%	累积百分比/%
有效	A. 应当	103	58.9	59.2	59.2
	B. 没有必要	22	12.6	12.7	71.9
	C. 派出所无权主动干预	27	15.3	15.4	87.3
	D. 不清楚	22	12.6	12.7	100.0
	小计	174	99.4	100.0	
缺失		1	0.6		
合计		175	100.0		

表 6－10　您认为公安机关是否需要配备处理家庭暴力案件的专职人员?

		频数	百分比/%	有效百分比/%	累积百分比/%
有效	A. 需要	92	52.6	53.2	53.2
	B. 不需要	81	46.3	46.8	100.0
	小计	173	98.9	100.0	
缺失		2	1.1		
合计		175	100.0		

在对家庭暴力防治的一些针对公安机关的建议上，调查结果显示55.7%的警察认为有必要根据家庭暴力的危险等级对家庭暴力案件进行分类专项统计，59.2%的警察认为社区民警应当对有可能产生家庭暴力的家庭进行专门登记，53.2%的警察认为公安机关也需要配备处理家庭暴力案件的专职人员。有少数警察认为不必对家庭暴力进行分类专项统计是由于家暴案件少或者暴力程度严重的直接进入治安或刑事案件程序，也有少数警察认为派出所无权主动干预家庭暴力，所以不用进行专门登记。这些数据表明仍然有少部分警察对干预家庭暴力存在认知上的偏颇，但是大部分警察同意对处置家庭暴力进行一些改良性措施来更好地防治家庭暴力，让公安机关在防治家庭暴力上发挥出应有的优势。

（二）对法定干预职责的理解程度

表 6－11　法律规定公安机关接到家庭暴力报案后应当及时出警，制止家庭暴力，按照有关规定调查取证，协助受害人就医、鉴定伤情，请问您对此清楚吗?

		频数	百分比/%	有效百分比/%	累积百分比/%
有效	A. 明确清楚	51	29.1	29.1	29.1
	B. 比较清楚	85	48.6	48.6	77.7
	C. 略有了解	33	18.9	18.9	96.6
	D. 不了解	6	3.4	3.4	100.0
	合计	175	100.0	100.0	

表 6－12　公安机关可以代家庭暴力的受害者向法院申请人身安全保护令吗？

		频数	百分比/%	有效百分比/%	累积百分比/%
有效	A. 可以	70	40.0	40.5	40.5
	B. 不可以	39	22.3	22.5	63.0
	C. 不清楚	64	36.6	37.0	100.0
	小计	173	98.9	100.0	
缺失		2	1.1		
合计		175	100.0		

表 6－13　基层派出所有法律义务协助法院执行人身安全保护令吗？

		频数	百分比/%	有效百分比/%	累积百分比/%
有效	A. 有	94	53.7	54.3	54.3
	B. 没有	13	7.4	7.5	61.8
	C. 不清楚	66	37.8	38.2	100.0
	小计	173	98.9	100.0	
缺失		2	1.1		
合计		175	100.0		

表 6－14　实施家庭暴力如果构成治安或刑事案件，公安机关是否直接按其相应程序立案？

		频数	百分比/%	有效百分比/%	累积百分比/%
有效	A. 一般不立案	24	13.7	13.7	13.7
	B. 立案	70	40.0	40.0	53.7
	C. 视情况而定	76	43.4	43.4	97.1
	D. 不清楚	5	2.9	2.9	100.0
	合计	175	100.0	100.0	

表 6-15 您是否会告知受害人及时找医生查看伤情而且将医生的报告留作日后证据?

		频数	百分比/%	有效百分比/%	累积百分比/%
有效	A. 会及时提醒	152	86.9	87.4	87.4
	B. 不会提醒	3	1.7	1.7	89.1
	C. 视情况而定	9	5.1	5.2	94.3
	D. 我没有处置过家庭暴力案件	10	5.7	5.7	100.0
	小计	174	99.4	100.0	
缺失		1	0.6		
合计		175	100.0		

表 6-16 家庭暴力行为往往关系着受害人的隐私和其未来的生活,您认为警察在采取干预措施时是否应当考虑隐私权的保护问题?

		频数	百分比/%	有效百分比/%	累积百分比/%
有效	A. 保护隐私权	159	90.9	92.4	92.4
	B. 顾不上	10	5.7	5.8	98.2
	C. 没有必要	1	0.6	0.6	98.8
	D. 想不到	2	1.1	1.2	100.0
	小计	172	98.3	100.0	
缺失		3	1.7		
合计		175	100.0		

如果警察对《反家庭暴力法》中规定的法定干预职责有一个明确的认知,知道自己在防治家庭暴力的过程中应该承担什么样的角色,哪些行为是法律规定的,哪些行为能够最大程度地帮助到受暴者等,就能充分发挥公安机关在防治家庭暴力上的最大优势。

《反家庭暴力法》中对公安机关的职责有以下规定:公安机关接到家庭暴力报案后应当及时出警,制止家庭暴力,按照有关规定调查取证,协助受害人就医、鉴定伤情;公安机关应当对报案人的信息予以保密;无民事行为能力人、限制民事行为能力人因家庭暴力身体受到严重伤害、面临人身安全威胁或者处于无人照料等危险状态的,公安机关应当通知并协助民政部门将其安置到临时庇护场所、救助管理机构或者福利机构;家庭暴力情节较轻，依法不给予治安管理处罚的，由公安机关对加害人给予批评教育或者出具告诫书，公安机关应当将告诫书送交加害人、受害人，并通知居民委员会、村民委员会；公安机关可以为无民事行为能力人、限制民事行为能力人，或者因受到强制、威吓等原因无法申请人身安全保护令的当事人代为申请；人身安全保护令由人民法院执行，公安机关以及居民委员会、村民委员会等应当协助执行。

表 6－11 至表 6－16 的问题都是法律所规定的警察在处理家庭暴力案件应当承担的职责，但是从调查数据整体来看，警察对法律所规定的职责的理解程度并不尽如人意。

在关于人身安全保护令这一方面，表 6－12 的数据结果显示只有40.5%的警察知道公安机关可以代家庭暴力的受害者向法院申请人身安全保护令，其他警察除了不清楚还有一部分认为不可以代为申请，表 6－13 的数据显示的数据有 45.7%的警察还没有意识到基层派出所协助法院执行人身安全保护令是法定职责。在“实施家庭暴力如果构成治安或刑事案件，公安机关是否直接按其相应程序立案?”这个问题上，只有 40%警察选择了立案，这个结果令人意外，如果家庭暴力已经构成了治安或者刑事案件，公安机关应当严格按照相应程序立案，然而调查结果从另外一个方面说明警察对自己的法定职责并没有一个清晰的认识，在实际处置家庭暴力案件过程中并没有严格按照法律所规定的那样去做。

但是表 6－11、表 6－15、表 6－16 的数据显示大部分警察认识到应该按照法律的规定制作笔录、提取证据、劝导当事人和对施暴者进行惩戒教育，还应当适时地提醒受害人去查看伤情，并提醒保留医生的报告以备不时之需，也注意到应该保护受害者的隐私。这说明大部分警察已经意识到在干预家庭暴力时不仅仅是要制止家暴行为，上述其他行为也是职责之一。

总体来说，警察对自己的法定干预职责理解程度呈现出片面化的趋势，有些职责是已经深入内心的，但有些法定职责还没有引起他们的重视。

（三）对家庭暴力案件的具体处置

表 6－17　您是否愿意接收处理家庭暴力案件？

		频数	百分比/％	有效百分比/％	累积百分比/％
有效	A. 不愿意，不在考评体系内	14	8.0	8.0	8.0
	B. 不愿意，干预尺度难把握	73	41.7	41.7	49.7
	C. 无所谓，和其他案件一样处理	49	28.0	28.0	77.7
	D. 愿意	39	22.3	22.3	100.0
	合计	175	100.0	100.0	

表 6－17 的数据显示：49.7％的警察不愿意处理家庭暴力案件，这部分警察中有 83％的人是因为“干预尺度难把握”，还有一部分是因为“不在考评体系内”。真正愿意接收处理家庭暴力案件的警察只占总数的 22.3％。从以上结果我们可以看出大多数警察对待家庭暴力案件的态度并不积极，部分警察认为，警察的职责主要是公共领域范围的暴力和人身伤害案件，把精力分散在干预家庭暴力上，会使警力发生困难，顾此失彼、因小失大。此外，由于家庭暴力具有原因复杂的特点，“清官难断家务事”，许多警察担心处理不好这类案件反而会“引火上身”，因此他们不愿管。①

表 6－18　考虑到家庭暴力案件的特殊性，您认为在处置家庭暴力案件时应当如何平衡教育调解和处罚之间的关系？

		频数	百分比/％	有效百分比/％	累积百分比/％
有效	A. 以教育调解为主，不到万不得已不处罚	90	51.4	51.4	51.4
	B. 教育调解与处罚并重	78	44.6	44.6	96.0
	C. 以处罚为重心	1	0.6	0.6	96.6
	D. 不清楚	6	3.4	3.4	100.0
	合计	175	100.0	100.0	

表 6－18 的数据显示：51.4％的警察认为应当以教育调解为主，不到万

① 王晨洁，杨跃. 论《反家庭暴力法》的完善——以警察干预家庭暴力为视角[J]. 湖北警官学院学报，2015，28(4)：74—76.

不得已不处罚，44.6%的警察认为教育调解与处罚并重，认为应当以处罚为重心的警察只占0.6%。在这个问题上，警察都普遍认为应该进行教育调解，不能只用处罚的方式来处置家庭暴力。

在目前的公安实践中，警察处置家庭暴力大多还是凭借自己的社会经验、生活阅历来调解，由于缺乏了解家庭暴力违法犯罪的规律、特点，缺乏专业的干预技巧，一些民警在处置家庭暴力过程中，普遍存在“和稀泥”“尽快平息事态”等心理，缺乏耐心、细致的工作作风和科学的处置原则，导致处置效果不理想。

表6-19　请问您认为当前公安机关对家庭暴力案件的处置效果如何？

		频数	百分比/%	有效百分比/%	累积百分比/%
有效	A. 没有明显效果，施暴人仍会继续暴力行为	80	45.7	46.0	46.0
	B. 能够比较有效地控制施暴人的行为	59	33.7	33.9	79.9
	C. 效果显著，施暴人基本不会再犯	8	4.6	4.6	84.5
	D. 不清楚	27	15.4	15.5	100.0
	小计	174	99.4	100.0	100.0
缺失		1	0.6		
合计		175	100.0		

表6-19的调查数据显示有46.0%的警察认为当前公安机关对家庭暴力案件的处置没有明显效果，施暴人仍会继续暴力行为，这直接反映出公安机关在处置家庭暴力案件上还存在不足，干预家庭暴力力度不够，效果仍不尽人意。其实家庭暴力本身的特点也决定了公安机关在处理此类案件时困难重重，主要体现在以下几个方面：

第一，处置难。在此次《反家庭暴力法》颁布以前，相关法律条文和相关的司法解释并未在家庭暴力的行为上做出具体的定位，对受害人权益的保护只是模糊地散见于《治安管理处罚法》《婚姻法》《未成年人保护法》等相关法律里面，而对以下几个方面并没有做出具体的法律定位：在何种情况下公安机关可以介入到此类案件中来，案件由哪些要素构成，要承担什么样的法律后果，采取何种途径或方式对受害人进行施救等。再者包括本次《反家庭暴力法》在内的相关法律大多注重于实体，而缺少程序性规定和指导。由于家庭暴力的行为大多发生在私领域，难免存在介入风险即公权力的越权和错位干涉到民事纠纷。另外还受一些落后思想的束缚或有一些公安民警的法律素养不高的现实困扰，工作中通常对受害人权益的保护得不到有效的重视，以劝说为主要方式并坚持和谐处理的原则，很多情况下都会采取“软处理”，在民警的主导下进行双方调和，协调到最后，都是以被害者被动妥协而使施暴者做出口头承诺保证以后不会再犯这样的结局，显然这种调解根本没有约束力度，反而可能以后还会有家暴情况继续发生。

此外，由于家庭暴力所涉及的人员都是家庭成员，这使得当事人在案件处理过程中态度变幻不定，时常出现多次反复，公安机关有时会无所适从。家庭成员之间因亲情而产生的宽容性，决定了绝大多数受害人寻求救助的真实目的和最迫切的需要不是追究加害人的责任，而是尽快地摆脱伤害，进而实现解决矛盾、达成和解的意图，这就使得公安机关在处理家庭暴力案件时无法按一个硬性标准来进行处理，而只能针对具体案件具体处理。但是由于家庭暴力案件的复杂性，使得民警在处理案件时的“度”很难把握。加上传统观念把两口子吵架视为私事和家务事，使得公安机关在处理此类案件时很难得到广大群众的理解，在处理过后当事人家属闹事，上访等问题层出不穷，导致公安机关在处理家庭暴力案件时常常是进退维谷。

第二，取证难。在家庭暴力的案件中，对身体暴力案件，取证的主要难点在于当事人（主要指受害方）不愿做伤情鉴定，或者做伤情鉴定不及时，从而无法取得有效证据。精神暴力、性暴力案件，由于当事人之间的特殊关系，使得证据本身很不稳定。家庭暴力的发生地点又多为当事人家中，在这一相对封闭的空间中，很少有目击者。而且，在现实中的大量案例，受害人并非是在案发当时就及时报警，而是在其生活发生重大转变（最常见的即为夫妻离婚）之时才向公安机关报案，这就使得证据根本无法固定，取证工作变得极其困难。而在社会公众头脑中存在的“家丑不外扬”“多一事不如少一事”“各扫门前雪”等观念也使得公安机关在家庭暴力案件中得不到广大群众的支持，取证十分困难。

第三，效果差。家庭暴力是家庭矛盾的一种激烈表现方式，是家庭矛盾的一个总爆发。由于当事人的特殊关系，使得这种矛盾很不稳定，一直处于不断的变化中：退一步可能变得风平浪静，进一步则可能是暴风骤雨，甚至导致家庭的彻底破裂。正因如此，一旦公安机关介入，就可能导致当事人心态发生极大变化，使之产生一种“事情已非常严重”的想法，再加上社会舆论对其的压力，使得在案件处理后家庭关系很难恢复。

第四，社会环境制约。虽然新中国早已规定了“男女平等”的原则，但封建社会“父为子纲、夫为妻纲”的古训在一些人中根深蒂固，特别是在一些农村地区，很多人依然认为“老子打儿子、丈夫打妻子天经地义，怎么还犯法了？”。而受“清官难断家务事”“家丑不可外扬”等陈旧观念的影响，很多人认为夫妻间打骂是家庭内部事，不愿求助于社会，不告不诉，使大量家庭暴力案件未浮出水面。受害者忍辱负重，使施暴者不仅逃脱了法律的制裁，也逃避了社会舆论的谴责。社会公众对家庭暴力采取宽容态度，视家庭暴力为家庭私事，别人管不着，邻居不劝，社区居委会不问，这些实际上都是对暴力的默许，是对施暴者的纵容。公安机关在处理家庭暴力案件时遇到的处理难、取证难等很多问题都与此有很大关系，这也造成了公安机关“不敢管”“不愿管”“不会管”的局面。

在反家庭暴力中，应对家庭暴力的力量分为三部分：一是政府牵头部门及司法机关；二是基层群众组织和社会服务性质的组织团体；三是家庭成员自身力量。实际上，反家庭暴力工作的关键部门仍是公安机关，大部分具体工作都是由公安机关警务人员来具体落实。然而，反家庭暴力工作并非公安机关的工作重点，且未被纳入单位业绩考核中，因此警察介入反家庭暴力工作得到的社会支持力度小，人力财力不足的状况尤为突出，在与其他部门的合作中也难以取得支持。

首先，机构内部人力财力不足，缺乏重视。全国范围内的基层公安机关普遍存在人力不足的情况，人员数量少，工作密度大，业务点线面分布广，公安机关在面对工作量大、专业性较强的反家庭暴力工作时，往往有种力不从心的感觉。我们在调研中发现，大多数基层公安机关针对《反家庭暴力法》开展的学习，仅仅停留在对相关法律条文的熟知层面，对于民警需要掌握的具体实操内容并没有进行过系统培训。由此可见，基层公安机关对反家暴工作的重视程度不够，究其原因，一是缺乏专项经费和相关专家力量的支持，二是未建立警察处置家庭暴力案件的相关绩效考评机制。警察介入反家庭暴力的过程是艰难的，缺乏足够人力和专项资金的支持，无疑会阻碍警察介入家庭暴力的进程。

其次，缺乏有效的多机构合作机制。反家庭暴力工作的复杂性决定了多职能部门联合介入的必要性，尽管《反家庭暴力法》对公安机关以及社会机构、基层组织等部门在反家庭暴力工作中的职责进行了规定，但规定较为笼统，多强调各部门各司其职，对各相关部门的工作要求也没有具体化。地方性法规中也鲜有完善的多方联动合作机制，因此，公安机关在实际操作中与其他部门的合作困难重重。反家庭暴力是一项系统工程，需要各部门从各个环节有力介入，协调联动合作完成。实际上，多机构合作机制涉及职能部门广泛、层级多样，既没有现定法规予以规定具体合作细节，又难以协调在联合介入过程中出现的种种问题，如家暴处置后续产生的预防教育、监督管理、紧急救助等工作，公安机关和其他部门均有权干预处置，但因缺乏具体的实施细则，在应对由谁牵头、听谁指挥以及命令不统一等问题上，则会陷入"各司其职，但各不负责"，"形式重于实质"的困境。

三、多机构合作的态度

表 6－20　您在处置家庭暴力案件时，和以下哪些部门或单位合作过？[多选题]

		频数	百分比/%	有效百分比/%
有效	A. 街道	122	69.7	69.7
	B. 医院	77	44.0	44.0
	C. 妇联	74	42.3	42.3
	D. 民政	69	39.4	39.4
	E. 法院	54	30.8	30.8
	F. 居委会、村委会	54	30.8	30.8
	G. 以上都没有	17	9.7	9.7
	H. 其他	0	0	0
	I. 我没有处置过家庭暴力案件	10	5.7	5.7

从表 6－20 调查数据可知，警察在处置家庭暴力案件时，与相关部门几乎都有所合作，但是其中和街道合作最多，其次是医院和妇联，而较少与基层民

众组织居委会、村委会以及在反家暴活动中起到重要作用的法院等部门合作。

公安机关在处置家庭暴力案件上起着关键乃至于核心作用，但是仅仅依靠公安部门的处理，大部分家庭暴力行为并不能得到有效的根治，治理的效果也不甚理想，所以需要多机构、多方力量一齐参与，形成家庭暴力防治网络，这样才能对家庭暴力进行有效的预防和控制。现在很多地区虽然已经建立了家庭暴力的多方联动处置机制，但是大多数都是比较松散和临时性的，同时也缺乏强力的领导部门和协调部门，也缺乏明确的问责和法律约束力，这就造成了相关部门的责任感缺失，推诿扯皮的情况时有发生。① 当下，在信息共享、提供证据等方面，公安机关、法院、医院等相关机构的权利和义务没有明确规定，各方面融洽、畅通的合作关系尚待建立。②

综上所述，第一，从认知层面。首先，警察对家庭暴力缺乏一定的认知，对于家庭暴力的内涵界定还存在一知半解的理解，尤其是对于“经济控制”是否属于家庭暴力还存在认知误区；虽然多数警察都认为家庭暴力不等同于家庭纠纷，但是对于实际处置家庭暴力，还是有相当一部分警察采取了同样的手段。其次，警察对于《反家庭暴力法》重视程度不够，有一半的警察对《反家庭暴力法》略有了解或是根本不了解。再次，对家庭暴力的现状认识不清，想象和实际发生的家暴情况有明显的差距。

第二，从干预角度。首先，只有大概三分之一的警察认为有必要对家庭暴力进行干预，而且大部分警察认为家庭暴力的社会危害性较小，警察没有必要花太多的精力介入到家庭暴力中。这导致了在后期家庭暴力的处置过程中警察不愿意投入大量的时间和警力来介入。其次，在具体干预职责中，警察对《反家庭暴力法》中规定的法定干预职责也缺少明确的认知，例如公安机关是否可以代家庭暴力的受害者向法院申请人身保护令的问题，半数以上民警的回答是错误的。基层派出所有法律义务协助法院执行人身保护令吗？实施家庭暴力如果构成治安或刑事案件，公安机关是否直接按其相应程序立案？等等。在这些问题上，警察对法律所规定的职责的理解程度并不尽如人意。

---

① 高扬.试述公安机关干预家庭暴力的现状与对策[J].法制与社会，2016(27)：165—166.

② 黎光宇，陈晓婷.警察干预家庭暴力问题研究[J].法学杂志，2008(1)：122—124.

第三,在具体处置上。首先,半数的警察都不愿意接收家庭暴力案件。其次,半数的警察认为应当以教育调解为主,不到万不得已不处罚,"和稀泥"的做法依然普遍存在。接近半数的警察认为当前公安机关对家庭暴力案件的处置没有明显效果,施暴人仍会继续暴力行为。

虽然家庭暴力存在隐蔽性、私密性以及反复性特点,客观上造成了执法难的窘境。但是就警察自身而言,家庭暴力在执法机关仍然没有得到足够的重视,还存在家庭暴力等同于家庭纠纷的固有观念,还把家庭暴力归结于"私事",这种态度要从根本上得到根治。公安机关是受暴妇女最后的"救命稻草",如果公安机关采取漠视、消极的态度,那么受暴妇女求告无门的后果只能是两败俱伤的局面。

第二节　公众——反家庭暴力的环境要素

据全国妇联 2014 年的一项调查显示,我国 2.7 亿个家庭中每年大约有 12 万个家庭因发生家庭暴力而解体。[①] 了解公众对家庭暴力的认知态度和遭受家庭暴力的情况对探讨家庭暴力发生的原因具有借鉴性意义。

我们面向全国随机发放了调查问卷,共发放问卷 560 份,回收问卷 533 份,回收问卷中有效问卷为 480 份,以下数据分析均以此次调研数据为基础。

一、公众对家庭暴力的认知

表 6-21　您认为发生在家庭成员之间的以下哪些行为属于家庭暴力行为?[多选题]

		频数	百分比/%	有效百分比/%
有效	A. 身体侵害	440	91.7	91.7
	B. 精神侵害	413	86.0	86.0
	C. 经济控制	264	55.0	55.0
	D. 性虐待	336	70.0	70.0

① 赵海村,卢建江,于景辉.家庭暴力产生的成因分析及解决对策[J].法治与社会,2018(8):141—142.

从调查数据我们可以看出，公众对于家庭暴力的认知程度不够，虽然大多数人都认识到身体和精神侵害以及性虐待是属于家庭暴力行为，但是选择经济控制的人数明显少于身体和精神侵害，说明还有相当一部分公众忽视了家庭暴力行为包括经济控制。这反映出社会民众对家庭暴力的认识还并不全面。

表 6-22　2016 年 3 月 1 日起国家实行《反家庭暴力法》，您对此有所听闻吗？

		频数	百分比/%	有效百分比/%	累积百分比/%
有效	A. 有	314	65.4	65.4	65.4
	B. 无	166	34.6	34.6	100.0
	合计	480	100.0	100.0	

调查数据显示，34.6%的被调查者不知道我们国家已经实行了《反家庭暴力法》，这种现象说明社会中还是有很多民众并没有对家庭暴力给予过多关注，如果不知道这部法律的实行，自然不会知道国家已经将家庭暴力纳入法律干预的层面，更不会知道如何利用法律的武器来保护自己。从另一个角度也说明，对于《反家庭暴力法》的宣传和普及也需要一定程度的加强。

二、公众对家庭暴力的态度

（一）公众对家庭暴力的态度

表 6-23　对妻子完成的家务不满意时，丈夫可以殴打或辱骂妻子，您的态度是

		频数	百分比/%	有效百分比/%	累积百分比/%
有效	非常同意	1	0.2	0.2	0.2
	同意	7	1.5	1.5	1.7
	不知道	13	2.7	2.7	4.4
	不同意	172	35.8	35.8	40.2
	非常不同意	287	59.8	59.8	100.0
	合计	480	100.0	100.0	

表 6 – 24 妻子不服从时，丈夫可以殴打或辱骂妻子，您的态度是

		频数	百分比/%	有效百分比/%	累积百分比/%
有效	非常同意	3	0.6	0.6	0.6
	同意	3	0.6	0.6	1.3
	不知道	13	2.7	2.7	4.0
	不同意	156	32.5	32.5	36.5
	非常不同意	305	63.5	63.5	100.0
	合计	480	100.0	100.0	

表 6 – 25 妻子拒绝性生活，丈夫可以殴打或辱骂妻子，您的态度是

		频数	百分比/%	有效百分比/%	累积百分比/%
有效	非常同意	2	0.4	0.4	0.4
	同意	3	0.6	0.6	1.0
	不知道	16	3.3	3.3	4.3
	不同意	164	34.2	34.2	38.5
	非常不同意	295	61.5	61.5	100.0
	合计	480	100.0	100.0	

表 6 – 26 丈夫怀疑妻子不忠时，丈夫可以殴打或辱骂妻子，您的态度是

		频数	百分比/%	有效百分比/%	累积百分比/%
有效	非常同意	3	0.6	0.6	0.6
	同意	12	2.5	2.5	3.1
	不知道	18	3.8	3.8	6.9
	不同意	162	33.8	33.7	40.6
	非常不同意	285	59.4	59.4	100.0
	合计	480	100.0	100.0	

表 6－27　妻子不孝敬公公婆婆时，丈夫可以殴打或辱骂妻子，您的态度是

		频数	百分比/%	有效百分比/%	累积百分比/%
有效	非常同意	5	1.0	1.0	1.0
	同意	17	3.5	3.5	4.5
	不知道	37	7.7	7.7	12.2
	不同意	175	36.5	36.5	48.7
	非常不同意	246	51.3	51.3	100.0
	合计	480	100.0	100.0	

表 6－28　妻子没有生男孩时，丈夫可以殴打或辱骂妻子，您的态度是

		频数	百分比/%	有效百分比/%	累积百分比/%
有效	非常同意	1	0.2	0.2	0.2
	同意	2	0.4	0.4	0.6
	不知道	10	2.1	2.1	2.7
	不同意	164	34.2	34.2	36.9
	非常不同意	303	63.1	63.1	100.0
	合计	480	100.0	100.0	

表 6－29　任何情况下丈夫都不应该殴打或辱骂妻子，您的态度是

		频数	百分比/%	有效百分比/%	累积百分比/%
有效	非常同意	167	34.8	34.8	34.8
	同意	137	28.5	28.5	63.3
	不知道	43	9.0	9.0	72.3
	不同意	49	10.2	10.2	82.5
	非常不同意	84	17.5	17.5	100.0
	合计	480	100.0	100.0	

表 6-30　妻子不想要时，可以拒绝与丈夫过性生活，您的态度是

		频数	百分比/%	有效百分比/%	累积百分比/%
有效	非常同意	133	27.7	27.7	27.7
	同意	244	50.8	50.8	78.5
	不知道	38	7.9	7.9	86.5
	不同意	38	7.9	7.9	94.4
	非常不同意	27	5.6	5.6	100.0
	合计	480	100.0	100.0	

表 6-31　公众对家庭暴力态度的平均值

	表 6-23	表 6-24	表 6-25	表 6-26	表 6-27	表 6-28	表 6-29	表 6-30
平均值	4.55	4.57	4.57	4.59	4.39	4.61	2.31	2.19
个案数	114	114	114	114	114	114	114	114
标准差	0.653	0.651	0.579	0.545	0.889	0.558	1.402	1.159

从上面表 6-23 至表 6-31 这些数据中我们可以看出，人们对于家庭暴力有基本正确的认知，这是一个好的趋势。只有社会中形成一种对家庭暴力零容忍的氛围，施暴者才会约束自己的行为，以免受到社会舆论的压力。但仍有小部分的人受到封建传统思想的禁锢，认为上述一些行为也是可取的。对于这部分人，要尽可能进行宣传教育，转变他们错误的思想观念。

（二）公众对家庭暴力态度的差异

1. 性别差异

表 6-32　性别差异独立样本检验

		莱文方差等同性检验		平均值等同性 t 检验						
		F	显著性	t	自由度	显著性（双尾）	平均值差值	标准误差差值	差值 95% 置信区间 下限	差值 95% 置信区间 上限
家务	假定等方差	2.703	0.103	−3.501	112	0.001	−0.416	0.119	−0.652	−0.181
	不假定等方差			−3.312	77.881	0.001	−0.416	0.126	−0.666	−0.166
不服从	假定等方差	10.05	0.002	−3.446	112	0.001	−0.409	0.119	−0.645	−0.174
	不假定等方差			−3.098	63.08	0.003	−0.409	0.132	−0.673	−0.145

续表

		莱文方差等同性检验		平均值等同性 t 检验						
		F	显著性	t	自由度	显著性（双尾）	平均值差值	标准误差差值	差值 95% 置信区间	
									下限	上限
性生活	假定等方差	4.961	0.028	−3.159	112	0.002	−0.336	0.106	−0.547	−0.125
	不假定等方差			−3.063	86.191	0.003	−0.336	0.11	−0.555	−0.118
不忠	假定等方差	6.861	0.01	−3.297	112	0.001	−0.329	0.1	−0.527	−0.131
	不假定等方差			−3.188	85.133	0.002	−0.329	0.103	−0.535	−0.124
不孝	假定等方差	5.68	0.019	−2.682	112	0.008	−0.443	0.165	−0.77	−0.116
	不假定等方差			−2.46	68.47	0.016	−0.443	0.18	−0.802	−0.084
不生男	假定等方差	3.283	0.073	−2.758	112	0.007	−0.286	0.104	−0.491	−0.08
	不假定等方差			−2.757	96.547	0.007	−0.286	0.104	−0.492	−0.08
随时	假定等方差	0.048	0.828	1.073	112	0.286	0.287	0.268	−0.243	0.817
	不假定等方差			1.083	99.733	0.281	0.287	0.265	−0.239	0.813

根据统计检验，妻子不服从时，丈夫可以殴打或辱骂妻子；妻子拒绝性生活，丈夫可以殴打或辱骂妻子；丈夫怀疑妻子不忠时，丈夫可以殴打或辱骂妻子；妻子不孝敬公婆时，丈夫可以殴打或辱骂妻子；妻子不想要时，可以拒绝与丈夫过性生活。男女在这五个数据上有显著性差异。其中，妻子不服从时，丈夫可以殴打或辱骂妻子；妻子拒绝性生活，丈夫可以殴打或辱骂妻子；丈夫怀疑妻子不忠时，丈夫可以殴打或辱骂妻子的态度上女性比男性态度更加端正，认为家暴行为不可容忍。在其他方面男女态度上没有显著性差异。

在男女对性暴力的态度差异上，反映了我国长期以来对于性暴力是否是属于家庭暴力行为类型的争议。

首先，性暴力是家庭暴力的行为类型反映在一系列的国际公约和文件中，是多国或地区的共识。如联合国《消除对妇女的暴力行为宣言》、联大第48/104号决议、《北京宣言》和《行动纲领》、联合国秘书长《关于侵害妇女的一切形式的暴力行为的深入研究》、《美洲国际防止、处罚、消灭对妇女施暴公约》、《欧洲理事会防止和反对针对妇女的暴力和家庭暴力公约》等等，这些公约和文件都将性暴力作为家庭暴力的行为类型之一。

其次，我国关于性暴力认定为家庭暴力的行为类型之一的态度至今还未明朗。2001年修订的《婚姻法》及《最高人民法院关于适用〈中华人民共和国婚姻法〉若干问题的解释（一）》中，对家庭暴力行为类型只规定两种，即身体暴力和精神暴力。2015年出台了《关于依法办理家庭暴力犯罪案件的意见》，对可能涉及的家庭暴力行为类型进行了列举，但并未对家庭暴力的行为类型进行明示。2016年实施的《中华人民共和国反家庭暴力法》指出，家庭暴力是指家庭成员之间以殴打、捆绑、残害、限制人身自由以及经常性谩骂、恐吓等方式实施的身体、精神等侵害行为，对于性暴力也没有明示。

性暴力其实是对以性权利为核心的性自由权的戕害。国家公权对性的介入，古代以维护性秩序为主，今天则应以维护公民性权利为原则。现代婚姻法中夫妻都是独立主体，各自享有合法的性自由，夫妻之间的性行为应是各方以自由意志为基础而达成的合意行为，而不是单方性义务。婚姻的自然性质决定了婚内性暴力的非法性。① 因此，我们不但要从立法、执法层面上加强对于性暴力属性的认识，同时社会大众也应认识到性暴力与身体暴力和精神暴力一样都属于家庭暴力的行为类型，都是不能姑息纵容的。

2. 生活区域

表6-33　生活区域方差分析

		平方和	自由度	均方	F	显著性
家务	组间	2.057	3	0.686	1.635	0.185
	组内	46.127	110	0.419		
	总计	48.184	113			
不服从	组间	1.901	3	0.634	1.514	0.215
	组内	46.037	110	0.419		
	总计	47.939	113			
性生活	组间	3.917	3	1.306	4.221	0.007
	组内	34.022	110	0.309		
	总计	37.939	113			

① 李春斌.论性暴力是家庭暴力的行为类型——以《反家庭暴力法(草案)》为例[J].妇女研究论丛，2015(9).

续表

		平方和	自由度	均方	F	显著性
不忠	组间	3.062	3	1.021	3.674	0.014
	组内	30.561	110	0.278		
	总计	33.623	113			
不孝	组间	11.950	3	3.983	5.669	0.001
	组内	77.287	110	0.703		
	总计	89.237	113			
不生男	组间	3.433	3	1.144	3.957	0.010
	组内	31.804	110	0.289		
	总计	35.237	113			
随时	组间	12.361	3	4.120	2.159	0.097
	组内	209.893	110	1.908		
	总计	222.254	113			

妻子拒绝性生活，丈夫可以殴打或辱骂妻子；丈夫怀疑妻子不忠时，丈夫可以殴打或辱骂妻子；妻子不孝敬公婆，丈夫可以殴打或辱骂妻子；妻子没有生男孩时，丈夫可以殴打或辱骂妻子。生活在农村的人群态度最消极，说明农村对于重男轻女的观念还是比较强烈，对于性暴力的认知没有城市强烈，也更加看重妻子的忠贞。

从某种角度来看，农村保留了更多的传统价值观念，男性施暴更多的是为了控制和支配女性，这实际上是男性主导的社会文化结构的产物。在男权文化中，传统支持男性对女性在家庭中的权威控制，而父权的社会经济政治制度将妇女排斥在公共生活之外，因此妇女被迫留在家庭领域中，受到男性的支配和控制。社会对女性传统角色的期望，妇女的经济地位都使妇女必须承担照顾家庭的角色，丧失外出工作获得经济独立的机会和权利。这些经济和政治文化的原因迫使妇女忍受暴力的婚姻关系。因此，要改变暴力的婚姻关系，首先必须改变现存的男性主权的社会结构。①

① 刘梦.个人、家庭、社会：多元的视角——国外虐妻研究综述[J].浙江学刊，2001(5).

3. 职业差别

表 6－34　职业差别方差分析

		平方和	自由度	均方	F	显著性
家务	组间	5.537	11	0.503	1.204	0.294
	组内	42.647	102	0.418		
	总计	48.184	113			
不服从	组间	5.545	11	0.504	1.213	0.288
	组内	42.393	102	0.416		
	总计	47.939	113			
性生活	组间	5.487	11	0.499	1.568	0.120
	组内	32.452	102	0.318		
	总计	37.939	113			
不忠	组间	3.335	11	0.303	1.021	0.434
	组内	30.288	102	0.297		
	总计	33.623	113			
不孝	组间	12.592	11	1.145	1.523	0.134
	组内	76.645	102	0.751		
	总计	89.237	113			
不生男	组间	4.553	11	0.414	1.376	0.196
	组内	30.684	102	0.301		
	总计	35.237	113			
随时	组间	37.577	11	3.416	1.887	0.050
	组内	184.678	102	1.811		
	总计	222.254	113			

任何情况下丈夫都不应该殴打或辱骂妻子的态度上，商业、服务业人员的态度明显比其他职业的人更消极，说明从事商业、服务业人员对待任何情况下丈夫都不应该殴打或辱骂妻子的认识上比其他职业的人更不认可。

4. 收入差别

表 6-35　收入差别方差分析

		平方和	自由度	均方	F	显著性
家务	组间	0.966	4	0.241	0.557	0.694
	组内	47.219	109	0.433		
	总计	48.184	113			
不服从	组间	1.842	4	0.460	1.089	0.366
	组内	46.097	109	0.423		
	总计	47.939	113			
性生活	组间	2.067	4	0.517	1.570	0.187
	组内	35.872	109	0.329		
	总计	37.939	113			
不忠	组间	2.359	4	0.590	2.056	0.092
	组内	31.264	109	0.287		
	总计	33.623	113			
不孝	组间	11.181	4	2.795	3.903	0.005
	组内	78.056	109	0.716		
	总计	89.237	113			
不生男	组间	1.510	4	0.378	1.220	0.306
	组内	33.726	109	0.309		
	总计	35.237	113			
随时	组间	13.635	4	3.409	1.781	0.138
	组内	208.620	109	1.914		
	总计	222.254	113			

对妻子不孝敬公公婆婆时，丈夫可以殴打或辱骂妻子，收入为 8 000—10 000元的群体的态度比其他收入群体态度更加负面。

综上所述，男女在性暴力的态度上，男性觉得可以容忍，而且男性更加看重女性的服从和忠贞；在城乡对比上，农村在性暴力、忠贞和重男轻女的问题上态度更加偏颇；在不同职业的对比上，商业和服务业人员对待家庭暴力的态度比其他职业更加宽容;在不同收入的人群对照中,收入为8 000—10 000元的群体态度比其他群体在孝敬公婆的问题上,更加认可家庭暴力的存在。通过上述的分析,我们对于家庭暴力的宣传应更加有针对性,例如对性暴力的阐述,应该让公众了解到性暴力也是家庭暴力的一种;在农村加大对重男轻女错误思想的矫正。

三、公众对家庭暴力的行为倾向性

表 6-36 如果您目睹了家暴,您通常做法是

		频数	百分比/%	有效百分比/%	累积百分比/%
有效	进行劝解	141	29.4	29.4	29.4
	不去理睬	22	4.6	4.6	34.0
	围观看热闹	9	1.9	1.9	35.9
	视情况而定	146	30.4	30.5	66.4
	报警	158	32.9	33.0	99.4
	其他	3	0.6	0.6	100.0
	小计	479	99.8	100.0	
缺失		1	0.2		
合计		480	100.0		

调查数据显示,当公众看到正在发生的家庭暴力时,只有 33.0%的人会选择报警,还有一部分人选择进行劝解或者视情况而定,极少数人会对正在发生的家庭暴力不去理睬或者围观看热闹。这说明绝大多数人目睹家庭暴力的时候会采取一定的行动,或是报警或是上前劝解。虽然现实中很多人认为外人不应该插手别人的家务事,即大多数公众内心深处还是认为家庭暴力是别人家的家务事,所以最多只是做了劝解而已,但是从我们的调研数据上来看,人们对自我权益的保护和对保护他人权益的意识正在觉醒。

四、公众遭受家庭暴力的情况

在回收的 480 份有效问卷中,有 279 名为女性受访者,其中有 48 位女性承认亲身经历过家庭暴力，约占女性总数的 17.2%。下面我们将对相关调查数据进行分析，以此来了解妇女遭受家庭暴力的基本情况。

表 6－37 对您实施家庭暴力行为的人是您的（ ）？

		频数	百分比/%	有效百分比/%
有效	A. 父母亲	10	20.8	20.8
	B. 丈夫或男友	25	52.1	52.1
	C. 兄弟姐妹	5	10.4	10.4
	D. (外)祖父母	1	2.1	2.1
	E. 子女	1	2.1	2.1
	F. 其他	6	12.5	12.5
	合计	48	100.0	100.0

从上表数据我们可以看出 48 名受暴女性中有 52.1%的人遭受的是来自丈夫或男友的家庭暴力，其次是父母。这也反映出男性更容易成为施暴者，妻子或者女友是最容易遭受家庭暴力的角色。

表 6－38 您是否拥有能够独立于您丈夫的经济条件？

		频数	百分比/%	有效百分比/%
有效	A. 是	23	47.9	47.9
	B. 否	19	39.5	39.5
	C. 丈夫在经济上依赖我	3	6.3	6.3
	D. 我没有丈夫	3	6.3	6.3
	合计	48	100.0	100.0

从上表数据我们可以看出，遭受过家庭暴力的女性约有 47.9%的人在经济上能够独立于丈夫，还有 39.5%的受暴女性仍要依靠丈夫的经济支持来生活，甚至还有丈夫在经济上依赖受暴女性的现象出现。随着女性地位的提高，在社会事务中发挥着越来越重要的作用，她们打破了传统的妇女需要依附丈夫生活的局面。这也反映出当今遭受家庭暴力的女性并不是像我们传统所认为的那样没有经济来源或经济地位低下，这也说明妇女经济收入与遭受家庭暴力不一定存在必然的联系。

表 6－39　施暴者对您实施家庭暴力的主要方式？[多选题]

		频数	百分比/%	有效百分比/%
有效	A. 身体伤害	28	58.3	58.3
	B. 辱骂、冷嘲热讽	26	54.2	54.2
	C. 经济控制	12	25.0	25.0
	D. 长期不交流	17	35.4	35.4
	E. 性暴力	1	2.1	2.1
	F. 其他	4	8.3	8.3

从上表我们可以看到遭受家庭暴力的女性中有 58.3%的人遭受了身体伤害，这是施暴者实施家庭暴力最主要的方式，也符合我们对家庭暴力的一般认知。但是数据显示出 54.2%的女性遭受的是来自施暴者的辱骂和冷嘲热讽，仅次于身体伤害，排居第三的是长期不交流，这反映出现在家庭暴力的形式并不仅限于身体伤害，施暴者越来越倾向于对女性实施精神暴力，经济控制和性暴力也是家庭暴力的形式，但不突出。

表 6－40　遭受暴力行为后惯常应对方式？[多选题]

		频数	百分比/%	有效百分比/%
有效	A. 忍气吞声	19	39.6	39.6
	B. 予以反击	25	52.1	52.1
	C. 报警	10	20.8	20.8
	D. 寻求(其他个人、机构)调解	7	14.6	14.6
	E. 对施暴者进行沟通或教育	8	16.7	16.7
	F. 无所谓习惯了	11	22.9	22.9
	G. 其他	6	12.5	12.5

从上表数据我们可以看出，在遭受了家庭暴力之后 52.1%的女性选择了予以反击，这是受暴女性选择最多的一种应对家暴的方式。其次是忍气吞声，约占总数的 39.6%。以上两种应对方式反映出遭受家庭暴力后的女性行为出现两极分化，要么忍耐，要么反击。少部分的受暴女性会去报警、寻求他人或机构调解，以及对施暴者进行沟通教育这样一些比较安全有效的方式来应对家庭暴力。遭受家暴的女性在那种委屈又愤怒的状态下，或

是迫于施暴者的威胁不敢吭声，或是极易冲动产生以暴制暴的行为，大多数女性并不能保持清醒的头脑用合理合法的途径去解决家暴问题。还有少部分女性会用一种消极的心态来应对家庭暴力，她们可能会为施暴者寻找一些看似合理的理由来说服自己，所以会产生“无所谓”“习惯了”这样的心态，如果继续这种消极应对态度，极有可能在最后无法承受的时候产生“恶逆变”行为，这也是我们最不想看到的结果。

上述数据显示在现实生活中遭受家暴的女性很少会选择第三方介入，或者用公权力介入的方式来解决自己的困境，这也反映出国家和社会对反家暴的宣传还没有做到位，如何将被动介入转化为主动预防是大多数机构和组织需要思考的问题。

第三节　家庭暴力的社会干预

一、干预家庭暴力相关理论

（一）社会支持理论

社会支持是社会学中的概念，指现实社会生活中某些群体或组织对其他相对的群体或组织提供的无偿帮助的物质或精神方法的行为总和。[①] 社会支持被认为是个体、或者是组织群体对弱势个体或群体进行的帮助和支持，很多心理学家对社会支持理论进行了进一步的研究。首先，社会支持理论的实质是个体与群体以及群体之间存在的亲密关系。其次，生活中个体与个体以及群体与群体之间的互帮互助行为是社会支持的根源。再次，社会支持理论是社会支持网络的信息共享与互换。最后，社会支持是一个涉及个体的性格、认知、人生经历组合而成的一个系统的心理活动。[②] 社会支持理论中探讨社会关系提供的支持如何作用于个人系统的研究主要存在三种视角：压力和应对视角、社会建构视角、关系视角。社会支持理论通过“生活事件—社会支持—个人系统”模型探讨社会支持影响个人的机制。压力视角和应对视角认为社会支持能够防止压力的负面影响从而间接影响个人

① 倪赤丹．社会支持理论：社会工作研究的新“范式”[J]．广东工业大学学报（社会科学版），2013(5)．
② 陈佩佩．社会工作介入农村家庭暴力问题研究[D]．湘潭：湘潭大学，2017．

系统。社会建构视角认为社会支持通过促进自尊和自我约束直接影响个人系统,无论压力存在与否。关系视角认为社会支持对个人系统中的促进作用与关系中的陪伴、亲密关系和社会争端水平不可分割。

依据社会支持理论的观点,一个人所拥有的社会支持网络越强大,就能够越好地应对各种来自环境的挑战,以增进个人健康和幸福。西方大量研究指出,大多数妇女无法摆脱暴力关系的主要原因是缺乏有效的社会支持。① 所以依据社会支持理论构建一个社会支持网络系统对于家庭暴力的防治和管理有着重大意义。

家庭暴力受虐妇女的社会支持系统有两个,一个是以亲属、朋友等组成的非正式支持系统,另外一个就是以政府、社会机构等组成的正式支持系统。妇女在遭受家庭暴力之后,娘家、朋友、邻居等非正式社会支持系统通常是她们首先选择的求助系统,她们在亲友那里会得到一定程度的物质支持和情感支持。但是,非正式社会支持系统有其局限性,比如短时性、不稳定性、薄弱性和容忍性。当非正式社会支持系统已经无法解决家暴问题时,家庭暴力受虐妇女会向社区、妇联、法院和公安机关等正式社会支持系统寻求帮助。虽然正式社会支持系统会给予受虐妇女更加有力的权利保障,但是由于正式社会支持系统本身的局限性,使得应有的服务缺失或者低效,只能为受虐妇女提供有限的社会支持,在消极应对下,这些受虐妇女无法摆脱家暴环境。

（二）增权赋能理论

以“增权”为核心的增权赋能理论为解决女性家庭暴力问题提供了新的思路与模式。

增权即增强权能、增加权利。对于弱势群体来说，个人资源及社会资源的缺失，导致了他们对自身的消极评价，最终主观上形成了无权感。由此我们可以把增权理解为:针对社会中的无权个人和群体，社会工作者通过各种途径及技巧增强他们的能力，扩展他们可利用的外界资源。目标在于增加服务对象个人的胜任能力及自信心,最终得以采取个别性或集体性活动来掌控自

① 黄国平,张亚林. 夫妻暴力心理干预的研究进展[J]. 中国心理卫生杂志,2003(9).

己的命运。①

分析家庭暴力中受虐女性的权利障碍足以解释虽然在婚姻中长期遭受家庭暴力，但仍然维持婚姻关系的原因，增权实践关键是找出导致问题的权利障碍，而家庭暴力中的受虐女性权利障碍主要表现如下：受虐女性自身经济资源不足；受虐女性社会支持不力；"男尊女卑"等传统性别观念仍然存在。②

从增权赋能理论出发，首先应该通过媒体、社区和法律宣传帮助当事人对自己的权利建立新认知，对自己遭受的暴力有新解释；通过妇联接待上访、心理辅导工作帮助当事人疏导情绪、接纳感受、明确意愿，并给予充分尊重，评估当事人当前优势，降低自责感，帮助恢复并增强其维护自我权益的能力；帮助当事人主动寻找资源，减少无助感，提升自我价值和自我掌控感。③

二、警察干预家庭暴力的路径

（一）增强反家暴意识和能力

从调查问卷中我们可以看到警察在对家庭暴力整体认知上略有偏颇，存在认识不全面的问题，主要体现在对家庭暴力的内涵掌握不全面、对现状的认识不准确、对相关法律不了解、对法定职责认知不明确以及对家暴案件处置效果不明显等问题。

公安机关是受害人在寻求协助时最常接触的部门，在反家暴的活动中发挥着不可替代的作用。虽然经过多年实践，公安机关已初步形成了干预家庭暴力的一套操作规范和流程，并已取得了一定的效果，但面对因社会形态的改变与家庭价值体系的解构而增多的家庭暴力案件，仍然显得力不从心，家庭暴力防治应当坚持早期干预、预防为主等原则，介入越早，效果越好。预防是普遍性的有效制止，制止则是针对性最强的预防。④

要让公安机关在防治家庭暴力活动中发挥出最大化的优势，首先，要增

---

① 肖凌燕. 女性遭受家庭暴力的原因分析及心理治疗[J]. 西北农林科技大学学报（社会科学版），2008(6)：132—135.

② 刘淑娟. 增权理论视阈下针对妇女家庭暴力研究[J]. 东北师大学报（哲学社会科学版），2010(6)：237—240.

③ 刘艳红. 社会工作干预家庭暴力的协作模式研究[D]. 石家庄：河北师范大学，2015.

④ 周飞. 浅谈公安机关介入家暴预防机制的建立[J]. 上海公安高等专科学校学报，2015，25(4)：21—28.

强警察对防治家庭暴力的"会管"意识。让他们对家庭暴力内涵和现状有一个清晰、准确的认识。只有先在思想上重视家庭暴力，才能更加积极地、主动地参与到防治家庭暴力活动中，如此才能提高办案效率和效果。

其次，在实际操作中增强警察"能管"的能力。可以将干预家庭暴力培训纳入警察教育培训课程，通过对各级公安机关警察的培训，加强他们对家庭暴力内涵和现状的认识，澄清家庭暴力违法犯罪的性质、特点、规律及危害性的误区，使警察掌握与干预家庭暴力相关的法律法规及工作原则、处理程序和方法。

再次，要增强警察"必管"的压力。应该对《反家庭暴力法》中规定的职责有明确的认知，并严格按照具体规定和程序处置家庭暴力案件，防止因为职责上的失误让家庭暴力案件升级。虽然《反家庭暴力法》首次从法律的角度明确公安机关在反家庭暴力案件中的职责，但纵观这部法律以及相关的法律法规和意见，可以看出这些规定偏向原则，过于笼统和抽象，而且也没有具体说明违反这些规定应该承担的法律责任，没有明确的程序规定，不利于现实状况中的实际操作，容易让警方在处理家庭暴力案件时产生怠慢或敷衍塞责的情况，导致案件事后的定性、取证困难，影响警察处理家庭暴力案件的力度。家庭暴力案件实际涉及民事、治安和刑事案件三个领域，公安机关究竟如何在程序上处置这种案件，如何对这类案件涉及民事、治安、刑事三个领域的无缝对接没有具体规定。处理家庭暴力案件时，公安部门是中坚力量，但是相关规定较为零散且警察容易淹没在繁杂的琐事中无暇他顾，所以公安部门应制定相关细则，明确警察处理家庭暴力事件的职责，告知警察失职应该承担的责任，这样可以更好地避免警察不作为的情况出现。

最后，增强警察"敢管"的决心。因为家庭暴力案件错综复杂，对于其中"度"的把握往往造成一些警察在处置家庭暴力过程中畏首畏尾，生怕处置不当造成自己职业生涯的损失，因此需要公安机关在对家庭暴力处置中的实施细则给予明确，解决警察的后顾之忧，在警察遭受不白之冤时，公安机关也能成为警察坚实的后盾。

（二）干预家庭暴力的原则

《反家庭暴力法》出台后，对警察干预、防治、处理家庭暴力案情的各环节制定了相对完善的规章制度和工作原则。该法规定了警务人员在处置家庭暴力案情时，应当遵循以预防为主的原则、尊重当事人真实意愿的原则、保护当事人隐私权益的原则，等等。

1. 以预防为主的原则

事关家庭暴力，做好预防，防患未然始终是工作重心。在《反家庭暴力法》实施以前，对家庭暴力情节严重的案情，要想国家公权力介入，只能待家暴行为造成一定的伤害后果之后，才能依据相关法规对家暴行为予以打击，这样不仅会延迟处置结果，还会导致家庭暴力事态扩大化。因此，警察必须通过宣传教育来实现预防工作。该法支持并鼓励公安机关通过开展反家庭暴力宣传教导，让社会公民认识到家庭暴力带来的危害，通过加强宣传《反家庭暴力法》中相关法律知识，让人们自觉警戒家庭暴力，增强法律意识，用法律反抗一切形式的家庭暴力。

2. 教育、矫正、惩戒互相结合的原则

《反家庭暴力法》规定，家庭暴力情节轻微，依法不给予治安管理处罚的案情，由公安机关对施暴人给予批评教育或出具告诫书。对于一般性质的家庭暴力，警察主要以教育为主、惩戒为辅的基本原则予以处理，从维护当事人的家庭稳定出发，不宜轻易实施强制措施。对于暴力经常发生的家庭，批评教育很难让施暴人有所改正，这就需要借助行为矫正来改造施暴人的暴力行为。矫治相比教育更具强制性，主要包括对施暴人进行认知教育辅导、心理辅导以及戒瘾治疗等。

在家庭暴力严重影响受害人，导致受害人的人身安全受到严重威胁的情况下，公安机关对施暴者进行惩戒是有必要的，如施暴行为违反了《治安管理处罚法》或《刑法》，警察则必须依法对其行为人进行惩处。《反家庭暴力法》第二十三条规定，当事人是无民事行为能力人、限制民事行为能力人，或者因受到强制、威吓等原因无法申请人身安全保护令的，公安机关可以代为申请。人身安全保护令可强制责令施暴人远离加害人，迁出所住地。

3. 尊重当事人真实意愿的原则

在公权干预家庭暴力时，要充分尊重被害人意见。公安机关在处置家庭暴力案件的过程中，在立案调查、刑事检控等各环节中，都应该综合考虑并认真听取受害人真实的意愿，对于情节显著轻微的，公安机关可以调解处理。经调解当事人达成协议的，可以不予处罚。公安部《关于依法办理家庭暴力犯罪案件的意见》也规定了应当尊重被害人意愿。

另外，公安机关办案人员特别需要注意的是受害人迫于害怕被私下威吓报复或胁迫而不敢表达真实意愿的情况，对于不能充分表达真实意愿的无民事行为能力人和限制民事行为能力人，办案人员同样需要综合考虑各方面因素，切实做到维护当事人的合法权益。

4. 保护当事人隐私权益的原则

很多被害人害怕隐私暴露后受到更大的伤害，因而不敢求助于公安机关，这不仅不利于维护受害人的权益，还阻碍了警察反家庭暴力工作的开展。公安机关在处理家庭暴力的过程中，必须严格保护当事人的隐私，积极配合当事人维权，不能把工作过程中了解到的家庭暴力案件情况作为谈资对外宣扬，以至于对受害人造成二次伤害。

5. 保护特殊群体的原则

对于妇女、儿童、老年人、残疾或重病患者这些弱势群体，公安机关应根据《反家庭暴力法》中的有关规定，及时介入家庭暴力，依法对受害人进行救助和安置，对施暴人采取相应措施，防止家庭暴力继续发生乃至演变为恶性伤人事件。

（三）明确干预家庭暴力的法定职责

《反家庭暴力法》中明确规定警察干预家庭暴力的法定职责主要包括：及时出警、紧急安置和出具告诫书。

1. 及时出警

根据《反家庭暴力法》第十五条规定，公安机关在接到家庭暴力报案后应及时出警，制止家庭暴力，依据有关规定调查取证并帮助被害人就医、验伤。警察在接到报案后，应马上集合出警人员，及时备好车辆、警械、通信器材或录像设备等，根据报案情况对案件的危险程度进行初步预测。在抵达案发地现场后，应立即平缓矛盾、积极平息态势，根据《人民警察使用警械和武器条例》中的相关规定，对正在发生的家庭暴力行为有选择地采取强制性制止措施。

警察在现场处置中要做好证据搜集工作。由于家庭暴力案件具有复杂性、隐蔽性等弊端，加之有的当事人收集证据意识不强，公安机关现场调查取证工作尤为关键。另外，警察在现场搜集证据时，还需要注意办案程序的合法性问题，对办案过程要利用执法记录仪依法进行录音录像。受害人因家庭暴力受到人身伤害的，警察应当协助其就医。根据公安部《公安机关办理行政案件程序规定》的相关规定，对于以下三种情况，公安机关应当进行伤情鉴定：一是受伤程度较重，可能构成轻伤以上伤害程度的；二是被侵害人要求作伤情鉴定的；三是违法嫌疑人、被侵害人对伤害程度有争议的。

警察在处警之后，需要及时完备接处警的备案记录，规范细致地对家庭暴力情况进行报备，如家庭暴力的手段、当事人的情绪状态、受害人伤情鉴定情况、家庭暴力紧急危险等级等内容，并根据案情的具体情况，同治安案件、刑事案件以及刑事自诉案件作好工作对接。

2. 紧急安置

在家庭暴力的处置中，最关键的就是保护受害人的安全。考虑到受害的未成年人、残疾人、老年人等无民事行为能力人或限制民事行为能力人没有能力主动寻求庇护，法律赋予公安机关在紧急危险状态下，将受害人带离事发地并护送到庇护场所的职责。根据《反家庭暴力法》第十五条规定，对不具备民事行为能力或行为能力被制约的成员，在其因家庭暴力受到身体伤害、面临人身安全胁迫或属于无人看护照顾的紧急状态时，警察应及时通知并协助民政部门将有关成员安置在临时庇护场地、救助保护机构或福利中心。

另外，虽然在《反家庭暴力法》中未明确规定对于拒不履行抚养、赡养义务的，严重损害被抚养人、被赡养人人身健康的行为属于家庭暴力，但这并不影响无民事行为能力人和限制民事行为能力人在处于无人照料的危险状态下，公安机关予以安置的职责。警员在对受伤人员进行必要的紧急安置时，应及时对在场的未成年人采取一定的庇护措施。

3. 出具告诫书

根据《反家庭暴力法》第十六条“对较轻、不严重的家庭暴力情节，依法不够治安管理处罚的，由公安机关对施暴人给予批评教育或者出具告诫书”，对情节较轻的案件，警察应坚持调解的原则，维护家庭团结，对侵害人进行教育训诫，或对加害人告知事态后果，并依法出具《告诫书》予以警戒。《告诫书》中需要如实填写受害人基本身份信息、家庭暴力事实情况、对施暴人的警告和批评等内容。警察出具告诫书的实际意义在于：一是告诫书的制定是公安机关以书面形式督促施暴者行为矫正的一种行政指导意见，它比口头调节更为正式；二是告诫制度能够有效改善家庭暴力案件举证困难的现状，告诫书可以作为法院审理家暴民事案件的直接证据，也可作为法院裁判家暴刑事案件的酌定从重情节，从而为受害者在诉讼中的举证提供便利。

对情节严重构成犯罪的家庭暴力行为，要依法传唤加害人到公安机关展开立案调查，追究相关人员的刑事责任。对受到家庭暴力且人身安全面临危险的人员，警员需告知近亲属向人民法院起诉，依据《婚姻法》《侵权责任法》等条例，警察依法履行告知义务，受害人有权要求家暴施暴者纠正过错，承担侵权损害赔偿，如财产损失和精神损害赔偿。

（四）增强干预家庭暴力的专业建设

我们在调查中发现，41.7%的警察由于难以把握干预尺度从而对处置家庭暴力案件的态度不积极，目前仍有很多警察采用劝说、调解等手段去处理家庭暴力，这样的效果并不有效，不能对施暴者的暴力行为进行强有力的遏制，所以施暴者仍然会继续施暴，大多数警察也认识到这一现象，46%的警察觉得当前公安机关家庭暴力的处置结果不尽如人意，尽管进行了干预，但并不能对施暴者起到有效的警示作用。在这样一个恶性循环的过程中，施暴者的暴力行为由于没有受到遏制愈演愈烈，这样的结果也会使警察的心态越来越消极，也更加不愿意插手到家庭暴力案件中。

面对这样一种局面，只有率先在警察这边"打破"僵局，才能防止家庭暴力演变成恶性犯罪。一般警察认为家庭暴力难以把握干预尺度，这是由于他们对家庭暴力了解的深度不够，经验不足，缺乏技巧。我们建议借鉴相关经验，由受过处理家庭暴力案件专业训练的警察专门负责处理家庭暴力问题。

我们有必要在防治家庭暴力上增加一些针对性措施，例如根据家庭暴力的危险等级对家庭暴力案件进行分类专项统计、社区民警对有可能产生家庭暴力的家庭进行专门登记、公安机关配备处理家庭暴力案件的专职人员等等。这些措施能够帮助警察对出现家庭暴力的家庭进行深度了解，但是现实状况却是大多数公安机关基层民警平时处理的事务多且杂，所以，应该选择一些警察进行专业训练，专门负责处理家庭暴力问题。这样既可以节省人力资源减轻警察的负担，又可以对家庭暴力进行针对性的处置。另外，引入家庭暴力危险等级评估表，通过对受暴者家庭背景信息的收集和分析，评估受暴者或者其他家庭成员再次受到家庭暴力的几率和程度，不仅仅是警察，检察官、法官也可根据"危险评估量表"对受暴者和施暴者进行分级干预与处置。①

（五）加强与其他机构和组织的联动

公安机关虽然在防治家庭暴力活动中发挥着中坚力量，但是仅靠公安机关一家的力量并不能形成预防家庭暴力的有机网络，街道社区、民政机关、妇联、法院、医院以及一些社会自治组织应当根据各自的优势和职能在防治家庭暴力中发挥出各自的作用，增加受暴者的求助渠道。

通过对调查问卷的分析我们看到，警察在处置家庭暴力案件时和其他机构、组织基本都进行了合作，其中与街道合作的最多。这说明街道在实际防治家庭暴力中所起的作用较大，这也是基层组织能够深入群众中去的特点所带来的在防治家庭暴力上的特殊优势。同时，也要充分发挥妇联和公检法机关在反家暴工作中的独特作用，在基层社区搭建多机构的由妇联、公安、司法等机构共同介入的机制，做好前期的预防家庭暴力的排查和疏导工作，形成反对家庭暴力网络。

在进行多机构联动机制建设这一方面，我们可以借鉴香港的"全方位"救济。香港特区政府处理虐待配偶的社会问题，采用多专业和跨界别的模式合作及协调，包括社会、法律、经济和医疗等方面的资源。② 香港警察在处理家庭暴力案件时，会与其他机构进行及时的合作，香港警察在调查涉及家庭暴力的案件时，一般都能够实时评估家庭暴力的危险等级，以及对受暴者和未成年子女的危机指数，如果警方认为有必要转介受暴者和未成年子女，则应当将其进行转介或者安排其入住到辖区的庇护中心。2003 年开始，香港警方在征询法律意见后，为保障家庭暴力受害者的身体和精神健康，即使在未得受暴者同意的情况下，也会将涉案家庭转介给香港社会福利署跟进

① 夏梦麒. 警察干预家庭暴力研究[D]. 厦门：厦门大学，2018.
② 卢玮. 香港反家庭暴力服务的整合运作与启示[J]. 齐齐哈尔大学学报（哲学社会科学版），2017(1)：48—50.

支援服务。[1] 这对我们具有一定的启示：公安机关应当与各个机构或组织之间建立畅通的互动合作机制，公安机关在接到报案后除了提供救助服务，还要适时地提供转介服务，其他机构或组织发现受暴者，也要第一时间与公安机关联系。通过与其他机构的沟通合作，能为受暴者提供全面有效的救助，真正起到遏制家庭暴力的作用。

1. 建立多机构联动机制

警察应及时主动介入反家庭暴力，主动推进、探索、构建家庭暴力预防处理齐抓共管机制，完善家暴警情处置工作的长效合作机制。根据《反家庭暴力法》对各个职能部门的权责设定，按照预防宣传、现场处置、后续救助三大板块内容，构建以政府为领导、妇联牵头、公安为执法核心的多机构联动合作机制，以此改善公安机关单打独斗，各部门形不成合力的情况。

一是在预防宣传上，公安机关需要联合妇联、社区委员会及媒体机构，引导公众树立对家暴的零容忍意识，拓宽公众反家暴的救济渠道。积极营造反家暴的社会氛围，对家暴案例进行舆论引导，如通过在社区宣传栏张贴告示、聘请相关专家深入社区普法、推出反家暴题材的正能量宣传片和公益视频等方式，普及反家暴的法律知识。

二是在现场处置上，公安机关需要同妇联、居(村)委会、学校、社会服务机构等建立互通有无的协同处置机制。如相关机构在接到家暴受害人求助，发现无民事行为能力人、限制性行为能力人遭受或疑似遭受家庭暴力时，应该及时向公安机关报案。接到报案后，社区民警可以联系管辖区居民(村民)委员会和基层妇联工作人员，到现场协助民警做好证据搜集、伤情救助以及告诫书执行情况回访工作。

三是在后续救助上，公安机关应积极同民政部门、医疗机构、社会服务机构、心理咨询机构等专业力量建立良好的合作关系，畅通民事赔偿渠道，为家暴受害者提供法律咨询和法律诉讼补助。另外，在心理干预工作上，民警可以联系心理咨询师开设心理热线，为遭受家暴的妇女提供专门的心理辅导或家庭援助。

---

① 宋致远. 家庭暴力的警察干预问题研究[D]. 北京：中国人民公安大学，2017.

2. 建立多方联动家庭暴力防治网络

面对普遍存在的家庭暴力行为，公安部门能够触动的力量有限，仅靠公安机关的人力配置难以及时有效地完成反家暴工作，这就需要公安机关协同妇联、居民（村民）委员会、社会服务机构等，共同参与到反家庭暴力工作中来。

随着信息技术的飞速发展，公安信息化建设已逐渐步入大数据时代，鉴于此，我们建议由公安部门牵头，借公安信息化大数据建设之契机，在多机构联动合作机制下，建立并完善多方联动的家庭暴力联动防治网络，从而有效地将各方力量有机整合，实现信息共享，减少不必要的人力资源、信息资源浪费。通过引入数据分析技术，将现有的信息储备进一步处理、分析和利用，从而挖掘出数据中存在的有价值的信息，为公安部门介入反家庭暴力的预测预警和科学决策提供有力的依据，以提升其执法效率和快速反应能力，及时预防和打击家庭暴力犯罪。公安机关可以通过对该区域家暴案件发生情况的大数据分析，及时、科学地预判及综合分析该地区家暴事件发生、发展的状况和趋势，进而实现警务活动主动性和预警性的大幅度提升。公安机关通过跨部门、跨警种甚至跨地区的数据共享，同司法机构、民政部门、医疗卫生部门、基层群众性自治组织等建立互通有无的信息资源共享机制，畅通行政救助、社会救助、司法救助渠道，实现“数据驱动警务决策”，为公安机关在维护社会稳定、打击家庭暴力罪犯等方面提供强大的助力引擎作用。

（六）规范家庭暴力处置流程

1. 处警准备

公安机关接家庭暴力警情后，应立即作出反应，召集警力，准备相应警械、武器、车辆、通信器材等。警力配置上，应保证至少两名民警处警。做好硬件和人员准备后，应当根据报案人的陈述情况，对家暴信息进行研判，预估其危害程度，同时要求将家庭暴力与普通家庭纠纷相区别，采取“武力高一级”的原则做好处置准备。同时，应当保持与受害者联系，及时追踪掌握案件发展动态。

2. 现场处置

民警在抵达家庭暴力现场后，对于正在进行的家庭暴力行为，应及时予以制止，在处置中稳控好加害人的暴力举动，按照《人民警察使用警械和武器条例》中的相关规定，根据案件危险程度级别和现场实时动态，有选择地采取口头制止、徒手制止、警械制止直至武器制止等措施。

针对家暴情形轻微，达不到治安管理处罚的家暴行为，民警可依法向加害人给予批评教育或开具告诫书。对情节严重构成犯罪的家庭暴力行为，民警要依法传唤加害人到公安机关，展开立案调查，追究相关人员的刑事责任。另外，民警应根据家庭暴力受害人需要，联络相关机构和人员开展救援措施，并详细告知受害人所享有的法定救济途径和相关服务措施，协助受害人申请人身安全保护令。比如对受到家庭暴力且人身安全面临危险的人员，民警需告知受害人近亲属向人民法院起诉，受害人可向当地法院依法申请人身安全保护令，如果当事人不具备民事行为能力无法申请人身安全保护令的，公安民警可代为申请。如果受害人伤情严重需要紧急就医的，警察应陪同其到医院进行诊治。警察在现场处置家庭暴力案件时，应尊重受害人的想法，对家庭暴力行为的后续进展做好风险防治，避免事态恶化成更严重的暴力案件。

民警在现场处置中应做好证据搜集工作。一是全面固定现场证据，避免证据流失。由于家庭暴力案件具有复杂性、隐蔽性等特点，再加上警务人员出警的延迟性，警察在现场搜集、保全证据时，除了注重对执法记录仪的使用外，应当观察现场是否有摄像头等录像器材，并注意搜集相关人身、财物的毁损情况。二是注意规范取证流程，强化家暴投诉“证据链”。在综合采用录音、录像等多种取证方式的基础上，抓紧做好受害人的伤情鉴定工作，加强对受害者、加害人社会关系的调查取证，杜绝出现孤证的情况，形成能综合反映实际情况的证据链条。三是注意取证方式方法，合理运用沟通技巧。公安民警在处置复杂隐蔽的精神暴力、性暴力等家暴案件时，需要保持足够耐心、避免强硬态度引起当事人情绪反弹。家暴案件受害者为女性时，尽量由女警接待处理。

3. 事后处置

完成现场处理的相关工作后，警察首先应当根据情节的严重程度，做好与刑事案件、治安案件和刑事自诉案件的对接工作。同时建立事后回访制度，在处置家庭暴力案情之后的一周内对受害者进行家庭回访，在一个月后再次进行跟踪回访，以确认受害者是否再次遭受家庭暴力侵害。另外，警察在处警之后应当完善接处警记录以及询问笔录等，详细记录家暴案件发生的情况，如家庭暴力发生的时间、地点、起因、程度以及处理结果等。公安机关出具的接处警记录、询问笔录、告诫书和行政处罚决定书可以作为直接证据，为今后法院审理家庭暴力案件提供强有力的证明。

三、公众参与防治家庭暴力的路径

（一）树立家庭暴力正确认知体系

从调查数据可以得知，许多人对家庭暴力的认知、了解程度仍有许多偏差，因此，还需要对防治家庭暴力进行更多更广泛的宣传，构建社会民众对家庭暴力正确的认知体系，营造一个良好的社会环境。

通过网络、公益广告、报纸专栏、张贴宣传画和报告会等宣传手段，进一步弘扬先进的性别文化，在家庭成员之间形成一种互敬互爱互谅互让和互帮的良好风气，消除家庭暴力的文化土壤。同时，深入开展法制教育，增强全民的法律意识，提高其学法、懂法、守法和用法的能力，使广大人民群众能够自觉地运用法律来规范自己的言行举止。

公安机关、政府、妇联、学校、媒体等单位要共同做好反家庭暴力的宣传教育，同时公安机关与学校合作，将反家庭暴力引入不同年龄阶段的学生课堂，可在低年级的学生课堂讲授家庭暴力的案例，在普通高校设立与家庭暴力相关的专题讲座。与政府、妇联合作，将宣传教育落实到每个社区和村落，发挥公安派出所人熟、地熟、情况熟的优势，将反家庭暴力宣传触角延伸到千家万户，做到家喻户晓。与媒体合作，将传统媒体与新兴媒体紧密结合，曝光家庭暴力典型案例，有针对性地开展反家庭暴力宣传，将宣传面覆盖到社会各行业、各阶层的人群。

此外，受暴妇女应增强抗争意识，从一开始就拒绝接受家庭暴力，通过威胁终止婚姻关系，并求助司法途径实施制裁等手段让施暴者为其不理智行为付出代价。很多家庭妇女甘愿忍受家庭暴力，并不是因为她们有受虐倾向，更多的是因为她们自身素质不高，社会适应能力较差，个别妇女甚至担心离开丈夫后无法维持基本的生计。因此妇女必须提高自己的综合素质与个人修养，力争做到自尊、自信、自立和自强，实现经济的独立和人格的独立，摆脱对丈夫的依赖，从而为自己免受家庭暴力创造必要的物质基础和社会基础。

（二）构建多层次全方位社会支持体系

随着女性地位的不断上升，女性自主独立意识也在不断崛起。我们的调查结果显示虽然多数女性有自己的经济来源，不用依赖于丈夫的经济支持，但是依然会遭受家庭暴力。不可否认的是当今大多数女性仍然处于弱势地位，又由于女性天生容易心软产生同情心，遭受了家庭暴力之后很可能选择原谅施暴者，或者迫于威胁和舆论风波没有勇气将真实情况告知他人，有的人甚至求助无门，无法通过第三方的帮助来脱离家暴环境。没有经济来源的受暴妇女害怕离开丈夫之后失去了经济来源无法独立生活，因此甘愿忍受施暴者的暴力行为。第三方的救助对陷入家庭暴力困境的妇女来说就像"救命稻草"一样的存在，完善的社会救助体系可以帮助受暴妇女摆脱家庭暴力，而社会救助机构没有提供及时有效的救济不仅会让受暴妇女失去求助的希望，还会增大受暴妇女"恶逆变"犯罪的可能性。

家庭暴力的防治工作需要整个社会的支持，并整合政府及民间资源共同投入，结合宣导与教育等诸项功能，才能建构一个完整的防治网络，真正起到防治的作用。然而当今我国对家庭暴力的社会救助明显实施不力，首先，社会救助经费不足，执法人员没有宽松的经费去帮助陷入困境的妇女，往往有心无力；其次，社会救助机构的职能受限，虽然这些机构具有一定程度管辖权，但是国家并没有赋予其执法权，这就造成了各个机构、部门之间以此为借口相互推诿的现状。

所以，我国应该专门设立一个家暴防治委员会，负责防治家庭暴力的统筹工作，扩大防治家暴的经费来源，为防治家庭暴力提供充足的资金。国外成功经验告诉我们，应该在社会上建立专门的妇女援助机构，并形成由社区、妇联、新闻机构以及司法部门共同组成的援助网络，及时了解并掌握家庭暴力的发生发展状况，为受害者提供法律和经济帮助，并可通过专门热线，设立心理咨询机构、"精神治疗中心"、妇女避难所等机构，减轻受害妇女的精神痛苦，使其在暂时逃离家庭后能获得有效的帮助，身心能得到恢复。①许多遭受家庭暴力的妇女走出家庭便无处安身，因此有必要建立起一个以

① 刘廷华.对防治家庭暴力的思考[J].太原理工大学学报(社会科学版)，2012(5)：22—26.

“妇女庇护所”为核心的功能全面的社会救助体系。庇护所作为一个独立机构存在,由政府提供主要资金来源。庇护所应设在相对隐蔽的地方,保证施暴者不容易找到以避开继续骚扰,同时也保护受害人的个人隐私。庇护所应聘请专门的心理、法律和医疗等专业人士提供服务,也可面向社会招募一定数量的志愿者,并由妇联、民政、公安、医疗等多部门联合进行指导,提供必要的技术支撑。庇护所的主要职责如下:第一,开展防治家庭暴力方面的宣传教育工作。同时普及反家庭暴力的相关知识,帮助广大妇女学会处理家庭暴力问题的正确方法。第二,对于已经遭受家庭暴力的妇女,为其提供安身之处,帮助治疗家庭暴力引起的各种伤害。第三,为遭受家庭暴力的妇女提供应对方案。结合受害妇女的实际情况,帮助她们合理应对以争取消除暴力维护婚姻家庭稳定的圆满结局。

(三) 建立健全心理疏导机制

2012 年有研究者对我国 7 个省市的调查表明,夫妻间的生理暴力发生率达到 34.8%,而精神暴力则达到 55.6%。① 根据我们的调查结果,施暴者的施暴方式主要有身体暴力和精神暴力,传统意义上我们只认为受到了身体侵害才算是遭受家庭暴力,但是我国《反家庭暴力法》将精神侵害也列为家庭暴力的一种,越来越多的人对精神暴力重视起来。相比于身体暴力,精神暴力更加难以评判,但是对于受暴妇女,精神暴力对人的伤害甚至比身体伤害更为严重,所以建立健全心理疏导机制,在最大程度上调适施暴者和受暴者的心理具有操作性意义。

通过在相关援助机构如妇联、妇女庇护所增设心理咨询室和聘任心理咨询从业人员,为遭受家庭暴力的妇女提供心理咨询服务,增加心理障碍排解途径,缓和她们的心理负荷,使之能理智冷静地选择一条最有效的途径应对家庭暴力。

针对精神暴力,只有“对症下药”,寻找到合适的方法和介入模式,对构成家庭暴力行为的多元主体进行良性引导,使已发生家庭暴力的家庭回归

① 崔轶,洪炜,苏英,等.七省市家庭暴力现状调查及影响因素报告[J].中国临床心理学杂志,2012,20(3):47—80.

正常生活模式，避免受虐人受到进一步伤害。[①] 如果只对受暴妇女进行心理疏导只能暂时缓解暴力带来的痛苦，最根源的办法是制止施暴者继续实施精神暴力，对他们进行心理上的调节，让他们认识到自己行为的错误，从而控制自己的行为，避免再次施暴。

对于施暴者，要做好不良心理状态的调适工作，妇联、居委会、村委会等一些基层组织通过为相关家庭配备心理辅导社会工作人员，通过面对面访问的方式或者直接参与到家庭生活中，采取参与式观察的方式，通过记录其日常行为表现梳理关键信息，诸如焦虑、不安、易怒等心理发生时的导致因素，挖掘形成家庭暴力心理的引发过程，并按其性格表征为夫妻双方制定科学的个案服务计划，同服务对象共同进行阶段性总结和自我觉醒，从而使施暴者能够完成继续社会化，对其不良心理状态进行消解，促进其心理状态的健康，实现积极地自我调适。针对施暴者和受暴者双方，要做好定期定点的沟通交流。心理辅导社会工人员在征求对方同意的条件下，可以采取定期入户“家访”的宣讲教育方式开展个案服务。提升夫妻双方的认知水平，促进其同社会的主流价值观进行融合，实现新时期的主流文化观念内化。此外，还应该及时利用好家庭内部的其他资源，诸如亲戚、朋友的帮助，充分挖掘并发挥好非正式资源的社会支持功能，重塑家庭中夫妻的相处模式，预防和抵制男性的暴力倾向，强化妇女的心理素质，提高自我保护能力，防止一味忍让所形成的心理不适和扭曲。

① 王君昌.社会工作介入农村家庭暴力的具体策略研究——基于社会心理学视角[J].云南农业大学学报(社会科学),2018,12(5):42—48.

第七章　家庭暴力“恶逆变”之法律环境

家暴问题是一个十分突出的社会问题，而且极大地危害了社会治安、家庭稳定以及妇女的身心健康，不利于两性平等观念的传播，因此，针对妇女实施的家庭暴力的规避、立法、处罚任重而道远，应该受到全社会的广泛关注，需要共同的努力。

第一节　反家庭暴力相关法律法规的建设历程

一、中国早期婚姻家庭法律的萌芽

夏朝是母系氏族社会，居住方式呈现出从妻居的鲜明特点。商朝妇女的地位也是很高的，婚姻是由多个父和多个母共处，这也是典型的母系氏族社会。

中国妇女地位的下降是随着周朝或者儒教的出现而形成的。在周朝时期，已婚妇女地位卑下，妇女是丈夫的附属品，婚姻关系没有明确的保障，仅仅取决于丈夫是否愿意继续维持这段婚姻关系，如果丈夫不愿意维持，那么妻子就将被无条件丢弃，如同货物一样廉价，任人摆布。

春秋战国几百年间社会动荡、战争频繁，人口损失惨重，因此，在此几百年里，妇女承担起了繁衍人口的任务，沦为了“生孩子的工具”。

秦国自商鞅变法之后，贯彻法家思想，讲求国家利益至上，礼法道德传统相对受到了忽视。秦代关于家庭的立法中，妇女在某些方面可以和丈夫拥有平齐的地位，而不是丈夫的简单的附属品，如妇女可杀死通奸丈夫，丈夫殴妻与妻殴夫施以同等处罚等等。

明朝法律的有些规定甚至比唐代都要宽松。但是明朝的法律为了集中精力维持其王朝的统治，着重惩罚那些谋反、谋大逆等侵犯政权利益的行为，而对于婚姻家庭之类的私事，则能宽就宽，不过多干预。即所谓"轻其轻，重其重"的原则。所以，处刑减轻并不意味着在这个问题上，妇女就可以拥有更高的社会地位。①

古代中国《大明律》卷二十"妻妾殴夫"之规定："妻殴伤妾，与夫殴妻同罪。过失杀者，各勿论。"清朝是男尊女卑的社会，《钦定四库全书大清律例·刑律》卷二十八规定："妻妾殴夫者，杖一百……其夫殴妻，非折伤。勿论。"②

明清时代，统治者基于维护自身业已腐朽制度的需要，不断强化对妇女守节的推崇和提倡。《内训》《古今列女传》《规范》等所谓女教读物铺天盖地，明清帝王都曾下过不少诸如此类的诏书、制文。从民间那密布的贞节牌坊和各地方志中守志一生、甚至殉夫从死的妇女大量涌现的这些现象中，我们都能感受到广大妇女的不幸和封建礼教的残忍。

二、国外反家庭暴力相关规定或法律

1824年，美国密西西比州制定了第一部反家庭暴力法《反家庭暴力协议》。1960年11月25日，3位多米尼加女性——米拉贝尔三姐妹在多米尼加惨遭杀害。为了纪念这一事件，1981年7月，第一届拉丁美洲女权主义大会宣布把11月25日作为反暴力日。1993年11月25日，联合国发表了《消除针对妇女的暴力宣言》，该宣言给"对妇女的暴力行为"下了很完善的定义，即为"在公共场所和私人生活中，任何给予性别的对妇女造成或可能造成身心或性行为伤害和痛苦的暴力行为，包括威胁进行这类行为、强迫或任意剥夺自由"的行为。为了进一步明确"消除针对妇女的暴力"的重要性，1995年，第四次世界妇女大会在北京举行，反家庭暴力也是大会的一个主题，并成为通过的行动纲领的一项重点内容。1999年11月3日，联合国大会正式通过由多米尼加共和国提出，60多个国家支持的建议，将每年11月25日定为"国际消除针对妇女暴力日"。其目的是作为一种机制来提醒各国政府：有责任消除对妇女的暴力，这是为阻止悲剧发生而采取的全球行动。

① 黄环宇.清代"赘婚"制度及其相关法律问题分析[D]，南昌：南昌大学，2010.
② 徐忠明.解读包公故事中的罪与罚[J].现代法学，2002(6).

2009年联合国妇女发展基金展开一个新的计划，以推动全球反对对妇女暴力的活动：“说不——结束对妇女的暴力”。联合国妇女发展基金希望在“说不”活动的鼓励下，到2010年3月，全世界能够组织起10万个反对对妇女暴力的活动，而一年之内能够有100万个活动。反暴力签名仍在“说不”网站上继续。2011年3月，我国第一部全国性的《中华人民共和国反家庭暴力法（草案）》起草完成。同年7月15日，全国人大常委会将反家庭暴力法纳入预备立法项目。[①] 2015年12月27日第十二届全国人民代表大会常务委员会第十八次会次通过《中华人民共和国反家庭暴力法》，2016年3月1日起施行。

家庭暴力作为一个严重的社会问题，据世界银行调查统计，20世纪全世界有25%—50%的妇女都曾受到过与其关系密切者的身体虐待。因此，遏制家庭暴力对于各国都是刻不容缓。截止到2010年，世界上已经有80多个国家和地区对家暴问题进行了专门的立法。其中英国、美国等建立的反家庭暴力法律体系较为完善。

（一）美国“民事保护令”

美国的反家暴体制相对于其他国家较为完善，但是相关数据显示美国每年仍然有近400万的妇女遭受与其关系亲密者的家暴行为。

半个世纪以来，美国政府在关于止暴制暴的态度上有了明显的进步，从早期一定程度上的容忍家暴的态度逐渐转化为了积极防治家庭暴力行为的零容忍态度。

政府逐步出台了相关的法律用以保障家庭暴力中受暴方的权益。1824年，美国密西西比州制定了第一部反家庭暴力法《反家庭暴力协议》，1977年宾夕法尼亚州出台《虐待保护法》，1992年美国国会通过了《预防家庭暴力与提供服务法案》，1994年通过了目前对美国反家庭暴力领域影响最大的一部法律《防止对妇女施暴法案》，这些都为在家庭中处于弱势地位的人提供了法律借鉴及贴身保护。[②]

此外，人身安全保护令也是美国防范家庭暴力、保护受害者的重要行政

① 世界上第一个反家暴法是哪个国家出的[EB/OL].（2016-01-24）[2020-11-27]. https://zhidao.baidu.com/question/625056854520592244.html.

② 李曼.美国家庭暴力司法救济制度研究——以国际人权法为视角[D].长沙：湖南师范大学，2009.

司法手段。人身安全保护令分三种，分别是紧急保护令、临时保护令和永久保护令。家庭暴力受暴者在施暴者不在场的情况下向法院提出保护令申请，法官根据证据证词即可发放临时保护令。这是保护受暴者不受施暴者继续侵害的一种行之有效的实质性措施。① 受害人如果存在紧急的现实危险，警方就可联系法院系统发放紧急保护令，全部流程通常只需几个小时。

人身安全保护令一旦生效，法院即可要求侵害方停止暴力行为、禁止一切形式联系受害人、不得接近受害人的住所或工作场所、子女监护权交予受害者一方等。侵害方一旦实施违反保护令的行为，立即构成刑事犯罪，警方认为违反保护令行为发生后必须对侵害一方予以逮捕。

紧急保护令和临时保护令具有时间限制，在规定的时间内，法院要求家暴双方出庭听证，并作出是否签发永久保护令的决定。侵害方未出庭的，临时保护令将自动转换为永久保护令。

1994 年，美国国会通过了《防止对妇女施暴法案》。该法案除规定了一系列保护妇女免受性侵害、约会暴力、身体和情感暴力、非法跟踪等家庭暴力行为之外，还做出了一个重大改变：在联邦层面强制要求各州认可并执行在其他州签发的人身安全保护令。该法案生效后，各州执法部门执行人身安全保护令就有了统一的法律依据，避免了执法主体权责不明、跨州执法困难的问题。2013 年，奥巴马政府在签署该法案的再授权法案时，还加入了对印第安妇女和同性、双性和变性伴侣家庭暴力受害人的保护。

此外，在法院签发了人身安全保护令的家庭暴力案件中，侵害方将被要求上交所拥有的枪支及持枪许可证。作为购枪背景审查的重要一环，人身安全保护令的侵害方无权购买枪支。②

（二）英国反家暴预防

英国国家统计局的数据显示，2015 年英国约有 210 万人遭受家庭暴力，其中女性遭受家暴人数达 140 万。国家统计局同时还揭露，与收入较高的家庭相比，收入较低家庭中的女性成为家庭暴力受害者的几率要比前者高 3 倍。

① 孙海涛．论家庭暴力案件调解筛查制度的构建[J]．理论月刊，2018(4)．

② 美国：社会对家庭暴力"零容忍"[EB/OL]．(2016－03－03)[2020－11－27]．http://www.cankaoxiaoxi.com/world/20160303/1090671.shtml.

尽管近几年来，英国的犯罪率逐年下降，但家庭暴力仍是一个严峻的社会问题。调查显示，英国每年约有 8.5%的女性和 4.5%的男性受到家庭暴力的影响。

英国政府指出，家庭暴力是零容忍的社会问题，处理家庭暴力事件是英国政府优先考虑的事。为防止家暴事件发生，英国政府和社会机构共同努力，制定多项举措，旨在减少家暴事件的发生或恶化。因此，家庭暴力的受害者或知道家暴受害者的人都能向当地警方、各种慈善机构和专门应对家庭暴力组织举报、寻求帮助。

根据英国政府的官方定义，家庭暴力事件即亲密伙伴、家庭成员针对 16 岁以上人员实施任何包含控制、强制、威胁、暴力、虐待等行为的案件，其中暴力和虐待行为包括身体、心理、性侵犯、财务以及情绪等方面。

针对黑人和少数民族社区的受害人，英国政府还专门推出了"三步骤"，帮助受害者远离家庭暴力：举报家庭暴力行为；采取行动远离家暴；在家暴中保障个人安全。

为进一步减少家暴事件发生和恶化，英国政府 2014 年 3 月还推出一项"家暴揭露计划"，该计划的推出给予了个人"询问权"和"知情权"，个人可以通过该计划直接向警方询问他们的伴侣或家庭成员是否有暴力倾向的记录。如果警方发现被询问的对象存在家庭暴力记录，在法律允许的情况下可以向个人公开相关信息；另外，相关机构在其员工可能受到其伴侣的家暴侵害时也能向警方申请得到有关信息。如果一旦发现咨询人存在被家暴的威胁，警方将立即采取行动保证咨询人或咨询人所提供有被家暴威胁的受害人的安全。而被询问的对象则根据其对他人造成的伤害或威胁被考虑是否记入档案。①

英国反家庭暴力立法及司法制度在防控家庭暴力违法犯罪方面起着重要作用。

多年来，英国出台了一系列涉及家庭暴力的法律，如：1976 年《家庭暴力和婚姻诉讼法》、1977 年《住房(无家可归者)法》、1978 年《家庭暴力与治安

① 英国：解决家暴针对施暴者[EB/OL].(2016-03-03)[2020-11-27]. http://www.cankaoxiaoxi.com/world/20160303/1090703.shtml.

法院法》、1983 年《婚姻家庭法》、1996 年《家庭法》、1997 年《保护免受骚扰法》、1998 年《人权法》等。

其中，1996 年《家庭法》的第四部分对以前的民事法律作了许多必要的修改，明确规定在发生家庭暴力的情况下受害人可向法院申请两种判令：一是禁止骚扰令，即勒令施暴者停止攻击或威胁受害者，从而防止配偶一方对另一方或他们的子女使用暴力或暴力威胁，或恐吓、骚扰、纠缠另一方；二是居住令，又称驱逐令，指将施暴者逐出家庭并允许受暴者在家居住的命令。为确保这两个判令的有效实施，法律规定法院可赋予该判令以逮捕的权力。所以，在该法实施后的第一年，有 80％的禁止骚扰令和 75％的居住令被赋予了逮捕的权力。①

英国的刑事司法制度在预防和反对家庭暴力方面起着重要作用。地方和全国性的注意力已集中于鼓励更多的妇女从警察和司法制度中寻求帮助以及促进该制度在她们需要时能为她们及其子女提供更好的帮助。在英格兰，43 支警察队伍全部都制定了关于家庭暴力的政策，有的还成立了专门的反家庭暴力小组，或者设置反家庭暴力的联络官员。②

（三）德国"谁施暴，谁离开"

根据德国联邦刑事调查局公布的一项调查数据，德国 2018 年共有超过 14 万人成为伴侣关系中的受害者(家暴受害者)，其中 81％的受害者为女性，约 11.4 万人。2018 年德国共有 122 名女性被伴侣或前伴侣杀害。

"家庭暴力已经成为德国社会最常见，但也是最不容易被发现的罪行之一。"德国联邦家庭暴力犯罪工作小组副主席尤莉亚·莱茵哈特表示，家暴行为不仅会对受害者本人造成严重影响，还会给社会带来巨大经济损失。根据德国勃兰登堡工业大学的统计数据，家暴每年给德国带来的经济损失高达 38 亿欧元，大部分用于司法和警察行动，由此产生的医疗费用占 4.5 亿欧元。

值得注意的是，德国一些社会组织的暗访调查发现，德国每 3 名女性中就有 1 名至少遭受过一次家暴，但只有 1/5 的女性家暴受害者向警方、女性

① 刘晓善.家庭暴力犯罪立法模式研究[J]，贵州社会科学，2008(4).

② 严莉.家庭暴力与女性权益的保护[D].上海：复旦大学，2011.

庇护所等社会团体寻求帮助。

在德国联邦妇女咨询和紧急求助协会、女性庇护所协会、打击人口贩卖协调小组等机构的联合倡议下，联邦政府在刑法修订案中弥补了此前界定婚内性暴力行为的模糊漏洞，凡是违反女性意愿的性行为都会被界定为刑事犯罪。该修订执行以来，婚内性暴力行为得到有效遏制。

目前，德国仅有 350 个女性庇护所，收纳能力不足。德国政府计划到 2023 年投入 1.2 亿欧元，德国女性庇护所有望增加 5 倍，增加家暴咨询中心，女性权益将得到更好的保障。①

此外，德国的反家暴法《防止暴力法案》设立了一项重要原则：“谁施暴，谁离开”，即施以家暴的一方会被赶出家门，并被禁止靠近、纠缠受暴者。警察如果认定存在家暴行为，会立即将施暴一方驱逐，禁止其再返回住所。拒不离开的会被警方拘留。警方禁令最长 14 天。如果受暴者担心禁令到期后仍有危险，可向法院提交足够证据，申请更长时间的保护令。保护令包括禁止施暴者回家、禁止在其他场所或通过电话、邮件等方式接触、纠缠受害者等。如果违反保护令，施暴者将面临一年以下监禁或罚款。

（四）加拿大刑事制裁

在注重女权的加拿大，加拿大已经清醒地认识到国家公权力可有限度地介入家庭私域，家庭暴力是区别于普通暴力的特殊暴力形态，对受害人，尤其是女性受害人会造成非常严重的生理和心理伤害，若不加以有效地制止，极有可能引发严重的刑事案件。1981 年以来，政府开始给警察和法官提供指导性文件，鼓励警方干预家庭暴力问题。许多省份甚至做出硬性规定，必须对家庭暴力案件做出反应，并要求警官无论是否得到受害者的合作，都要对家庭暴力案件进行调查，提交报告，必要时还要做出指控。②

加拿大直接用刑法规定了禁止家庭暴力，认为只要故意冒犯妻子的，不论是最轻微的接触，还是引起人身伤害的严重攻击，其结果都是刑事制裁。在刑事案件中，举证被告有罪的义务都在检控方，唯独家暴妻子的，证明自己无罪的义务是被告。也就是说，有女性告你伤害她，你必须要举证自己没

① 制止家暴，德国出台新措施[EB/OL].（2019－12－10）[2020－11－27]. https://kuaibao.qq.com/s/20191210A02DNF00?refer=spider.

② 谢乐鹏，王翔. 家庭暴力成因及受害者权益保护探讨[J]. 商，2015(7).

有伤害她，而她不需要证据证明你有伤害她的行为。加拿大在刑事法律中的制度建构也为受家庭暴力侵害的妇女提供了典型的制度保障。

（五）澳大利亚各州法律

在澳大利亚政府以及公民的意识中，家庭暴力与其他暴力行为一样，是一种侵犯人权、对社会具有一定危害性的非法行为，对其进行干预和制止是政府义不容辞的责任与义务。因此，无论是联邦立法还是各州立法，无论是私法领域还是公法领域，都对家庭暴力设置了专门章节予以规定，民刑结合，为受害人提供全面的法律救济。澳大利亚反家庭暴力的法律制度不仅实体全面，而且程序简便，易于操作。

当家庭暴力发生时，受害人或邻居报警后，警察应迅速赶到现场，讯问当事人及其他知情者，并记录在案，制作《家庭突发事件报告》，以备日后进入法庭时作为证据使用。警察有权对家庭暴力实施行为人进行拘留，强制其离开施暴现场。另外，警察还负有安慰受害人义务，对受害人获得司法救济提供各种指导和帮助的义务，如告知受害人应及时找医生查看伤情并将医生的报告留作日后证据、告知受害人有权自行到法院申请禁止令、告知受害人可为其提供临时居住、医疗帮助、法律援助、心理帮助的各类援助机构及其联系方式等。如果家庭暴力事件牵涉到儿童，警察应当将孩子送往青少年服务机构，使孩子能够远离家庭暴力，直至其父母被证明有合格的监护能力为止。

澳大利亚每个社区和警察局都有专门的家庭暴力处理官员，如果当事人认为警察对事件处理不当或对警察的工作有疑问，可以进行咨询或投诉。①

澳大利亚属于普通法国家，上级法院的判例对下级法院有约束力，在相同情况下应当作出相同的判决。故判例构成了澳大利亚反家暴法律框架中的重要组成部分。

除了判例法外，制定法是澳大利亚反家暴法律框架中另一重要组成部分，且制定法可以推翻判例。根据澳大利亚宪法，关于人权事务的立法权归

① 澳大利亚反家庭暴力法律制度[EB/OL].（2012－07－04）[2020－11－27]. http://bjgy.chinacourt.gov.cn/article/detail/2012/07/id/886778.shtml.

属于州政府，所以，反家暴方面法律由各州制定。新南威尔士州（以下简称新州）、维多利亚州（以下简称维州）等6个州及2个领地分别制定了《家庭暴力保护法》《阻止跟踪法案》等专门的反家暴法律，并将民事保护与刑事惩戒紧密结合。此外，新州、维州政府还制定了《家庭暴力行动计划》《预防对妇女儿童施暴的行动计划（2012—2015）》等反家暴的政策文件。

澳大利亚没有单独的家庭暴力犯罪这一罪名，根据家庭暴力的具体事实和情节分别定罪，比如谋杀、侵害、性犯罪、恐吓、违反保护令等罪名。法官因家庭暴力判处被告人有罪后，被告人一般都服从判决，鲜有上诉；对保护令的内容一般也自觉遵守，很少再违反。①

（六）荷兰《强制通报准则法案》

在荷兰，除了被公开的家暴案件以外，还有许多案件并未报案。警方估计，能够采取正确方式去警局报案寻求帮助的仅占家暴事件的20%，而从未报案而被隐瞒的家暴案件占到总数的80%。

为应对这种形势，2013年7月1日，荷兰开始实施《强制通报准则法案》，以期改变家暴事件"民不举、官不究"现象。荷兰的强制通报制度适用于教育、卫生保健、儿童保健、青少年保健、社会工作以及刑事司法系统的专业人士，不仅要求他们通报疑似家暴情形，还规定了家暴识别的具体指标、步骤、报告程序和模板。

警察等公务员施暴有可能受双倍惩罚。如果一名警察或其他公务人员（如消防队员、急救车驾驶员等）对家庭成员实施暴力，检方将寻求使暴力实施者受到比普通人严重一倍的惩罚。

（七）挪威"无条件司法干预"

挪威实行无条件司法干预。20世纪70年代末80年代初，《挪威男女平等法》颁布实施。挪威议会和政府开展了各种对妇女暴力现象的斗争，并着重对家庭暴力问题进行了防治。20世纪80年代以后，挪威针对家庭暴力问题，刑事诉讼法和刑法等各方面的法律改革陆续开展。

1988年，挪威出台了一项重大的刑事诉讼控诉规则修改。该项刑事诉讼法修正案规定，对配偶、儿童或其他亲密关系者的暴力侵害案件实行"无

① 薛淑兰，冉容，唐俊杰. 澳大利亚反家暴司法体系[N]. 人民法院报，2013-11-08.

条件司法干预"的公诉原则。该原则强化了警察和公诉机关的职能,即便受暴妇女撤销了先前的指控,警察和公诉机关在没有被害人同意的情况下,也可以向施暴者提起诉讼。这是挪威将家庭暴力视为严重犯罪一种政治态度。①

此修正案的实施,改善了被害人在刑事诉讼中的地位,她们由原来的控诉一方,变成了案件的证人。同时,也使对施暴者的刑事处罚更为容易。②

不过,这项修正案并没有完全消除受暴妇女在诉讼中拒绝与警察合作或者拒绝出庭作证的现象。按照挪威《刑事诉讼法》第一百二十二条的规定,受暴妇女或者其他家庭成员有权拒绝提供证据。

尽管无条件司法干预原则实行以来,常有妇女运用该项权利,拒绝作证,从而在某种程度上控制了案件的发展进程,但检察机关仍然依照法律,对施暴者提起诉讼,在有足够证据的情况下还会胜诉。这样可以使由于各种原因不能、不敢起诉的受害者得到更好的司法救济。③

(八)泰国公力救济

家庭暴力在泰国被认为是家庭内务,外人不便插手,受害者对此也讳莫如深。泰国是佛教国家,而普遍的佛教信仰并没有改变性别不平等的现象,反而增加了公众对家庭暴力的容忍程度。

近年来,家庭暴力在泰国有愈演愈烈的趋势,各类案件也不断出现在新闻媒体上。为改变这种状况,泰国在 2007 年出台了《2007 年反家庭暴力法》,该部法律是泰国第一部针对家庭暴力的法律,对于保护家暴受害者的权益,尤其是妇女的权益保护有着重要意义。在该部法律中规定了社会发展与人类安全部、警察局、检察院、法院各职能部门救济家暴受害者的权利和义务。社会发展与人类安全部是执行该部法律的重要部门,部长对该法执行进行监督,该部门每年会制作年度报告,包含家庭暴力案件的数量、救济命令的数量、和解协议数量等。警察局是重要的公权力干预主体之一,该法规定警察在询问受害人时应对其身体和心理状况进行检查。④

---

① 黎光宇. 域外警察介入家庭暴力法律制度架构之探析[J]. 江西公安专科学校学报,2008(9).
② 王国珍. 家庭暴力防控的理论分析和机制完善——以丈夫对妻子的家暴为中心[D]. 重庆:重庆大学,2006.
③ 周玉兰. 国际人权框架下的家庭暴力[D]. 哈尔滨:黑龙江大学,2006.
④ 刘露莲. 泰国反家庭暴力法中公力救济研究[D]. 上海:上海外国语大学,2019.

三、当代中国反家庭暴力法律法规的发展

20世纪90年代初，对家庭暴力问题的研究主要是在一些有关婚姻家庭的调查中涉及夫妻冲突时，揭示了暴力问题，或是一些学者做过一些专门调查。20世纪90年代后期已有不少学者开始从事关于家庭暴力问题的专门研究，已从单纯的调查，发展到综合干预的实证研究阶段，涉及此类问题的法律如下：

（一）《婚姻法》的相关规定

在《反家庭暴力法》未出台之前，我国法律虽然对家庭暴力有一些规定，但也只是散见于各项法律之中，如《妇女权益保障法》中规定“禁止歧视、虐待、残害妇女”。虽然对女性权益有所保护，但是缺乏明确的制裁条款和实施办法，这也会导致对家庭暴力制裁力度不够。

《婚姻法》明确规定，家庭暴力的受害者可以请求民事赔偿，但提出精神赔偿仍旧困难。我国《婚姻法》规定，配偶一方实施了家庭暴力理应对受害者进行赔偿。但《婚姻法》规定只有离婚时才能要求损害赔偿，这也不利于保护受害者，使施暴者无法得到应有的惩罚。①

2001年4月28日，第九届全国人民代表大会通过了《婚姻法》修正案，第一次对家庭暴力问题做出了规定。《婚姻法》从以下方面对家庭暴力的防治做了规定：

第一，总则中将“禁止家庭暴力”（第三条）上升为基本原则。这一原则是婚姻、家庭、母亲和儿童受国家保护宪法原则的体现，这为今后各地制定反家庭暴力的地方性法规、规定提供了法律依据。

第二，在裁判离婚的法定理由中，将配偶一方“实施家庭暴力或虐待、遗弃家庭成员”，作为法院对夫妻感情确已破裂，调解无效的离婚案件，作出准予离婚的法定理由之一〔第三十二条第（二）款〕。

第三，在救助措施与法律责任一章，规定了对家庭暴力受害人的救助措施与施暴者的民事法律责任（第四十三、四十四条与第四十六条）。例如，第四十六条规定，配偶一方因实施家庭暴力或者虐待、遗弃家庭成员，而导致离婚的，无过错方有权请求赔偿。

① 陈昭.社会转型期对家庭暴力问题的探析[J].中国校外教育，2009(8).

《最高人民法院关于适用〈中华人民共和国婚姻法〉若干问题的解释(一)》第一条:"婚姻法第三条、第三十二条、第四十三条、第四十五条、第四十六条所称的'家庭暴力',是指行为人以殴打、捆绑、残害、强行限制人身自由或者其他手段,给其家庭成员的身体、精神等方面造成一定伤害后果的行为。持续性、经常性的家庭暴力,构成虐待。"

《最高人民法院关于落实23项司法为民具体措施的指导意见》中指出,加强对妇女、儿童人身权益的保护,依法审判家庭暴力引起的刑事和民事案件。各级人民法院要充分发挥审判职能作用,加大对家庭暴力引起的侵犯妇女儿童合法权益犯罪的打击惩处力度。要及时受理因家庭暴力引起的婚姻家庭民事案件,防止矛盾纠纷激化。在审理涉及婚姻家庭、赡养、继承、抚养、扶养、收养等民事案件时,对家庭暴力的受侵害方的合法权益,要依法充分予以保护和照顾。①

2015年3月,最高人民法院、最高人民检察院、公安部、司法部印发《关于依法办理家庭暴力犯罪案件的意见》的通知,以积极预防和有效惩治家庭暴力犯罪,加强对家庭暴力被害人的刑事司法保护。《关于依法办理家庭暴力犯罪案件的意见》明确规定,实施家庭暴力主观上具有希望或者放任被害人重伤或者死亡的故意性,持凶器施暴,手段残忍,程度较强,直接或立即造成被害人重伤或者死亡的,应当以故意伤害罪或者故意杀人罪定罪处罚。

在社会上,对家庭暴力的认识还停留在"家庭纠纷"上,司法机关受传统观念影响,让当事人回家自行解决。妇女往往希望继续维持家庭生活,她们控告的目的仅仅是制止施暴者的行为而不是将其拘捕,司法人员在解决这种事情上采取消极态度,致使很多施暴者逍遥法外、有恃无恐,就算警方介入,其处理也很轻,难以形成震慑作用,妇女的合法权益得不到保障②。

我国法律对家庭暴力的行为规范和制裁手段比较多,但是在具体的执行上存在很大的问题。法律规范过于笼统是原因之一。虽然我国《婚姻法》将"禁止一切形式的家庭暴力"以法律条文形式予以规定,并纳入全国性的法律之中,但是未对家庭暴力的含义和范围做具体明确的规定,虽然《婚姻

① 李康学.走玩大湘西[M].北京:民族出版社,2008.
② 思睿.家庭暴力法律问题研究[J].法制博览,2018(4).

法》的司法解释对家庭暴力有一个解释，但是解释过窄，而且过于抽象，缺乏具体有效的制裁措施，实际的可操作性差。①

我国在反家庭暴力方面的监督与防治起步较晚，发展较慢，但是一些社会影响较大的案件也在一定程度上推动了法律的颁布与实施。

2004年12月10日，夏某生下儿子的17天后，丈夫牟某提出同房要求，夏某以身体很累需要休息为理由拒绝了丈夫，牟某竟用一把螺丝刀将尚在月子中的妻子右眼挖出。经法医鉴定，夏某受伤承度为重伤。

2004年12月22日，牟某被恩施州精神病院鉴定为精神分裂症，属于无刑事责任能力。随后，利川市公安局将牟某释放并撤销案件。然而此理由并不为人所信服，倘若真如此，牟某属于《婚姻法》中规定的禁止结婚的情形，那么，他又是如何隐瞒精神病史骗得夏某与其结婚的？夏某怀疑这一鉴定结果与牟某一名在当地某单位任职的亲属有关，于是便开始了艰难的上访、申诉之路。

功夫不负有心人，终于，公安部做出明确指示，要求湖北省公安厅要对牟某是否是精神病人进行认真复查，全国人大常委会办公厅也做出了相应批示。2005年5月，司法部司法鉴定中心对牟某是否是精神病人进行了认真复查，全国人大常委会办公厅也做出了相应批示。司法部司法鉴定中心对牟某做出司法精神鉴定，认定牟某为感情性精神障碍——狂躁症发作，具有限定刑事责任能力。

经开庭审理，2006年2月底，一审法院以故意伤害罪判处被告人牟某有期徒刑8年，附带民事赔偿夏某56 136元。牟某不服，提起上诉。二审法院终审裁定：驳回上诉，维持原判。②

这是一个非常恶劣的家庭暴力案件，此案在法律层面有很多引人深思的地方，一是关于本案量刑的问题③，二是本案附带的民事赔偿问题④，三是关于建立国家补偿刑事被害人基金制度的问题。

本案发生时，我国关于预防和制止家庭暴力的意识、理念、实操处理技

---

① 杜健.浅析家庭暴力问题[J].电子制作，2014(15).
② 王凯.刑法中的偶然防卫定性问题研究[D].重庆：西南政法大学，2013.
③ 陈兴良.刑法知识的转型与刑法理论的演进[J].人大法律评论，2009(5).
④ 刘柏纯.刑罚个别化之价值评析[J].政法学刊，2006(6).

能和法律法规都不成熟,“家庭暴力零容忍”更缺乏普遍的群众基础,可想而知案件办理难度很大。

但是可以欣喜地看到,本案对于家暴被害人夏某的救助呈现了多机构联动协作机制的雏形,相关公职部门、民间组织、媒体、医院等都参与了进来,并从各个方面给予了夏某相应的支持和帮助。

从案件性质、情节、后果和社会影响等方面看,本案都是一起极为恶劣的家庭暴力刑事案件,在量刑的问题上尚有商榷空间,而附带民事赔偿的法律之痛更是影响了我们几代人。

另一起悲剧同样发生在这一时期。

2008年,董某和王某,两个80后北京青年,恋爱后不久董某发现王某有大男子主义倾向,并动手打自己。其间,董某提出分手,但王某表示非董某不娶,王某的下跪请求、道歉,让董某选择了原谅。董某与王某结婚仅308天,董某即被丈夫王某殴打致肺挫裂伤、腹膜后巨大血肿、多脏器功能衰竭死亡。

2010年7月2日,北京市朝阳区人民法院一审以虐待罪判处王某有期徒刑六年零六个月,附带民事赔偿八十一万余元人民币。董某父母就附带民事部分依法提起上诉,同时申请检察院就刑事判决部分提起抗诉。2010年9月2日,北京市第二中级人民法院下达终审裁定:驳回上诉,维持原判。①

本案是第一个惊动中央领导并作出批示的家庭暴力案件。但在当时对于如何处置家庭暴力及处置原则都不明了,正是这些案件和社会文明的发展和观念的变化在不断敦促《反家庭暴力法》的出台。

(二)《中华人民共和国反家庭暴力法》出台前夕

1.《中华人民共和国反家庭暴力法(草案)》修改意见征集

2014年,广受关注的反家庭暴力工作迈出实质性步伐——《中华人民共和国反家庭暴力法(征求意见稿)》〔以下简称《反家庭暴力法(征求意见稿)》〕开始向社会公开征求意见。该征求意见稿明确表示,对家庭暴力行为,任何组织和公民有权劝阻、制止,或向公安机关报案。

---

① 王晖,池中莲.对家庭暴力案件适用虐待罪的反思[J].克拉玛依学刊,2013(1).

在此期间，重大案件的发生对法律的制定起到了关键作用，一起引起全球关注的家庭暴力以暴制暴案件，不仅在国内引起了巨大反响，也吸引了众多国际媒体和国际组织机构的极大关注，并希望最高人民法院在查清案件事实和证据的前提下对家庭暴力受暴者从轻处罚。

2009年3月，李某与谭某结婚，婚后谭某多次对李某实施殴打，每月都要爆发几次，期间包含着侮辱性生活等。李某多次向其亲友求助，也多次向当地居委会、妇联、司法所、派出所等组织机构投诉，但谭某的暴力未见制止，反而愈演愈烈，李某无奈，选择了默默忍受。

2010年11月3日晚饭后，李某、谭某二人发生争执，谭某一再挑衅，李某忍无可忍顺手拿起谭某正在玩的火药枪打中谭某后脑勺。谭某头部出血，全身抽搐，几分钟后死亡。李某将谭某分尸，烹尸后抛尸。

2011年8月20日四川省资阳市中级人民法院一审以故意伤害罪判处李某死刑立即执行。李某不服，提起上诉。2012年8月12日，四川省高级人民法院二审裁定驳回李某上诉，维持一审判决。2014年6月，在社会各界关注妇女权益和家庭暴力问题的公众共同呼吁下，最高人民法院下达不予准核死刑通知。

2015年4月24日，四川省高级人民法院对本案进行二审重审宣判，法院认为“在案证据能够证明被害人谭某在婚姻家庭生活中多次打骂李某，对案件的引发存在一定过错，李某归案后如实供述其犯罪事实，对李某判处死刑，可不立即执行”，最终以故意杀人罪判处李某死刑缓期二年执行，剥夺政治权利终身。

时值全国人大正在征求《中华人民共和国反家庭暴力法（草案）》的修改意见，李某也通过辩护律师提交了自己对于该法草案的修改意见，在狱中，她依然关心国家《反家庭暴力法》何时出台。

2016年1月19日，在由中国社会科学院新闻与传播研究所、《中国妇女报》社和中国妇女发展基金会妇女新闻文化基金联合发起的“2015年度性别平等新闻事件评选”活动中，本案最终入选为十大新闻事件之一。同时，在由中国案例法学研究会、《南方周末》、法律出版社联合主办的2015年中国十大影响性诉讼评选中，本案也被选为候选30大影响性诉讼案例之一。

本案也是自2005年以来，司法实践中不断对家庭暴力以暴制暴案件轻刑化判决的大形势下，一审、二审法院均判处被告人死刑立即执行的特殊案件，一时群情激涌，万众瞩目，引发了公众对家庭暴力的定义、实质、危害及家庭暴力立法的全民讨论和深刻反思，有关本案的网络评论更是铺天盖地。

家庭暴力问题再一次进入全民的视野，本案的意义和价值已不仅仅是一个案件，而是一个全民普法、全球关注和推动我国反家暴立法出台的标杆和符号，即使在若干年后，谈起家庭暴力以暴制暴案件，本案仍是人们聚焦的重点。

2.《反家庭暴力法(征求意见稿)》出台前后

山东淄博刘某长期受到丈夫伊某的暴力虐待，在一次被伊某殴打致耳膜穿孔后，刘某不堪忍受其暴力虐待，便起了杀夫之意。某日，刘某在给伊某煎药过程中加入大剂量安眠药成分，伊某服下后，刘某用毛毯等物按压伊某口鼻处，使伊某窒息而死。次日，刘某与其母亲将伊某尸体进行抛尸。淄博市人民检察院以刘某犯故意杀人罪、其母帮助毁灭证据罪，向淄博市中级人民法院提起公诉。

本案案发于《反家庭暴力法(征求意见稿)》出台前后，审理和判决于最高人民法院、最高人民检察院、公安部、司法部《关于依法办理家庭暴力犯罪案件的意见》出台之后，一审8年有期徒刑的量刑还算得当。

第一，关于本案家庭暴力的证据问题。

《关于依法办理家庭暴力犯罪案件的意见》第11条规定：“及时、全面收集证据。公安机关在办理家庭暴力案件时，要充分、全面地收集、固定证据，除了收集现场的物证、被害人陈述、证人证言等证据外，还应当注意及时向村(居)委会、人民调解委员会、妇联、共青团、残联、医院、学校、幼儿园等单位、组织的工作人员，以及被害人的亲属、邻居等收集涉及家庭暴力的处理记录、病历、照片、视频等证据。”结合本案，公安机关对于死者伊某长期多次殴打妻子刘某的事实的证据收集工作做得比较好，共计收集了20多份证人证言，其中包括伊某与刘某所生的8岁儿子、死者伊某亲属在内的关键证人证言。结合案发前被告人刘某被死者伊某殴打致耳膜穿孔(轻伤)的出警记录、伤情鉴定、医院诊断证明等证据，法院最终认定死者伊某对被告人刘某长期多次实施家庭暴力是导致本案发生的重要原因，死者伊某应负有一定的责任。

第二，关于本案的定性和量刑问题。

《关于依法办理家庭暴力犯罪案件的意见》第20条规定：“充分考虑案件中的防卫因素和过错责任。对于长期遭受家庭暴力后，在激愤、恐惧状态下为了防止再次遭受家庭暴力，或者为了摆脱家庭暴力而故意杀害、伤害施暴人，被告人的行为具有防卫因素，施暴人在案件起因上具有明显过错或者直接责任的，可以酌情从宽处罚。对于因遭受严重家庭暴力，身体、精神受到重大损害而故意杀害施暴人，可以认定为《刑法》第二百三十二条规定的故意杀人情节较轻。在服刑期间确有悔改表现的，可以根据其家庭情况，依法放宽减刑的幅度，缩短起始时间与间隔时间；符合假释条件的，应当假释。被杀害施暴人的近亲属表示谅解的，在量刑、减刑、假释时应当予以充分考虑。”本案一审判决基本考虑了上述意见精神。①

考虑到本案刘某的杀人犯意在案发前18天伊某殴打致其耳膜穿孔时即已产生且伊某死亡的事实，本案刘某故意杀人罪的定性没有问题，刘某对一审8年有期徒刑表示满意。

第三，关于家庭暴力以暴制暴的轻刑化和去罪化问题。

关于家庭暴力以暴制暴问题，《关于依法办理家庭暴力犯罪案件的意见》有所涉及，但该意见作为办理家庭暴力刑事案件的刑事司法指导意见并无法律强制力。

现实生活中，家庭暴力以暴制暴案件仍在不断涌现。在司法实践中，各地法院缺乏统一的裁判标准，通常裁判结果不一，甚至差别很大，最重的判处死刑立即执行，最轻的判三缓三。②

在司法实践中，视具体情节，法院对此类案件的判决多为3—7年有期徒刑，究其原因，大体可归结为两个方面：

其一，家庭暴力以暴制暴案件与社会上般的伤害、杀人案件相比，被告人的犯罪主观恶性轻，人身危险性小，社会危害性不大（不具有可复制性），且死者对于案件的发生通常具有较大甚至是重大过错。对家庭暴力以暴制暴的被告人免除、减轻或者从轻处罚，充分体现了我国宽严相济的刑事政策

① 刘丹文．论家庭暴力犯罪中的正当防卫[D]．苏州：苏州大学，2017．

② 张利宏．我国机动车交通事故责任强制保险制度法律问题研究[D]．长春：吉林大学，2011．

精神。

其二，我国是联合国《消除对妇女一切形式歧视公约》和《消除对妇女的暴力行为宣言》第一批缔约国，禁止对妇女一切形式的暴力行为，保护妇女儿童不遭受暴力侵害应是国际共识。落实到国家层面，即体现为公权力机关对任何暴力行为的干预和制止。对家庭暴力以暴制暴被告人从轻、减轻或免除处罚，是我国履行国际承诺保障人权的要求和体现，有利于提高我国在国际社会的声望和地位。

综合来看，无论是法学理论，还是司法实践，家庭暴力以暴制暴的轻刑化和去罪化都已基本成为各界共识。近年来各地的司法判决也在不断践行这个共识，内蒙古、湖南、云南、四川等地先后判决了多起判三缓三、判三缓四、判三缓五的家庭暴力以暴制暴杀人案。

在《反家庭暴力法》出台前，本案是一个以暴制暴案件辩护成功的典型，充分印证了家庭暴力以暴制暴的轻刑化和去罪化乃司法实践的大势所趋，并已渐渐为各地法院所接纳，"家庭暴力零容忍"的理念也在不断地被宣传、普及和日益接受。

关于刑法正当防卫问题，这一理论确实在当前司法实践中的运用面临着巨大的困难和挑战。改革这一理论，不仅是大势所趋，也迫在眉睫。

2014 年，被告者潘某长期多次遭受到具有黑社会背景的丈夫王某的严重家庭暴力，甚至生命都受到了严重的威胁。情急之下，潘某趁王某不注意夺过王某手中匕首，在斗争中乱刺，王某当场不治身亡。经过辩护律师多番努力，12 月 25 日，福建省安溪县人民法院一审以故意杀人罪，依法从轻判处被告人潘某有期徒刑四年零三个月。

调研中也同样有一个案例，周某与被害人离婚后仍共同居住在一起。因猜疑周某与他人有不正当关系，被害人多次与周某发生矛盾，并对周某打骂。2014 年，被害人在家中欲强行与周某发生性关系，周某不从，遭被害人殴打。期间，被害人言词激怒周某，周某抓住原先缠绕于被害人颈脖处的睡衣腰带两端用力拉勒，致被害人窒息死亡。事后，周某主动投案，并如实供述上述犯罪事实，周某被判有期徒刑 14 年。

《婚姻法》规定了对家庭暴力受害人的救助措施：受害人有权向居民委员会、村民委员会、所在单位和公安机关等寻求救助（第四十三条）；相应机构应当应受害人要求采取救助措施；对构成犯罪的，司法机关应依法追究刑事法律责任(第四十三、四十五条)。规定实施家庭暴力为法院准予离婚的法定情形之一(第三十二条)，并规定因家庭暴力导致离婚的，受害人有权请求损害赔偿(第四十六条)。

潘某行为触犯《刑法》第二百三十二条，应以故意杀人罪追究潘某的刑事责任，但鉴于被害人对案发有过错，潘某行为属于情节较轻，同时潘某犯罪后自动投案，如实供述自己的罪行，属于自首行为，可以从轻或减轻处罚。

家庭暴力以暴制暴的轻刑化和去罪化在《反家庭暴力法》已经施行的今天已成为常态，一个轻刑化判决的积累，才最终汇成了当前司法实践家庭暴力以暴制暴的轻刑化和去罪化潮流。

(三)《中华人民共和国反家庭暴力法》出台

2015 年 12 月 27 日，十二届全国人大常委会第十八次会议表决通过了《中华人民共和国反家庭暴力法》。作为中国第一部反家暴法，该法于 2016 年 3 月 1 日起施行。它标志着中国防治家庭暴力法律体系的建立，这部法律在中国反家庭暴力方面具有里程碑式的意义，它让人们重新审视家庭暴力，提升了整个社会对家庭暴力的重视程度。《反家庭暴力法》的出台是反家庭暴力漫长征程的一个新开端，它的法律条文在实践中还将不断地完善着。

目前，中国已经签署了《消除对妇女一切形式的歧视公约》《儿童权利公约》等国际公约，同时也是《北京宣言》《行动纲领》等国际文件的承诺国，已向全世界庄严承诺采取有效措施，制止家庭暴力，保护妇女、儿童、老人等一切弱势群体权益。

《反家庭暴力法》的出台在防治家庭暴力上具有很大的创新之处。

1. 依法惩戒

《反家庭暴力法》明确了家庭暴力包含身体精神等侵害行为。理论上一般认为，家庭暴力的类型主要有四种：身体暴力、精神暴力、性暴力和经济控制。其中，身体暴力和精神暴力是比较常见的，因此，《反家庭暴力法》主要列举了这两种暴力形式。其他形式的暴力虽然发生几率比较小，但也仍然存在。在暴力形式上，尽管殴打等身体侵害仍是家庭暴力的主流，但辱骂、恐吓、诽谤、宣扬隐私、无端指责、人格贬损、威胁、跟踪、骚扰等精神暴力的严重性也越来越凸显，精神暴力通常会使受害者产生自卑、恐惧、焦虑、抑郁等心理、精神方面的伤害,也属于家庭暴力的一种形式。

《反家庭暴力法》此次还明确了预防和制止家庭暴力工作的五项原则,即对家庭暴力零容忍的原则;共同责任原则;预防为主,教育矫治和惩处相结合的原则;特殊保护的原则;尊重受害人意愿,保护当事人隐私的原则。特殊保护的对象是未成年人、老年人、残疾人、孕期和哺乳期的妇女、重病患者。尤其是对儿童的保护非常重要。

实施家庭暴力者应承担的责任:

① 民事责任。根据新《婚姻法》的规定,家庭暴力是法定离婚理由之一,而且受害者可以要求家庭暴力实施者承担损害赔偿的民事责任。

② 行政法律责任。根据《治安管理处罚法》的规定,对实施家庭暴力尚未构成犯罪的可处以 15 日以下拘留、200 元以下罚款或者警告。

③ 刑事责任。严重的家庭暴力会构成《刑法》中暴力干涉婚姻自由罪、虐待罪、故意伤害罪、故意杀人罪、侮辱罪等罪。

其中,家庭暴力实施者对共同生活的家庭成员经常以打骂、捆绑、冻饿、强迫超体力劳动、限制自由等方式,从肉体、精神上摧残、折磨,情节恶劣的,构成虐待罪,应处 2 年以下有期徒刑、拘役或者管制;如果引起被害人重伤、死亡的,处 2 年以上 7 年以下有期徒刑。

家庭暴力实施者使用暴力公然贬低其他家庭成员人格,破坏其名誉,情节严重的,构成侮辱罪,应处 3 年以下有期徒刑、管制或剥夺政治权利。家庭暴力实施者故意非法损害他人身体健康的,构成故意伤害罪,如果致人重伤造成严重残疾或致人死亡的,按照刑法最高可判处死刑。

根据法律法规,家庭暴力实施者以暴力手段干涉家庭成员结婚和离婚自由的,同样触犯刑法,构成暴力干涉婚姻自由罪。

2. 强制报告制度

家庭暴力具有隐秘性特点,在现实中,许多家暴持续时间很长,知情人也很多,但直到发生严重后果才被曝光。对此,《反家庭暴力法》明确规定,学校、幼儿园、医疗机构、居委会、村委会、社会工作服务机构、救助管理机构、福利机构及其工作人员,若在工作中发现无民事行为能力人、限制民事行为能力人遭受家暴或疑似遭受家暴,须及时向公安机关报告,公安机关要对报案人的信息保密。对不予报案造成严重后果的,相关单位的责任人将被追责。

此外，本法还规定学校、医院、医疗机构、居委会等易发现家暴线索的机构有家暴强制报告义务，并鼓励用人单位和社会各界介入家暴事务，本法释放了一个明确信号：家暴不是家务事，反家庭暴力是国家、社会和每个家庭的共同责任。

《反家庭暴力法》新增设的强制报告制度，重在保护无民事行为能力人和限制民事行为能力人，国家卫生健康委2016年印发了《关于做好农村留守儿童关爱工作的通知》，要求各级医疗机构及人员要树立强制报告意识，建立强制报告制度，特别是在农村留守儿童脱离监护，疑似遭受家庭暴力、意外伤害或不法侵害的情况下要认真履行强制报告义务，开展强制报告工作。2019年8月，民政部组织召开全国农村留守儿童关爱保护和困境儿童保障工作部际联席会议联络员会议，部署今后如何加强和改进农村留守儿童关爱保护和困境儿童保障工作，要求学校、幼儿园、村(居)委会、救助管理机构、福利机构等切实履行强制报告义务。2019年，云南省妇联、省公安厅、省民政厅、省卫生健康委共同发布了《云南省家庭暴力强制报告制度实施办法》，是全国首个省级层面出台的家庭暴力强制报告制度。

在第三届“依法维护妇女儿童权益十大案例”中有一个案例，学校发现孩子身上有不明伤痕后，主动向公安机关报案，使孩子得到了及时救助。

妇女田某某从2003年开始与郝某某同居，生育了一儿一女，2017年补办结婚证。郝某某经常殴打田某某，多次导致其住院治疗，田某某为了孩子有个家一直默默忍受。2017年10月，田某某外出打工，郝某某在家殴打孩子，并拿菜刀、农药威胁要砍死、毒死孩子。十天后，郝某某酒后到学校要强行接走女儿，女儿向班主任求助，班主任将她保护起来并报警。最后，田某某带两个孩子逃出来向省妇联求助。

河北省妇联指派的律师为田某某提供了法律援助，依据《反家庭暴力法》向属地法院申请人身安全保护令，法院当即立案。主办法官到两个派出所、学校和村委会调查、走访、取证，并结合田某某提交的微信记录及受伤照片，认定人身安全保护令申请符合法律条件，在72小时内发出了人身安全保护令，禁止郝某某实施家庭暴力、跟踪、骚扰、接触田某某母子三人及近亲属，并远离田某某住所、工作场所及孩子的学校。

法院将协助执行通知书和人身安全保护令送达派出所、郝某某所在的村委会和孩子就读学校，要求派出所、村委会、学校一同监督郝某某遵守执行人身安全保护令，一旦发现郝某某有违反裁定的行为要立即报告，同时，联合派出所、村委会将人身安全保护令当面送达给郝某某，向其讲解《反家庭暴力法》相关规定。郝某某认识到家暴行为的违法性，表示不会再殴打、恐吓妻子和孩子。两个孩子经过心理疏导后，目前已返回学校正常学习、生活。

这个案例就是学校积极履行强制报告义务、法院及时针对“面临家庭暴力现实危险”的情形发出人身安全保护令的典型案例。①

3. 紧急庇护制度

长期以来，将家庭暴力视为家务事的传统根深蒂固。受此思想影响，公众对家庭暴力的社会危害性认识不足，包容性较高，在家庭暴力未造成严重后果前，对公权力是否应该介入，存在不同看法。

《反家庭暴力法》的出台明确表明，国家反对家庭暴力，家庭暴力不是个人私事而是社会问题，家庭不能成为暴力的庇护所，国家公权力必须保护公民在家庭中的合法权益。公安机关作为社会管理的重要职能部门，负有维护社会秩序，保护公民人身、财产安全的职责，在处理家庭暴力问题上有着其他部门机构不能替代的重要作用，在预防和制止家庭暴力中发挥着更大的作用。负有反家庭暴力职责的国家工作人员依照本法应当履行相应的职责。根据本法的规定，公安机关接到家庭暴力报案后应当及时出警，制止家庭暴力，并按照有关程序规定调查取证，协助受害人就医、鉴定伤情等。如以“家务事不便处置”为由推诿出警的，将有可能被给予行政处分。

4. 告诫制度

家庭暴力告诫是指公安机关对情节轻微不构成治安处罚的家庭暴力行为，督促加害人改正而作出的行政指导意见。《治安管理处罚法》和《刑法》等法律规定了家庭暴力施暴者的行政责任和刑事责任，但其适用往往要求家庭暴力达到一定的严重程度。实践中大量存在的家庭暴力行为因为达不到行政处罚或者刑事制裁的伤害标准而处于公权力无法干预的状态，相当

① 重磅！全国妇联发布第三届“依法维护妇女儿童权益十大案例”[EB/OL]. (2019－11－29)[2020－11－21]. https://baijiahao.baidu.com/s?id=1651536355128139895&wfr=spider&for=pc.

多的施暴者因此而有恃无恐并逐步升级，这在一定程度上助长了家庭暴力行为的发生。

《反家庭暴力法》通过告诫制度将达不到行政处罚程度的轻微家庭暴力行为纳入规制范围，为公安机关依法处理提供依据，有利于化解受害人的困境。人民法院在审理家庭暴力案件时，对于公安机关出具的出警记录、告诫书，鉴定机构出具的伤情鉴定意见，可以直接作为证据予以认定，使得"家暴"类案件的举证难问题得以改善。

因此，告诫制度的作用在于：一是对施暴者的警告，制止家庭暴力的继续发生和恶化；二是作为以家庭暴力为原因提出离婚的证据，人民法院审理婚姻家庭案件时，一方当事人可以家庭暴力告诫书作为主张对方实施家庭暴力行为的证据。人民法院认定家庭暴力成立的，对受害人要求损害赔偿等主张，依法应予支持。三是人民检察院在审查起诉因家庭暴力导致人身伤害等刑事案件时，受害人提出施暴人曾实施过家庭暴力行为的，经核实公安机关曾出具家庭暴力告诫书的，可以视为处理该案的酌定从重情节。

2013 年 7 月，江苏省在全国率先建立家庭暴力告诫制度。加强对家庭暴力的防治，保护受害人权益，维护家庭和谐社会稳定。2013 年 11 月，温州市中级人民法院等五部门印发《温州市家庭暴力告诫制度实施办法（试行）》。2013 年 11 月，《宁夏回族自治区家庭暴力告诫制度实施办法》出台。2014 年，浙江省嘉兴市《家庭暴力告诫制度实施办法（试行）》出台。2015 年，辽宁省公安厅和辽宁省妇女联合会在沈阳、鞍山、本溪三市六个派出所试点运行一年的基础上，联合出台了《辽宁省家庭暴力告诫制度实施办法（试行）》。2016 年 5 月 24 日由湖南省公安厅、湖南省高级人民法院 、湖南省妇女联合会印发《湖南省家庭暴力告诫制度实施办法》，2016 年，云南省公安厅、云南省妇女联合会联合制定出台了《云南省家庭暴力告诫制度实施办法》。2018 年，江西省公安厅、江西省高级人民法院、江西省妇女联合会联合印发《江西省家庭暴力告诫制度实施办法（试行）》。山东省菏泽市、湖北省襄阳市、江西省鹰潭市也陆续建立这一制度。

杭州临安有对夫妻，两天一小吵三天一大闹。吵就吵了，老公还动手打老婆，遇到工作不顺了，睡觉被吵醒了，喝酒被阻止了……稍不顺心，就会打老婆。老婆已经记不清被打的次数，仅去妇联求助就有 7 次，向公安报警（均出警)就有12次。但,这并不解决问题。到后来,老公边打边喊:“我打了你,你去报警,你去报警呀!”

《临安市家庭暴力告诫制度实施办法(试行)》解决了家庭暴力这个以往棘手的问题,该办法通俗点说,就是老公第一次打老婆,可能会收到公安机关开出的一份《家庭暴力告诫书》,如果第二次再犯,他可能就会受到比如罚款、拘留,甚至是判刑的处罚。有了该办法后,在接到家庭暴力报案、举报或报警求助后,事发地公安派出所会立即调派警力到达现场,控制家庭暴力加害人,对于需要救治、庇护的被害人进行帮助。对符合告诫条件的,承办民警会出具《家庭暴力告诫书》。同时,公安机关将有关家庭暴力违法行为的证据材料存档备查。告诫制度有效地解决了对违反法律、法规的轻微家庭暴力行为或不宜直接作出治安管理处罚的家庭暴力行为,使得施暴者再也不敢肆无忌惮地施暴,有效遏制了家庭暴力的发生和演变。

5. 人身安全保护令制度

我国人身安全保护令的立法历程从2008年引进域外民事保护令制度,制定了《涉及家庭暴力婚姻案件审理指南》开始进行了小范围的试点。2014年国务院法制办将《反家庭暴力法(征求意见稿)》公布,征求各界意见。该意见稿第二十七至三十六条中规定了人身安全保护裁定。2015年全国人大常委会将《中华人民共和国反家庭暴力法(草案)》公布,将人身安全保护裁定正式更名为人身安全保护令,规定在第二十三至三十条。2016年《反家庭暴力法》规定的详细内容弥补了2015年《中华人民共和国反家庭暴力法(草案)》规定的保护令制度的不足,从而促使人身安全保护令迈入了新的阶段。

人身安全保护令的相关内容主要是通过禁止或限制被申请人的行为,避免申请人进一步遭受家庭暴力。具体的保护措施包括禁止被申请人实施家庭暴力;禁止被申请人骚扰、跟踪、接触申请人及其近亲属;责令被申请人迁出申请人住所等相关措施。被申请人若违反人身安全保护令,将可能被处以一千元以下罚款、十五日以下拘留,若构成犯罪还将依法追究刑事责任。

人身安全保护令将反家暴工作从事后惩治变为了事前预防。申请人身安全保护令不再依附其他诉讼,明确当事人因遭受家庭暴力或者面临家庭暴力的现实危险,向人民法院申请人身安全保护令的,人民法院应当受理。

反家暴法还强调，如果当事人是无民事行为能力人、限制民事行为能力人，或因为受到强制、威吓等原因无法亲自申请人身安全保护令，其近亲属以及公安机关、妇联、居委会等机构可以代为申请。

长期以来人身安全保护令需要依附其他案由，此次反家暴法将人身安全保护令规定为独立案由是一个突破，家庭暴力受害者可以独立申请人身安全保护令，特别有利于家暴受害者，扩大了申请人的范围，有困难的可以口头申请，最大限度保护家暴受害者，将保护令分为一般保护令和紧急保护令，对于严重家暴受害人有利于及时隔离，避免暴力升级。

闫某（女）于 2014 年 12 月 4 日与阿某登记结婚，双方婚前缺乏了解，感情基础薄弱，婚后阿某经常因家庭琐事对妻子闫某实施殴打、谩骂、恐吓、残害等暴力行为，即使是在闫某怀有身孕四五个月的时候，依然被阿某从炕上拽下来拳打脚踢至当场昏厥并将闫某拖到屋外不让进屋。

忍无可忍的闫某向法院申请人身安全保护令，要求禁止阿某实施家庭暴力；禁止阿某骚扰、跟踪、接触闫某及其近亲属。法院经过审查，认可了闫某的主张，并于 2016 年 3 月 16 日下达了有效期为 6 个月的人身安全保护令。接到法院签发的人身安全保护令后，施暴人阿某向法院申请复议，法院经审查，驳回了阿某的复议申请。

本案是《反家庭暴力法》施行后内蒙古首例家庭暴力人身安全保护令案，也应该是国内首例施暴人就法院签发的人身安全保护令申请复议的案件，具有重要的现实意义。

人身安全保护令制度已经施行五年了，但是人身安全保护令在涉及家庭暴力案件中的普及率并不高，人身安全保护令的适用率也没有大幅度的上升而达到理想化的状态，存在申请数量偏少、地域分布不均衡、签发主体多为基层法院、审理时限存在部分超期等现象，多数的受害人并不知道可以申请人身安全保护令来保护自己。这种种问题存在的主要原因在于，人身安全保护令的申请内容不宽泛、保护种类不全面、证明规则不明确、送达执行不合理等造成的困境。

要想解决上述问题，首先，申请主体范围广泛。申请人的范围不仅仅局限于家庭成员，而是扩展到家庭成员以外的人，尤其是有血缘关系或者婚姻关系以外的人，甚至德国将工作的同事之间也列为可以申请保护令的范围之内。将申请人的范围进行扩大，有利于提高人身安全保护令的普及率以及适用率，让更多受到暴力行为的受害人寻求更多、更专业的救济方式。其次，保护令的种类齐全。不管是英美法系还是大陆法系的国家和地区，人身安全保护令的种类繁多。各个立法除了禁止家庭暴力外，不管是美国的解除令、限制探望权令，还是英国的占有令和禁止侵扰令，内容都是既详细又全面。人身安全保护令的种类丰富有利于法官面对形式各样的家庭暴力，在实践中能够更好地运用保护令来保护申请人。最后，各机关送达执行明确。美国的民事保护令是由警察进行执行；英国的民事保护令是由法院和警察多方机关共同执行，但是警察是最为重要的执行机关；德国的保护令同样是由法院和警察执行，但是警察占据着执行的主导地位。因此，只有如此人身安全保护令制度才能走向新的发展，也才能在防止家庭暴力中起到应有的作用。

6.“同居”等共同生活关系也适用

《反家庭暴力法》顾名思义肯定适用于家庭成员之间，现有法律对家庭成员的界定是基于血亲、姻亲和收养关系形成的法律关系。有些人之间虽然不属于家庭成员关系，但他们之间由于特殊的亲密关系或因法律规定而产生类似于家庭成员之间的生活关系和权利义务，他们之间发生暴力的情况也比较普遍。本法附则中明确表示“家庭成员以外共同生活的人之间实施的暴力行为，参照本法规定执行”，这意味着监护、寄养和同居等关系的人之间发生的暴力也被纳入到家庭暴力中，受到法律约束。

李某和马某因感情不和离婚，随后又因遗漏的财产未分割产生纠纷，再次形成诉讼。马某拒绝到庭参加诉讼，还不断发短信对前妻李某进行威胁、恐吓、骚扰。李某将这一情况告知了法庭，法庭与马某电话沟通后，马某仍不收敛。

法庭调查得知，在纠纷前马某就曾到李某的单位进行谩骂和骚扰，李某整日担惊受怕，为此还三次搬家躲避。

法院认为，马某用短信对李某持续进行威胁、恐吓，给李某造成巨大心理压力，已构成家庭暴力，遂制作人身安全保护令向马某送达，同时向马某所在地派出所、居委会和当地妇联送达。经公安机关备案和约谈，马某未再进行短信威胁、恐吓和骚扰。

《反家庭暴力法》的适用范围主要在家庭成员之间，但因具有同居关系、恋爱关系等共同生活成员之间的暴力行为本质上与家庭成员之间发生的暴力行为无异，故《反家庭暴力法》在附则中规定此种情况参照该法执行。

本案中，李某与马某系前配偶关系，马某实施的精神暴力依附于曾经的夫妻关系，依附于曾经的共同生活，依附于夫妻关系存续之间对李某的实际控制，故法院制作人身安全保护令对马某进行制裁，对李某进行保护是符合《反家庭暴力法》的立法本义和基本精神的。

应该指出的是，因《反家庭暴力法》在附则中规定，参照该法执行的是“家庭成员以外‘共同生活的人’之间实施的暴力行为”，故前配偶之间发生的暴力行为，原则上掌握在双方离婚后一年之内，一年以后发生的，原则上不适用反家庭暴力法的规定。

《反家庭暴力法》从各个方面对家暴的行为进行预防、处理，调动各方组织为家暴受害者提供保护，它对于救助被家暴者有着重要的意义。但同时，家暴的受害者也应增强法律意识，在遭遇到家暴之后，应勇于寻求帮助，以维护自己的合法权益。

反家庭暴力已成国际共识，针对家庭暴力立法已成国际共识，司法介入、社会救助是我国基本的反家庭暴力手段，逐渐获得普遍认同。我国法学界关于家庭暴力问题的研究重心正在由家庭暴力的内涵、类型、原因、特征等转向家庭暴力的发生率、覆盖率、救济率，通过司法程序确保家庭暴力当事人的合法权益，通过社会救助方式实现社会对家庭暴力“零容忍”态度的全面铺开，通过反家庭暴力的立法保障婚姻家庭与社会的和谐与稳定。①

家庭暴力案件审判程序的整体完善、人身安全保护裁定制度改革、家庭暴力采证方式与证据规则、施暴者处遇计划、各机构行政责任分配、家庭暴力嫌疑者通报机制、反家庭暴力社会联动机制等方面的研究日渐成为学术研究的热点。我们认为，集中研讨反家庭暴力，有利于实现反家庭暴力领域研究的综合，有利于及时回应实务界的反家庭暴力，有利于确保我国家庭暴力案件审判的公正与准确，有利于推动家庭暴力案件民事审判程序的改革，有利于为我国反家庭暴力的宏观改革和微观实践提供可行性建议，以求最

① 张建霞. 浅析防治家庭暴力救助措施的优化[J]. 赤峰学院学报(汉文哲学社会科学版)，2014(3).

大限度地发挥实际应用价值。[①]

第二节　我国反家庭暴力有关法律的完善

一、《反家庭暴力法》立法的不足

（一）未把性暴力和财产暴力纳入家暴的客体范围

家庭暴力的客体范围主要解决何种行为构成家庭暴力的问题，在这一问题上，各国立法几乎都遵循国际公约对妇女的暴力行为的定义，把家庭暴力的客体限定在身体、性和精神方面。

近年来，我国的一些法院也在这方面作出了有益探索，例如在2016年常州市某基层人民法院审理的王某诉张某离婚案中，法院认定被告张某实施性暴力属实，因此判决准予原、被告离婚。而《反家庭暴力法》未采取通说观点，将家庭暴力的客体范围局限在了身体和精神领域。

（二）未规定举证责任的分配

在现行的诉讼法律制度之下，涉及家庭暴力的民事诉讼依然要遵循"谁主张，谁举证"的原则，但我们也不能忽视家庭暴力"认定难"的问题。统计结果表明，目前我国各级法院对家暴的认定率不足1成。[②] 为此，《中华人民共和国反家庭暴力法（草案）》曾规定，法院在审理该类案件时，必须合理分配举证责任。

（三）未建立反家庭暴力公益诉讼制度

目前，我国并未建立反家庭暴力公益诉讼机制，当家庭暴力发生后，除非涉及刑事犯罪，否则公权力机关不会主动介入其中。例如在轰动一时的李某离婚案中，李某的妻子从2006起就开始遭受家庭暴力，但她一直选择沉默，直到2011年才鼓起勇气向法院提起离婚诉讼。所以为了更好地保护弱势群体的利益，有学者认为应当在《反家庭暴力法》中增设公益诉讼制度，赋予妇联、公益法律组织、检察机关以适格的原告主体资格，提起反家庭暴力公益诉讼，并制定相应的配套制度。

---

① 罗杰. 家庭暴力立法与实践研究[D]，重庆：西南政法大学，2012.

② 王琴，对实施反家庭暴力法的探讨[J]. 新西部（理论版），2016(6).

二、《反家庭暴力法》实施的困难

（一）法律宣传推广不够

尽管司法、妇联等部门对该法进行了各种形式的宣传解读，但大部分人对具体条文和规定措施只是大概了解，并不熟知；还有一些群众尤其是农村边远地区妇女对该法知之甚少。

个案8：“其实我觉得最明智的还是寻求法律上的帮助吧。这个反家庭暴力法我也是进来了之后，才知道有这么一个法律。如果但凡当初我能寻求法律也好，亲人的帮助也好，也不会走上这一条路，是不是的。可能就是说结果会比今天的好很多很多，最起码我不会缺失孩子这个童年的成长吧。这个事，以后我怎么都弥补不了的是吧？就是说希望我的这种经历，我希望以后啊，最好说不要有。”

（二）事前预防和危险评估机制不完善

家庭暴力事件，往往在矛盾产生、冲突发生时较轻微。但是，如果对家庭暴力的危险程度，缺乏科学和行之有效的评估标准，以及积极有效的预警机制，预防处置措施没有及时到位，则可能演变成难以处置的家庭暴力。调研中，个案2就是家暴施暴者三番五次对受害人及家人进行殴打，且被公安机关处理过仍然故技重施，屡教不改，给受害人及家人的身心带来极大的伤害，施暴者刚被释放回来就扬言要杀掉受害人及其家人，受害人内心充满了恐惧和绝望，在认为不是你死就是我亡的情况下，伙同其姐夫将施暴者杀害，这个惨剧的发生其实早有征兆，如果先期对其进行危险评估和预警处置，事态的发展可能会是另一个走向。

个案2：“他在派出所保证以后不去姐姐家去砸了，不去砸她亲戚了，我那时候已经跟儿子搬出来了，要躲着他，但是他找不到我的时候，就到我姐家里去闹，就逼着她出来。我的意思是说，我自己受罪没事，我不能连累家里人，然后所以我就又回去了。回去之后就被他关在家里头逼着要钱，然后不给的话就打我，然后我就报警，报警后警察呢还是调解，要这个男的来写保证书这个样子。因为他也没打到这个轻伤或者说是入刑的标准，因为骨头没受伤嘛，应该是软组织挫伤这种黑发青啊，发瘀青啊什么应该是软组织挫伤之类的，所以呢也就这样子。我们就10：00就回家了嘛……报警之后变本加厉了,要杀他姐姐家杀我姐姐家……派出所也是没有办法……到最后我是和我姐夫一家商量,就把就把老公杀掉了。"

（三）各部门联合干预机制不健全

目前,各级妇联积极开展家庭暴力的预防和相关工作,但一个家暴案件的处理涉及公安、法院、民政、卫生、教育、村(居)委会、社区等多个部门,由于各职能部门在处理家庭暴力案件中缺少有效合作,一些受害者遭受家庭暴力后,未能获得有效的保护。公安机关只负责制止家庭暴力的继续,无法承担临时安置和救助受害人,且一些基层派出所对新法中"告诫书"的知晓和使用率低,使得公安部门对施暴者的威慑力降低。

在调研中,这些以暴制暴的女性很多都抱着玉石俱焚的心态,她们认为所处的已经是绝境,她们无处可逃、无路可走,在面对一次次家庭暴力时,她们不知向谁求助,她们也不知道逃离家庭的魔窟后,她们能去哪,这种无助的感觉使她们坠入了无底的深渊。调研中有些女性从心底里呼喊:

个案 2:"国家为什么对家暴不重视,多少好人受到这种伤害,我们两家人受到了这种伤害,管教好这种人,不说十年八年,三年两年可能就好了吧,可是国家为什么不重视不上心呢?"

随着《反家庭暴力法》实施,各部门虽已都加大了工作力度,但是离理想状态还有很大的距离。

（四）反家暴庇护机构建设需加强

市、区反家暴临时庇护机构设在市民政局救助站,由于公众对庇护场所知晓度不高、庇护门槛高、庇护条件有限等原因,到救助站寻求帮助的受害妇女人数虽略有上升,与家暴投诉案件增幅相比,到庇护中心求助的受暴者比例仍然较低。有些地市的庇护所形同虚设,几乎没有受暴者入住过。此外,反家暴庇护机构的经费来源及运营等方面也存在制约。

据全国妇联权益部负责人介绍,全国现有家暴庇护场所 2 000 余家,2015 年共为受害人提供庇护服务 149 人次。家暴庇护中心出现"站点多、庇护少"的情况。

纵观家暴庇护中心的现状,大多数中心无非就是给家暴受害者提供短期的、基本的生活服务罢了,临时救急对受害者的帮助并不大。受害者住下来之后,除了生活服务,还需要心理辅导、法律援助等深层次的服务。在这方面，囿于人力、财力不足，家暴庇护中心往往爱莫能助。当家暴庇护中心数量达到一定水平之后，后续要在质量上多想办法，让其成为家暴受害者的身心庇护所，而不仅仅是提供吃住的“临时旅馆”。

一方面，政府加大软件投入，通过直接介入或购买服务等方式，完善家暴庇护中的软件设施，以期能为家暴受害者提供更多元、更有针对性的服务；另一方面，要引入社会力量，吸纳法官、检察官、民警、律师、心理咨询师等专业人士，以及家庭暴力鉴定中心、反家暴法律诊所等专业机构，共同组成志愿组织，为消除家庭暴力提供更优质的服务。从生活服务到心理服务、法律服务，反家暴救济机构需要不断升级。①

三、《反家庭暴力法》的完善建议

（一）扩大宣传覆盖面

一是建立司法机关和妇联共同承担宣传任务的机制。发挥公检法司等专业法律机关和妇联组织具有广泛联系妇女群众的优势，由司法机关和各级妇联共同承担宣传任务。二是要利用好各种宣传媒介。即通过报刊、影视、广播、网络等新闻媒体加强宣传。三是其他部门参与宣传。如劳动、教育、新闻媒体、工会、共青团、残联和居委会、村委会等在各自工作范围内，开展家庭美德和反家庭暴力宣传教育。四是根据当前城镇化进程加快、人口流动性大、留守人员多等特点，建议有关部门派出专门人员，比如警官、检察官、法官和律师，在乡镇（街道）和村（居）委会的协助下，深入居民区及农户家中宣传。

（二）完善相关配套制度

1. 建立早期筛查和危险评估机制

反家庭暴力工作应遵循预防为主，教育、矫治与惩处相结合的原则。对家暴问题必须早发现、早预防、早处置。各乡镇（街道）要建立家庭暴力预警机制，组织力量挨家挨户进行走访了解，发放《亲密关系暴力危险评估表》，及时掌握有家暴倾向的家庭，列入重点防控清单，降低发生家庭暴力的风

① 反家暴不仅需要庇护站点[EB/OL].（2016-09-13）[2021-07-24]. http://views.ce.cn/view/ent/201609/13/t20160913_15858570.shtml.

险。对已发生的家暴案件,各部门在干预时,应使用《家庭暴力案件危险性评估量表》,评估家庭暴力案件的危险程度,以筛查高危案件,并对全部家庭暴力案件进行分级管理和干预。①

2. 完善相关的配套法规

《反家庭暴力法》出台后,应该在实践中进一步完善相关的司法解释和制度建设。在《反家庭暴力法》出台前,其实很多地方政府已经开始关注这个问题,也制定了相应的地方法规,但是还是需要全国统一性的文件。《反家庭暴力法》的出台,在立法方面有了突破,但是落实到实践中,在针对一些特殊的地区时,还应做进一步的司法解释。②

3. 建立补偿被害人基金制度

政府应考虑建立国家补偿刑事被害人的基金制度,该基金制度只是在刑事被告人不能完全支付刑事被害人赔偿金,为实现刑事被害人权利而制定的一种辅助性制度,而非主要的救济途径。

4. 加强庇护制度建设

应加大对家暴庇护中心的宣传力度,使受害群众在危急时能主动想到到庇护机构寻求帮助。对危险性评估等级高的,相关部门可与民政部门合作将受害人转移到庇护中心。适当降低入住门槛,简化申请手续,关注和服务外来流动人口。完善庇护中心设施建设,增加心理辅导、法律援助等功能。根据条件设立辅导治疗室、娱乐室、图书房等,受害人可以在这里接受针对性的身心重建、再教育,甚至再就业等服务,让其逐步能治愈身心、找回自我平衡,重回社会。

2018 年,上海市嘉定区首个反家暴庇护所——嘉定暖心驿站正式启用。据报道,这是上海地区首个设备功能最齐全的庇护所,也是首个完全按照《反家庭暴力法》的要求进行设计的庇护所。庇护所明确界定了救助人群,即遭受家暴威胁的人,一般是女性、老人和儿童。根据我国《反家庭暴力法》的规定,家庭暴力是指家庭成员之间以殴打、捆绑、残害、限制人身自由以及经常性谩骂、恐吓等方式实施的身体、精神等侵害行为。也就是说,当受害

① 邓小波,李红,罗娟. 家暴危险评估制度全面建立[N]. 中国妇女报,2015-07-31.
② 刘怡纯. 我国反家庭暴力法的立法完善探析[J]. 法制与经济,2018(6).

者遭受辱骂、恐吓等威胁时，即可向反家暴庇护所申请免费救助。

而获得救助的步骤也比较简单。第一步，遭受家暴后，受害者应第一时间拨打110电话报警，如有身体暴力，可在民警的帮助下进行验伤。第二步，持派出所出具的报警证明和本人身份证明材料向其居住地街道（镇）妇联或老龄办提出庇护的书面申请。非工作时间或紧急情况下，受害人可持派出所出具的报警证明及本人身份证明材料直接向反家暴庇护所提出申请，即可获得救助。

简单地说，当遭受家庭暴力时，第一时间拨打110报警。妇女儿童遭受家庭暴力，还可同时拨打全国妇女维权热线：12338。

（三）形成反家暴联动机制

充分利用《反家庭暴力法》中设立告诫制度及人身安全保护令等措施，保护受害者的合法权益。司法局要指导基层司法所、人民调解组织调处家暴纠纷，依法为家暴受害者提供法律援助；公安机关要进行积极干预，将家暴行为纳入110出警工作范围，及时出警，制止家庭暴力，按照有关规定调查取证，协助受害人就医、鉴定伤情，通过批评教育或者出具告诫书对施暴者进行行为约束通知，并协助民政部门将需要安置的人员安置到临时庇护场所、救助管理机构或者福利机构；民政局要设立反家暴临时庇护场所，为符合条件的家暴受害者提供临时庇护，提供临时食宿和心理帮助等必要服务；法院要发挥人身安全保护令制度的作用，重视家庭暴力案件审判工作，对涉及家庭暴力的案件快速审结，严惩施暴者。① 关于人身安全保护令制度，在国外很多国家，是将违反人身安全保护令的行为定性为犯罪行为，是可以直接由警察介入进行抓捕的。而在我国，执行基本上都是由法院来进行。因此在完善人身安全保护令制度方面，建议公安机关可以对执行的压力进行一定的分流。首先，法院在选择如何保护人身安全的种类上，可以有相对的自由裁量权，根据经验作出判断，而不是完全听取当事人的意见。不能为了完全顾及当事人的隐私而忽视了公权力的介入。因为《反家庭暴力法》的立法宗旨之一就是为了让公权力介入到私权利领域，进而对私权利进行相对

① 广西12家单位联动推进实施《反家庭暴力法》[EB/OL].（2016-03-01）[2020-04-20]. https://www.sohu.com/a/61319640_121315.

不越权的保护。太过小心的审判并不利于案件的执行。其次,在申请人身安全保护令的申请人范围上也可以做适当的扩大。随着家暴范围的扩大,为了加大对未成年人的保护,也可以将学校等教育机构纳入申请人的范围。最后是现行的《反家庭暴力法》并没有对违反人身安全保护令的法律后果做出相关规定。因此假如是夫妻间的家暴行为,严重的应该在刑法中以相应的刑事罪名进行惩罚。如果没有具体的惩罚措施,反家暴的实施效果并不能达到预期的目标。①

(四)对受暴者给予就业帮扶

《反家庭暴力法》规定人身安全保护令可以不依附于其他诉讼单独提出,这成为受暴者维权的重要利器,但人身安全保护裁定只是一种临时性司法救济措施,如果不能解决家暴受害人的后顾之忧,让其有底气坚强起来,最终还是不得不依附于施暴者。建议对受暴者进行文化技术和生存技能的教育培训,增强妇女自身"造血"功能和自主自立意识;有条件的安排她们在社区企业或社区服务业中就业,帮助她们走出困境,树立生活的信心。

家庭作为社会的组成部分,家庭的和谐不仅是建设和谐社会的基础,更是社会团结安定的因素。也就是说,家庭暴力不再是发生在家庭内部的矛盾,而是关系整个社会安定团结的大事。每个人的基本人权都应被尊重和平等保护。权利遭到侵犯时,沉默的态度不会让不法侵害停止,反而会助长侵害者的嚣张气焰。《反家庭暴力法》的出台是一大进步,但其在实践中的不足也还有待完善。通过对法律救济方面不足进行完善,来保证公民的合法权利受到公权力的保护,着重体现了我国执法为民的本质。而家庭暴力的监督与防治工作需要整个社会的支持,政府要加大宣传力度,提高公民维权意识。让每个公民都学会维权,保护自己的基本人权不受侵犯,这才是构建和谐社会的本质。希望我国反家庭暴力法律救济尽早完善,使得公民有法可依,以促进法治国家的建设。

① 杨琦.我国反家庭暴力法律制度研究[D].荆州:长江大学,2017.

第八章　家庭暴力"恶逆变"犯罪预警机制

教育家苏姆霍林斯基曾说："家庭是第一个源泉，伟大的爱国主义情感和信念的巨流是从这里开始奔流的。"家庭是组成社会的一个个基本单位，但是，家庭暴力不仅对家庭内部的和谐造成了严重损害，也影响了社会的健康发展。据《最高人民检察院工作报告》统计：2016 年我国检察院起诉家庭暴力犯罪 5134 人，这个数字还不包括家庭暴力的自诉案件和那些未诉诸法庭的案件，纵观这些家暴案件，我们发现大多具有干预措施缺乏的特点。① 根据家庭暴力案件的具体情况来研判警报等级，采取相应程度的干预措施，建立完善的家庭暴力预警机制，有效制止家庭暴力事件的恶性演化，是值得我们探讨的一个问题。

预警一词最早出现在军事领域，随着社会的发展，预警理论在社会上各行各业得到广泛的应用。② 所谓的预警机制，本义上是指预先发布警告的制度，通过及时提供警示的机构、制度、网络、举措构成的预警系统，实现信息的超前反馈，为及时布置、防患于未然奠定基础。家庭暴力预警机制，则是指在家庭暴力发生之前或者家暴早期，预先通过各种提供警示的机构制度等对可能发生或者即将发生的家庭暴力进行制止，防患于未然。

近年来，我国政府重视防治家庭暴力，并采取各种措施来预防家庭暴力。法律的完善、制度的建立虽然取得了不错的成效，但是反家庭暴力是一个十分繁杂的系统工程，很多问题都亟须解决。

家庭暴力防治应当坚持早期干预、预防为主的原则，介入越早，效果越好。家庭暴力预警机制是预防家暴发生的第一道防线，所以推进家庭暴力预警机制的建设对防治家庭暴力来说必不可少。下面我们将从当今家庭暴力预警机

---

① 束彦璇. 家庭暴力犯罪预警管理机制的构想[J]. 法制与经济，2019(4)：111—115.

② 刘松霭，邵丹，王培沛. 就业预警机制的中国文献综述研究[J]. 黑龙江科学，2019，10(7)：70—71.

制建设现状、预警机制的流程以及如何构建家庭暴力预警机制来进行阐述。

第一节 家庭暴力预警流程构建

一、家庭暴力预警机制建设现状

我国对家庭暴力预警机制的研究呈现出以下趋势和特点：

一是研究领域略显狭窄。在中国知网上，以家庭暴力预警为主题，查询到的文献屈指可数，且多数理论研究的方向在于公安机关的家庭暴力预警机制建设与管理，但是在现实生活中妇联、司法系统、社会组织和社区街道等也应参与到家庭暴力预警机制的建设。

二是针对家庭暴力的预警机制研究略显不足。虽然有很多学者将防治家庭暴力作为自己的研究方向，但是很少想到机制建设，缺乏实质有效的机制，对家庭暴力预警机制建设的构想并没有全部成为现实。

三是预警机制内容不完善。即政府、社会和家庭对家庭暴力仍然不够重视，现阶段的研究大多处于防治家庭暴力的理论研究，没有提出建设家庭暴力预警系统机制的具体方法。

四是现存在的家庭暴力预警机制缺乏可操作性。工程量大、涉及面广、机制建设复杂等成为家庭暴力预警机制上的一个个难题，实际操作面临两难境地，即现有机制无法做到准确研判家庭暴力发生的可能性，机构也无法有效干预家庭暴力。

综上所述，我国家庭暴力预警机制还有待完善。国外的理论相对成熟，他们提出了很多具有实践性意义的防治措施并得以实践成功，这些成功防治家庭暴力经验可以成为我们借鉴的对象，但是，我国地域广人员杂，家庭单元繁多，所以，我国现阶段防治家庭暴力的出路在于汲取别的国家成功理论和经验的基础上，寻找一条适合我国的防治家庭暴力之路。

二、家庭暴力预警机制建设的流程

（一）科学研判，确立预警机制建设思路

坚持以问题为导向，针对试点街道、社区家庭暴力现状、处置家庭暴力

问题的基本程序和基层组织在参与处置家庭暴力过程中的主要困难和原因进行分析研究，研讨确立“筛选建立脆弱家庭信息库，对家庭暴力发生的风险进行专业评估，根据风险级别实施相应干预和预防措施”的总体思路。① 同时，明确建立脆弱家庭信息库、设计预警级别、组建志愿队伍等三项任务作为机制建设支撑载体的工作，确保实现对风险家庭动态跟踪、有效预防家庭暴力发生。

1. 建立脆弱家庭信息库

脆弱家庭信息库的建立要依据家庭成员或亲朋好友对家庭暴力事件的报备来确定的家庭暴力发生的可能性以及通过家庭暴力识别工具与识别方法发现的信息为基础数据。

脆弱家庭信息库的内容主要包括以下三个方面：

(1) 基础信息：家庭成员基本信息、身体健康状况、性格特点、家庭成员关系状况、家庭经济状况、家庭结构、成长特殊经历等。

(2) 咨询信息：咨询问题、家庭暴力起因、严重程度、情绪状态、行为表现等。

(3) 近期重要生活事件：家庭暴力发生时间、地点，施暴手段、施暴次数等。

2. 设计预警级别

在实施干预和干预措施之前，要判断家庭暴力的严重程度级别，根据相应的级别来预警。所以在信息库中要把每个脆弱家庭的档案分为四个预警级别，分别用灰色（四级）、蓝色（三级）、橙色（二级）、红色（一级）来标注，方便相关人员进行干预，有效预防或者阻止家庭暴力事件的发生或者反复发生。

家庭暴力的四个预警级别根据以下来判断：灰色（四级）：轻微暴力，偶然实施暴力，造成轻微伤的。蓝色（三级）：一般暴力，造成轻伤害的。橙色（二级）：造成重伤的，虽然没有造成严重伤害，但是属于长期进行肉体和精神摧残情形的。红色（一级）：极端暴力，致人严重残疾甚至死亡的。

① 成都市妇联．着力推进反对家庭暴力预警机制建设[J]．中国妇运，2016(1)：31—32.

3. 组建志愿者协作队伍

选聘有素质、有经验，懂方针政策、懂法律法规、懂心理辅导、懂调解技巧，并热心社会公益事业的优秀人才组建义工队伍，负责日常的家庭辅导、心理疏导等工作，他们经过培训，结合"零家暴"社区创建和个人的工作阅历经验等，为来访者提供更加专业和温馨的服务。同时，号召更多的90后年轻人加入到反家庭暴力行动中来，他们将发挥专业所长，到社区、学校、企业宣传反家庭暴力的相关法律政策

志愿者队伍应该要具备以下素质：一是向身边人宣传反家庭暴力相关知识；二是在发生家庭暴力案件时，能够及时报警；三是熟悉家庭暴力相关法律法规，能够配合公安部门或相关单位做好家庭暴力案件的调查取证工作；四是参加反家庭暴力知识"进社区、进学校、进企业、进农村、进家庭"等社会活动；五是积极参加反家庭暴力知识培训，提高自身反家庭暴力素质和履行志愿服务职责的能力。

（二）专业测评，实时跟踪家庭暴力风险家庭

制定家庭功能评估量表是进行家庭暴力专业测评的重要步骤。家庭功能的定义可分为柔性指标和硬性指标①，其中柔性指标包括情感反应、卷入程度、行为控制和价值观；硬性指标包括问题解决、沟通和角色定位。这些指标亦是家庭功能评估量表的主要维度。国内常用的评估量表有FAD、APGAR、FACESII、FES和FFS等，这些量表各有其优势②，为反家庭暴力中心制定家庭功能评估量表提供了重要参考。

反家庭暴力研究中心从诱发家庭暴力行为发生的因素着手，结合社区管理中的现有资源与条件，制定《家庭功能评估量表》，组织存在家庭暴力隐患或婚姻问题的家庭成员自愿参进测评，评估筛选出脆弱家庭。此外，将存在吸毒人员、精神病人、社区矫正人员、刑满释放人员等暴力风险因素较高的家庭信息也纳入"社区脆弱家庭库"。同时，根据对脆弱家庭的风险级别评估，辅以分类的专业预防措施。在此基础上，依托社区网格化管理平台，

① DAI L, WANG L. Review of family functioning[J]. Open Journal of Social Sciences, 2015, 3(12): 134.

② 栾风焕，杜亚松. 家庭功能评估量表的应用现状[J]. 中国儿童保健杂志，2016，24(12)：1287—1289.

通过社区管理网格员的一日两巡，动态掌握高危家庭情况，及时化解矛盾纠纷，有针对性地预防和制止家庭暴力的发生。

（三）甄别重点，实施早期干预和帮扶

预警机制的优势体现在对隐患家庭问题的早期筛查、提前干预和精准服务上。如针对因高考失利可能引发的家庭暴力问题，提前与学校对接，对学生开展心理辅导；针对老人群体，教会他们将报警电话设置为快捷键。所以在家庭暴力问题上，针对存在家庭暴力隐患的家庭，组织专业人员上门走访关怀，促进家庭成员之间的沟通交流；针对家庭女性成员，通过母亲家庭角色的讲座引导其提高自我保护意识；针对已发生家庭暴力的家庭，引入法律工作者、心理辅导人员等专业人士从人身保护、矛盾化解、心理疏导等方面强化干预，实施早期的干预和精准帮扶。①

第二节　家庭暴力预警机制构建

构建预警机制需要遵循及时、全面、高效、引导的原则。首先应该将家庭暴力问题纳入社会综合治理范畴，构建一个由政法委为首，人大法工委、公安、检察、司法等部门共同参与的家庭暴力防控、制裁和救助机制。其次建立健全公安预警机制，在各个派出所、警务室挂牌成立"家庭暴力投诉站""家庭暴力投诉点"，在市公安局成立"家庭暴力伤情鉴定中心"和"110 家庭暴力报警中心"，以及时有效地预防、制止家庭暴力的发生。另外，其他例如妇联、社区街道、社会组织等等要共同参与到反家庭暴力预警机制建设中来，做好辅助工作，为受害者提供实实在在的帮助。

一、多机构共同参与家庭暴力预警机制建设探索实践

（一）公安机关

根据当前的法律规定，公安机关只能在接到报警电话之后才能开始处理家庭暴力案件，对于一些潜在的家庭暴力案件无法强制性介入，对于即将发生但没有接到报警的家庭暴力案件缺乏有效的干预措施。因此，公安机

① 成都市妇联．着力推进反对家庭暴力预警机制建设[J]．中国妇运，2016(1)：31—32.

关对家庭暴力的干预处于一个事后处置的位置，缺少有效的排查预警机制，导致工作长期处于一个被动状态。凡事预则立不预则废，家庭暴力的防治更多的是体现在"防"上，在公共卫生领域有一套三级预防概念，这同时可以运用到家庭暴力案件的防控中来，建立预防机制，将关口前移，可以将家庭暴力化解在萌芽阶段。2016 年 6 月 30 日，济南市出台了《关于贯彻落实〈中华人民共和国反家庭暴力法〉实施意见》，要求基层公安派出所积极展开家庭暴力风险评估，对存在家庭矛盾突出，家庭暴力高风险的家庭进行排查，第一时间发现并制止倾向性、苗头性家庭矛盾纠纷。这一举措正是反家庭暴力预警机制建设的内容之一。

公安机关对家庭暴力案件介入越早，防范的效果就越明显，可以说预防是最普遍适用的防范暴力措施。对家庭暴力的预防，仅仅依靠现有的事后处罚的措施远远不够，这种方式也只能助长施暴者的嚣张气焰，反倒无法有效保护被施暴者的人身安全，最终使她们受到更大的伤害。因此，建立公安机关预警机制的意义重大。①

公安机关主要从以下几个方面对家庭暴力进行预警：

1. 走访摸排，联合多机构共同预防

基层民警深入社区与群众面对面交流的机会多，平时可以通过走访，了解掌握区域内家庭暴力发生的具体情况，制作反家庭暴力警示卡和告知卡向社区发放，预防家庭暴力的发生。社区民警因为长期在其管辖的社区工作，对社区情况较了解，与同社区的其他组织也有长期的合作，具有较好的群众基础。所以可以通过社区内其他群众的反映，掌握一些平时难以掌握的案件线索，结合实有人口管理，通过摸排，对家庭暴力较突出的家庭做好登记，进行提前的预警掌控，减少民警干预家庭暴力的诸多不利因素，将家庭暴力控制在萌芽状态。

公安机关应与其他机构实现信息共享，联合办案。如在街道层面可成立反家庭暴力工作小组，公安机关协同社工部门开展相关预防宣传活动；与综治办通过制止、批评教育等进行家庭暴力干预工作；与司法调解中心开展调解、疏导工作；与其他政府部门一起推行各种关爱项目，及时跟进法律援

① 孟洋. 公安机关反家庭暴力问题研究[D]. 济南：山东大学，2017.

助、心理疏导等社会支持，从而在社区形成不施暴、不受暴、不旁观的氛围。[①]

2. 建立案件特别档案和回访制度

由于家庭暴力具有隐蔽性和反复性的特点，所以对于公安机关，对已经发生过家庭暴力事件的家庭，更应该特别关注。对于实施过家庭暴力的施暴人，由公安机关建立个人特别档案，可以将家庭暴力告诫书及档案信息录入公安警务信息综合应用平台人口管理中的重点人口管理模块，档案中应当包涵记载有接处警记录、鉴定意见、证据照片、询(讯)问笔录、告诫书、家庭暴力风险评估表以及处理结果、家庭暴力书面报告、定期回访记录等材料。

之所以要建立家庭暴力档案，一是该档案记录可以成为证明家庭暴力长期性存在的证据；二是可以对施暴者的暴力倾向进行评估；三是对施暴者有一定的警示作用，使施暴者能自觉约束自己的行为；四是在受害人诉诸民事法律救济时成为有效的证据支撑，如美国警察在家庭暴力发生后要及时做出家庭暴力的书面报告，而且受害人可以要求警察局免费提供一份警察报告的复印件等；五是有助于信息的查询，英国 2013 年《克莱尔法案》规定，允许女性通过警方查询伴侣暴力前科。档案的完善，有助于受害人寻求其他法律途径。该制度类似于金融系统的个人诚信档案，将曾经或长期存在家庭暴力行为的人员列入特别管理中来，如此，当公安机关再次接警时可以及时有效地作出反应，对施暴人进行主动预警、干预并进行重点管控。

山东省公安机关每年在全省范围内实施“安全感和满意度”调查回访活动。在此基础上，公安机关普遍确立了“110 满意回访”制度，但此制度只针对公安机关工作人员在处置案情上有无不规范行为。根据这一启示，公安机关可以依托回访制度，对遭受过家庭暴力的受害者进行回访，及时掌握家庭情况，表明公安机关对案情的关注度，有效对施暴者进行震慑，减少家庭暴力事件的发生几率。公安机关也可以同妇联或者社区街道等机构联合建立区域内跟踪回访制度。妇联在接受到公安机关抄送的告诫书后及时与受害者进行联络，并提供必要的法律援助。妇联也可与公安机关在一定时间内共同开展回访工作，警示施暴者及时纠正违法行为，共同维护家庭内部和谐。

---

① 周飞. 浅谈公安机关介入家暴预防机制的建立[J]. 上海公安高等专科学校学报，2015，25(4)：21—28.

（二）妇联

伴随着经济体制、社会结构、思想观念的深刻变化，影响家庭和谐稳定的主观因素越来越多，家庭矛盾不断积累爆发，严重影响了家庭和社会的和谐健康发展。党的十九大提出“打造共建、共治、共享的社会治理格局”。因此，妇联着力打破制度性障碍与束缚，发挥“联”动效应，推动反家庭暴力工作试点的规范化、制度化，努力打造共同治理、综合治理的反家庭暴力社会治理格局，从源头上预防和制止家庭暴力，维护妇女的权益。妇联组织具有独特的优势，可以很好地联系群众和协调多部门合作，2016 年，成都市妇联为了更好地维护女性合法权益，已经在试点建设反家庭暴力预警机制，将家庭暴力扼杀在萌芽状态。

1. 开展家庭暴力危险评估模式

妇联在解决家庭暴力问题上有着自己的优势，能够深入家庭，通过访谈深入了解家庭内部关系。建设预警机制的第一步就是开展家庭暴力危险评估模式，对家庭暴力个例进行评估分级。对每一户家庭进行风险评估和风险评判，掌握不同家庭成员的特点，以及家庭成员的性格构成，做到前期的摸索了解，通过自愿参与，确定家庭的风险，以达到重点监控和提前预防，然后后期及时干预的这样一系列模式。另外，通过联合高校、社区、机关以及志愿者队伍，提供法律咨询援助，心理咨询建设等。

2. 建立家庭暴力告诫制度

2013 年江苏省高级人民法院、江苏省人民检察院、江苏省公安厅和江苏省妇女联合会联合印发了《江苏省家庭暴力告诫制度实施方法（试行）》，江苏省在全国率先建立家庭暴力告诫制度，保护受害人权益，维护家庭和社会的和谐稳定。家庭暴力告诫制度的建立能够对家庭暴力进行一定程度上的预警，有效地警示和教育家庭暴力加害人，有效地预防和减少因家庭暴力引发的恶性案件的发生。妇联应主动配合公安机关做好家庭暴力投诉的调节和处理工作，在收到公安机关抄送的告诫书后应及时与受害人进行联络并提供法律帮助。

3. 完善回访评估机制

家庭暴力具有反复性，即使离了婚，法院发布了民事保护令，家庭冲突仍会存在，威胁到妇女的人身健康，基于这一原因，家庭暴力案件解决后，基层妇联组织仍要以问卷、电话、家访等形式对受暴妇女进行回访，了解处理效果和妇女的反馈意见。回访的作用是及时反馈情况，避免妇女再次遭受家庭暴力，达到预警的目的。①

4. 推动多方力量共同合作

妇联要发动各方力量，引进专业社工，招募职业律师、心理咨询师、家庭教育指导师、婚姻家庭咨询师等专业人士，孵化培育家庭指导服务中心成为妇女儿童维权工作的专业助力。组织街道、社区妇干开展实务操作系列培训，增强妇联系统维护干部的群众工作能力，就日常信访维权工作中经常涉及的各类问题、典型案例等，总结工作经验、提出应对措施，组织相关领域专家编写工作手册，为一线工作人员提供指引、拓展思路，推动日常工作科学化、专业化、规范化。

（三）司法系统

我国公安部门严格按照110接警中心的实际流程与法律规定，以最快的速度有效解决家庭暴力事件，并将事件的基本情况如实上报到司法机关或妇女基层组织。② 而检察机关单位需要对案件进行监督立案、侦查审核、公平审判等，对情节恶劣者进行逮捕处理。我国法院成立家庭暴力专项法庭，根据审理的具体家庭暴力事件，以及法律适用度、量刑要求、赔偿限额等，规范审判标准，从而达到保护受害者权益的目的。司法机关需要不断扩大关于家庭暴力援助的范围，合理把控家庭暴力案件法律援助的实施标准，并加大财力、物力、人力投入力度，促进法律救护队伍的建设与发展。

2012年，在市人大颁布实施《成都市妇女权益保障条例》中设立了预防和制止家庭暴力专章，对预防、调解、制止、证据采集、起诉、庇护等作了专门规定，强化了预防和制止的措施，为从源头防治家庭暴力提供了法律保障。2013年，武汉市硚口区人民法院仁寿法庭被确定为武汉市实施反家庭暴力人身安全保护令试点单位。在试点工作推进以来，仁寿法庭积极开展家庭暴力受害人人身安全保护工作，尝试建立反家庭暴力红黄蓝预警制度，在全年受理的312件离婚案件中，对63件案件启动了蓝色预警，对12件案件启

① 于佳鑫. 庄河市基层妇联组织干预家庭暴力问题研究[D]. 大连：大连理工大学，2018.

② 成都市妇联. 着力推进反对家庭暴力预警机制建设[J]. 中国妇运，2016(1)：31—32.

动了黄色预警。通过预警,潜在的家庭暴力威胁被有效控制,所有案件在诉讼过程中无一例家庭暴力投诉。武汉市硚口区人民法院家庭暴力预警工作的开展为我们建设家庭暴力预警机制提供了关键思路。

1. 细化预警分级标准

武汉市硚口区人民法院制定了《关于实施反家庭暴力分级预警工作的暂行规定》,为不同严重程度的家庭暴力案件启动的预警不同,从而更好地实施干预。所以,司法系统应该在充分学习调研的基础上,对家庭暴力预警机制的实施主体、分级标准、应急方案的制定和执行等问题进行全面的规定,要求对有证据证明当事人正在受到家庭暴力的案件启动红色预警,对虽有当事人自述但无证据证明其正在遭受家庭暴力,或者虽声称暂未受到家庭暴力威胁、但经评估认为近期发生家庭暴力风险较高的案件启动黄色预警,对当事人自述或有证据证明显示其曾经遭受到家庭暴力,但暂未受到现实的家庭暴力的案件启动蓝色预警。

2. 科学制定应急方案

对启动红色预警的案件,承办法官及时逐级汇报,引导受害者申请人身安全保护裁定。对启动黄色预警的案件,承办法官于三个工作日内向庭长汇报,组织开展相关核实取证工作,引导受害者向公安机关求助。对启动蓝色预警的案件,由承办法官从是否共同居住、近期是否发生争吵及对施暴方的主观判断等方面进行风险评估,评估后认为近期发生家庭暴力风险较低的,向施暴方释明相关法律责任,评估后认为近期发生家庭暴力风险较高的,升级为黄色预警。

3. 认真开展核查工作

为了确保当事人家庭暴力指控的真实性,避免因虚假投诉导致法院错误地作出人身安全保护裁定,损害对方当事人的利益,对所有实施预警的案件均积极寻求妇联组织、街道社区等部门的帮助,共同开展相关核实取证工作。在某离婚案件的立案过程中,当事人声称正在遭受家庭暴力,但未提供任何证据予以证明。法院启动黄色预警后,区妇联迅速与街道社区取得联系,配合法院开展相关调查工作。后经社区工作人员查实,一方当事人存在精神疾病,过去也曾实施过家庭暴力,但夫妻双方已分居多年,并无现实的暴力威胁。据此,法院将黄色预警降至蓝色预警,并根据相关法律规定,及时引导当事人了解对方是否具备相应的民事行为能力，避免因主体不适格导致诉讼延误，减少了当事人的诉累。

（四）社会组织

我们可以从美国家庭正义中心联盟借鉴：以司法机构为主导，联合社会公共部门和民间组织为家庭暴力受害人提供一站式服务，避免受害人在接受不同机构服务与援助的过程中，反复讲述、证明她/他们的悲惨遭遇；有针对性地为受害人提供安全计划、案例管理、咨询服务、法律援助、住房援助、经济援助等。①

我国为了有效地遏制家庭暴力事件的发生，积极建立了众多妇女维权服务站。妇女组织在乡镇街道、妇联基本组织的基础上，构建妇女维权服务站，并聘请专业的律师人员、法律志愿者等为受到家庭暴力侵害的受害者提供专业的法律咨询帮助，定期组织施暴者参加协调教育活动。②

同时，我国成立了家庭暴力投诉中心。妇女组织联动公安部门，在所在地区基层派出所设置家庭暴力投诉中心，如若发生家庭暴力，家庭暴力投诉站会在最短时间内接受受害者的报案、投诉等，并且在第一时间内出警，有效遏制家庭暴力行为。公安管理部门针对家庭暴力行为事件，依据有关法律法规进行惩戒，并以我国《刑法》《刑事诉讼法》等法律条文为基础，针对情节恶劣的事件现象，依法对其进行严肃处理，另外，以《治安管理处罚法》为依据，对施暴者进行严厉的教育批评。③

此外，我国依法设立了家庭暴力庇护站，这有利于促进社会和谐发展，有利于共同建设良好的社会环境。当社会弱势群体面对家庭暴力事件自身难保时，政府为其提供安全的避难所，控制家庭矛盾恶化升级。妇女组织与民政部门强强联合，共同设立家庭暴力庇护站，为正在遭受家庭暴力、无家可归的妇女伸出援助之手，为其提供庇护，在确保受害者能够正常生活的基础上，给予其心理援助与法律帮助。

美国华盛顿地区设有女性律师会所，专门为妇女提供无偿式法律援助，

---

① 余定猛，王俊. 家暴治理体系中公安机关面临的挑战与应对[J]. 中国人民公安大学学报(社会科学版)，2018，34(5)：100—106.

② 陈瑞. 妇女组织干预家庭暴力的司法应对[J]. 社会与公益，2019(6)：20—23.

③ 束彦璇. 家庭暴力犯罪预警管理机制的构想[J]. 法制与经济，2019(4)：111—115.

保护妇女、儿童的权益免受侵害,为女性受害者提供法律保护和有关法律诉讼等帮助。美国针对各项妇女保护权益设立相应的女权活动基金会、女性健康协会等,不仅有效地保护了女性的合法权益,还推动了男女平等深入发展。

美国妇女组织针对家庭暴力的司法干预主要有以下两种方式:其一,在美国妇女组织的努力下,大多数法学院都相继设立了法律诊所。政府对其进行干预,推动与实施自主管理理念,针对贫困受害女性、儿童采取无偿帮助上诉等一系列举措,切实保护受害者,使其得到公平、安全的待遇。在法律诊所工作的人员均属于志愿者,他们利用交流沟通、心理疏导等方式为受害者讲解反对家庭暴力的方法举措,给受害者提供法律援助,给予其一定的司法辩护帮助。其二,自制定专门的保护女性法律的条文以来,反对家庭暴力教育培训工作一直在开展,同时美国政府向妇女组织提供了大量的资金支持,这也为促进社会和谐发展创造了条件。

妇女基层组织应该不断探求妇女维权服务的实际需求点,有效整合社会资源,完善救助路径,完善体制,进而规范维护妇女权益社会工作的网络建设。

利用信访窗口、维权热线、维权网络平台的构建等诸多方式,拓宽妇女维权的渠道,提高妇女咨询投诉接待工作的服务质量,为我国妇女提供更加便捷的法律服务、政策服务以及心理服务等。借助法院妇女维权法庭和派出所家庭暴力投诉中心等构建司法保护体制,有效打击与惩戒各类侵害妇女基本权益的犯罪性活动,并构建侵犯妇女权益事件受理、家庭暴力事件投诉的专项绿色通道,提高对我国妇女合法权益的司法保护。同时,利用司法部门的妇女维权管理工作成立法律救助平台,针对满足法律救助基本条件、没有经济来源聘用专业律师的妇女展开法律救助工作,达到为受害者妇女提供法律援助的目的。根据司法部门成立的家庭暴力庇护站、社会救助组织成立的社会救助平台等,贯彻落实维护反家庭暴力与生活援助工作的有效开展,为遭遇家庭暴力事件影响的妇女提供必要的基层庇护场所,完善社会基础服务设施,使社会发展更加稳定、和谐。

(五)居民委员会/村民委员会

与人民政府及其有关部门、司法机关、社会组织等反家庭暴力干预主体相比，居民委员会和村民委员会在干预家庭暴力中有着诸多优势，一是他们是与基层群众距离最近、联系最紧密的组织，最了解群众也最熟悉情况。特别是其中的工作人员大多来自居民当中，他们与居民语言相通，习俗相近，朝夕相处，往来密切，熟悉群众的生产经营状况，也了解群众家庭生活状况，这不仅有利于居民投诉举报，也有利于更早发现家庭暴力，及时进行预警，有条件在第一时间及时受理制止家庭暴力，对受害人提供各类咨询服务以及实施庇护、保护等救助措施 。① 二是因为家庭是家庭暴力发生的主要场所，居民委员会和村民委员会距离家庭暴力发生场所较近，只要受害人进行求助，便可第一时间到达现场，及时制止事态严重化。居民委员会和村民委员会具有的这些独特优势成为家庭暴力预警的关键所在。只有从源头上做好家庭暴力干预工作，才能防患于未然。这就使家庭暴力受害人可以就近求助，为其提供快速、有效的救助方法和便捷的救助途径，使家庭暴力问题尽可能地在基层及时得到解决。② 因此，不应再将居民委员会与村民委员会作为家庭暴力干预工作的配角，而应当使它们成为家庭暴力干预体系的重要主体，其他主体则应积极配合它们做好事前防范工作。

二、先行试点探索，依托社区实践构建机制

立足建立有操作性、有推广价值的预警工作模式，坚持“试点先行、积累经验、逐步推广”的原则，与妇联等机构在社区试点开展家庭暴力预警工作机制建设的实践探索，通过调研、摸排、评估等，初步掌握社会反家庭暴力的基础资料，确定建立脆弱家庭信息库，建设志愿者队伍、开展反家庭暴力知识宣传、分类进行预警、家庭干预等为主要内容的工作机制，有序有效地开展一系列反家庭暴力预警工作的实践探索，确保预警机制的可操作性和时效性。③

---

① 陈明侠，夏吟兰，李明舜，等. 家庭暴力防治法基础性建构研究[M]. 北京：中国社会科学出版社，2005.

② 陈明侠，夏吟兰，李明舜，等. 家庭暴力防治法基础性建构研究[M]. 北京：中国社会科学出版社，2005.

③ 成都市妇联. 着力推进反对家庭暴力预警机制建设[J]. 中国妇运，2016(1)：31—32.

三、建立预防家庭暴力案件的长效机制

现代犯罪防控理论借鉴了公共卫生领域的三级预防概念提出了犯罪的预防体系。在反家庭暴力中也可以运用。初级预防是在暴力发生前予以制止，防止家庭暴力的出现。二级预防是在暴力发生后立即反应，能减轻并遏制问题发展，防止家庭暴力的再次发生。三级预防是预防重复受害，对遭到暴力的受害者给予长期关心和支持。三级预防的侧重点有所不同，家庭暴力的预警机制一般在第一和第二个层次发挥作用，在家庭暴力即将发生或者发生的第一时间，进行信息反馈并进行有效的干预，从而遏制事态的进一步发展。

（一）初级预防

从三级预防理论出发，最有效的预防策略是在第一阶段。初级预防的重点在于强化教育和管理，通过反家庭暴力教育，让对社会的基础预防与对高危人群的重点预防结合起来，净化社会不良因素，维护社会的稳定发展。

预防和制止家庭暴力的发生需要社会各方联手，公安、检察、司法部门，民政、妇联、社区街道联动全方面预防家庭暴力。

公安机关可以采取一系列手段和措施动员社区成员参加社区的治安防范工作，同时强化法制教育，引导人们反家庭暴力的意识，认识到家庭暴力行为不是家务事而是违法行为。社区和妇联可以合作开办家庭暴力防治培训班，提高人们的反家庭暴力意识和受害人的法律意识与自我保护能力。社区民警通过摸排评估，对高风险家庭进行重点关注。各个部门还应该协同开展相关家庭暴力预防宣传活动，在全社区乃至全社会形成反家庭暴力的氛围。

（二）二级预防

1. 建立强制报告制度

我们知道，家庭暴力具有隐蔽性和反复性特点，绝大多数的家庭暴力很难及时被发现并且会反复发生。许多家庭暴力案件的发生一般具有潜伏性，为了使警方及早发现和控制这些被隐藏在家庭内部或尚未达到犯罪的家庭暴力案件，达到预警效果，预防暴力升级，就应当赋予任何人对正在发生的家庭暴力予以劝阻、制止或者向公安机关报案的权利。

对于负有特定职权的社会职能部门，应当规定不以家庭暴力受害人同意为前提的强制报告义务。虽然中国法学会反家庭暴力网络提交的《家庭暴力防治法（学者建议稿）》中规定了医务人员的强制报告义务，但实践中能够发现家庭暴力的不仅仅局限在医务人员，还包括了很多其他社会职能部门如居委会、社工组织等。[①] 因此我们应当规定相关特定人员，如医生、居委会工作人员等在履行职务时发现有家庭暴力嫌疑的应当及时向公安部门报告。

2. 建立防治家庭暴力的评估机制

相较于其他暴力行为，家庭暴力的再犯率相对较高，因此，研究人员在服务过程中对案件进行危险评估，掌握被害人的危险处境，在处置家庭暴力案件前，应当首先进行风险评估。在某些国家和地区，危险评估甚至已经纳入正式防治政策，诸如加拿大各省和美国某些州均已规定必须要对家庭暴力案件进行危险评估，[②]又如在英国，要求警察人员于受理案件时必须依据所订危险因素之表格来询问案件当事人，借以作为案件危险评估之依据。[③]

所以公安机关处置家庭暴力前应当进行风险评估，使警方能够在确保自身及被害人安全的前提下，采用不同的干预方式有效地防止、制止家暴再发生。公安机关应与专业的犯罪预防人士及心理学家共同针对行为人犯罪危险性与再犯危险性开发制定相关量表，科学地判断施暴人的状态，以利于后续处理。

3. 完善家庭暴力行政告诫制度

家庭暴力行政告诫制度是我国反家庭暴力的制度创新。根据反家庭暴力法的规定，家庭暴力情节较轻，依法不给予治安管理处罚的，由公安机关对加害人给予批评教育或者出具告诫书。

尽管反家庭暴力法实施后，一些省市先后制定了自己的家庭暴力行政告诫实施办法或者是本省的反家庭暴力条例，试图完善家庭暴力行政告诫

---

① 周飞. 浅谈公安机关介入家暴预防机制的建立[J]. 上海公安高等专科学校学报，2015，25(4)：21—28.

② CAMPBELL J C. Assessing dangerousness in domestic violence cases: History, challenges, and opportunities[J]. Criminology, 2005, 4(4): 653 - 673.

③ HOLY C. Will she be safe? A critical analysis of risk assessment in domestic violence cases[J]. Children and Youth Services Review, 2008(30): 323 - 337.

制度,使之发挥功能。但是,行政告诫制度面临的一些问题,比如家庭暴力行政告诫的适用范围、告诫的内容、违反告诫后的法律后果、违法不实施告诫的法律责任等,需要法律层面上的全国统一的规定。呼吁公安部尽快制定统一的家庭暴力行政告诫实施细则。

4. 定时、定期回访,防止暴力升级

外警采用的"问题导向警务"要求对因家庭暴力报警的案件采取24小时回访行动和重复到场,以避免家庭暴力的重复与恶化。这一举措虽然增加了警方出警的难度,但能有效压制施暴者的气焰,在精神上支持受暴者,并能进一步确认施暴者是否还具有危险性,受暴者是否还处于危险中,有利于采取有效的保护措施。

我们可以借鉴该种做法,在家庭暴力报警先期处置或处警结束后,公安机关应当将案件情况及时通知社区民警。社区民警应当在3天内对当事人进行回访,并根据回访情况与政府、社区相关部门继续做好工作,并且在一年内进行跟踪回访,通过这些延伸服务的实施,防止矛盾激化,预防家庭暴力的再次发生。

结 语

家庭是爱的温床，是安顿身心的避风港。但是有一部分人就在这最温暖的地方，遭受着最不该承受的创伤。家庭暴力伤害着受害人的身心健康和生命安全，印证了“伤害我们最深的人，可能就是我们身边朝夕相处的亲人”。

在家庭暴力之下，还隐藏着一个更沉重的问题，即受暴妇女“恶逆变”。受暴妇女“恶逆变”犯罪与其他犯罪行为具有很大的不同，在这一犯罪行为中作为被害人的施暴者具有重大过错，并且施暴者的施暴行为是导致受暴者产生犯罪行为的直接原因，同时，立法、司法等职能部门以及社会在面对家庭暴力事件时没有尽到应有的责任，导致最后发生了悲惨的结局。

防治受暴妇女“恶逆变”犯罪需要全社会共同参与，但是首先要打破传统观念。长期受封建传统思想侵蚀的人们难以在短时间内转变观念，所以宣传和倡导全社会共同参与和学习至关重要。对于家庭暴力案件应该坚持早发现早防治的理念，各部门应该积极参与配合，尤其是社区和医院应该与公安机关建立“警—社—医”联动的模式，对家庭暴力进行包抄控制。鼓励建立社会志愿者组织和家庭暴力热线求助电话，完善妇女受虐后的救济途径。

在我国，《反家庭暴力法》的出台，为解决家庭暴力问题开了一个好头，但较之西方发达国家，我国反家庭暴力救济制度还有很大的完善空间。为了使《反家庭暴力法》得到更好的贯彻实施，建议相关部门应尽快出台相应的配套制度，对人身安全保护令、告诫书制度等予以明确细化，对反家庭暴力一线公安民警进行指导，如可通过组织防范家庭暴力相关培训等方式，扭转和提升执法者们对家庭暴力的处理态度和处理技巧。针对受虐者证据收集能力较弱问题，加大公权力的干预力度。对于重要的案件事实，在受虐者难以举证的情况下，相关部门应根据当事人提供的线索，通过走访群众等方式更好地查清案件事实，避免因为执法者的执法力度不足而导致当事人受到二次伤害。一个制度完善、执行到位的反家庭暴力法律体系，能够充分地体现国家层面对家庭暴力行为强有力的文化谴责，并向公众传达家庭暴力零容忍观念。对家庭暴力零容忍，公权力进行有力干预，不仅是保护受害人，从更广义的层面说，也是保护每一个家庭，提高整个社会的安全感。

要从根本上防治受暴妇女“恶逆变”犯罪，必须要有效改善家庭暴力现象的发生。家庭暴力是一种侵犯人权的行为，全社会都应重视这一问题，共同反对家庭暴力，还社会应有的文明，还家庭应有的温馨，还家人应有的亲情，还人与人之间应有的和谐安宁。

参考文献

专著：

[1] 贝卡里亚. 论犯罪与刑罚[M]. 黄风，译. 北京：中国大百科全书出版社，1993.

[2] 博格等. 犯罪学导论：犯罪、司法与社会[M]. 刘仁文，等译. 北京：清华大学出版，2009.

[3] 龙勃罗梭. 犯罪人论[M]. 黄风，译. 北京：中国法制出版社，2000.

[4] 舒曼. 都市人情感对话[M]. 南昌：江西人民出版社，2011.

[5] 雍自元. 青少年犯罪研究[M]. 合肥：安徽人民出版社，2016.

[6] 高中建. 当代青少年问题与对策研究[M]. 北京：中央编译出版社，2018.

[7] 金灿灿. 犯罪未成年的社会适应及其影响因素[M]. 北京：中央编译出版社，2018.

[8] 李洪涛，齐小玉. 受害妇女的援助与辅导手册[M]. 北京：中国社会科学出版社，2004.

[9] 辛世敏. 犯罪心理学[M]. 北京：中国人民公安大学出版社，2015.

[10] 张筱薇. 比较外国犯罪学[M]. 北京：百家出版社，1996.

[11] 赖修桂，赵学军. 女性犯罪研究[M]. 北京：法律出版社. 2013.

[12] 曾文星，徐静合. 心理治疗原则与方法[M]. 北京：北京医科大学出版社. 2000.

[13] 梅传强. 犯罪心理学[M]. 北京：中国法制出版社，2014.

[14] 夏玉珍. 犯罪社会学[M]. 武汉：华中科技大学出版社，2016.

[15] 包雯，张亚军等. 女性犯罪人被害化调查研究[M]. 北京：中国检察出版社，2015.

[16] 张聪沛. 临床精神病学[M]. 北京：人民卫生出版社，2009.

[17] 罗伯特·杰伊·利夫顿. 纳粹医生[M]. 王毅，等译. 江苏凤凰文艺出版社，2016.

[18] 斯蒂芬·平克. 人性中的善良天使[M]. 安雯，译. 中信出版社 2015.

[19] 冯·李斯特. 论犯罪、刑罚、刑事政策[M]. 徐久生，译. 北京：北京大学出版社 2016.

[20] 玛莎·斯托特. 无良是一种病[M]. 陈雅汝，译. 北京：中信出版社 2010.

[21] 李康学. 走玩大湘西[M]. 北京：民族出版社，2008.

[22] 陈明侠，夏吟兰，李明舜，等. 家庭暴力防治法基础性建构研究[M]. 北京：中国

社会科学出版社，2005.

[23] Royal commission on human relationships, australia, final report[M]. AGPS, Canberra, 1977.

[24] DAVID LEVENSON. Family violence in cross-cultural perspective [M]. Losangeles SAGE Publications, 1989.

期刊论文：

[1] Malcolm Weller. 暴力行为与精神疾病[J]. 张磊，译. 上海精神医学，1985(4).

[2] 邢朝国. 情境、情感与力：暴力产生的一个解释框架[J]. 中国农业大学学报(社会科学版)，2014(3).

[3] 刘凡镇. 关于近几年女性犯罪原因的调查与分析[J]. 济南职业学院学报，2013(3).

[4] 林少菊. 浅析女性犯罪人由被害到犯罪的“恶逆变”[J]. 公安大学学报，2002(1).

[5] 女性“恶逆变”犯罪研究课题组. 受家暴女性“恶逆变”犯罪现状透视及防控构想[J]. 法制社会，2016(6).

[6] 王新. 受虐妇女杀父案的认定问题[J]. 法学杂志，2015(7).

[7] 丁楠、钱伟. 论受虐妇女综合征与正当防卫[J]. 理论观察，2015(10).

[8] 钱泳宏. “受虐妇女综合征”对正当防卫要件的质疑[J]. 郑州轻工业学院学报，2006(4).

[9] 张宁. 论受虐妇女杀父案的量刑[J]. 法制与社会，2006(10).

[10] 张书霞. 受虐妇女杀夫案的量刑问题浅析[J]. 宜春学院学报，2008(12).

[11] 张训，任成. 家庭暴力犯罪的刑法规制问题[J]. 江苏警官学院学报，2017(1).

[12] 王皓. 完善家庭暴力犯罪刑事立法的若干思考[J]. 法制与社会，2013(7).

[13] 马菁. 女性家庭暴力犯罪研究[J]. 科技经济市场，2006(7).

[14] 段思琦. 社会工作介入女性暴力犯罪的预防机制[J]. 智富时代，2018(4).

[15] 唐觐英. “李阳家暴事件”媒体话语空间的“家暴”叙事[J]. 妇女研究论丛. 2013(3).

[16] 陈月. 家庭暴力的现状、成因及对策[J]. 现代交际，2019(9).

[17] 徐安琪. 家庭暴力的发端——上海夫妻攻击行为的现状及特征[J]. 社会学研究，1995(1).

[18] 薛敏霞，舒曼. 家庭负性事件对“00后”大学生心理健康的影响[J]. 济宁学院学报，2019(5).

[19] 彭红绝，王海燕. 孩童：家庭暴力阴影下的被动受害者[J]. 青年探索，2004(6).

[20] 程晓丽. 家庭暴力——孩童成长中的腐蚀剂[J]. 科技风，2008(5).

[21] 曾庆玲，周丽端. 父母婚姻暴力对儿童问题行为影响研究[J]. 家政教育学报，1999(4).

[22] 马维振，李卉子. 目睹父母婚姻暴力对儿童发展的影响[J]. 中小学心理健康教

育,2018(5).

[23] 柳娜,陈琛,曹玉萍,张亚林.家庭暴力严重躯体施暴行为的代际传递——目睹家庭暴力[J].中国临床心理学杂志,2015,23(1).

[24] 中国性别平等与妇女发展指标研究与应用课题组.中国性别平等与妇女发展评估报告(1995—2005)[J].妇女研究论丛,2006(2).

[25] 李安.青少年的攻击行为与责任归因[J].青少年犯罪问题,2005(26).

[26] 柳娜,张亚林.家庭暴力施暴行为的代际遗传[J].中华行为医学与脑科学,2012(11).

[27] 凌明琪.家庭暴力及其对青少年犯罪的影响[J].喀什师范学院学报,2009(30).

[28] 周娟.家庭暴力与女性犯罪[J].零陵学院学报,2004(6).

[29] 季理华.受虐妇女杀夫案中刑事责任认定的新思考[J].政治与法律,2007(28).

[30] 汤文卿.浅谈家庭暴力[J].现代交际,2018(20).

[31] 肖华锋.20世纪60～80年代美国家庭暴力问题初探——兼谈美国社会学流派的观点[J].赣南师范学院学报,1997(4).

[32] 陈友华,佴莉.家庭暴力:社会工作干预与社会学思考[J].扬州大学学报(人文社会科学版),2018,22(5).

[33] 赵海村,卢建江,于景辉.家庭暴力产生的成因分析及解决对策[J].法制与社会,2018(23).

[34] 黄列.家庭暴力的理论研讨[J].妇女研究论丛,2002(3).

[35] 王君昌.社会工作介入农村家庭暴力的具体策略研究——基于社会心理学视角[J].云南农业大学学报(社会科学),2018,12(5).

[36] 魏闻,胡真.浅议家庭暴力的特征、成因及防治对策[J].法制博览,2017(30).

[37] 陈月.家庭暴力的现状、成因及对策[J].现代交际,2019(9).

[38] 黄国平,张亚林,贺达仁.家庭暴力成因与干预的哲学思考[J].医学与社会,2003(2).

[39] 张亚林,曹玉萍.家庭暴力与精神卫生[J].中国临床心理学杂志,2002,10(3).

[40] 柳娜,张亚林,曹玉萍,等.成年男性严重躯体施暴者人格与儿童期受虐关系[J].中国公共卫生,2010,26(6).

[41] 林少菊,谢晴.质性研究视角下的家庭暴力施暴者影响因素分析[J].湖南警察学院学报,2014,26(4).

[42] 戴春林,应贤惠.高中生攻击结构与应对方式的影响[J].心理科学,2008(4).

[43] 孟昭勤.论道德选择的心理基础[J].西南民族学院学报(哲学社会科学版),1994(4).

[44] 陈和华.犯罪:环境诱因与人格缺陷的集合[J].犯罪研究,2009(2).

[45] 陈和华.论反社会人格与犯罪[J].犯罪研究,2005(1).

[46] 陈和华.犯罪原因分析的技术路径[J].法学,2013(8).

[47] 赵颖,高建华.警察对家庭暴力施暴者的干预策略探讨[J].福建警察学院学报,2008(5).

[48] 高扬.试述公安机关干预家庭暴力的现状与对策[J].法制与社会,2016(27).

[49] 赵敏.警察防治家庭暴力的调查与思考[J].广西警官高等专科学校学报,2014,27(2).

[50] 马忠红.我国警察干预和处置家庭暴力案件应避免的认识误区[J].广州市公安管理干部学院学报,2010(1).

[51] 于军,张卫星.预防・控制・修复:公安机关预防家庭暴力的长效机制构建[J].上海公安高等专科学校学报,2016,26(5).

[52] 王晨洁,杨跃.论《反家庭暴力法》的完善——以警察干预家庭暴力为视角[J].湖北警官学院学报,2015,28(4).

[53] 黎光宇,陈晓婷.警察干预家庭暴力问题研究[J].法学杂志,2008(1).

[54] 李春斌.论性暴力是家庭暴力的行为类型——以《反家庭暴力法(草案)》为例[J].妇女研究论丛,2015(9).

[55] 刘梦.个人、家庭、社会:多元的视角——国外虐妻研究综述[J].浙江学刊,2001(5).

[56] 倪赤丹.社会支持理论:社会工作研究的新“范式”[J].广东工业大学学报(社会科学版),2013(5).

[57] 黄国平,张亚林.夫妻暴力心理干预的研究进展[J].中国心理卫生杂志,2003(9).

[58] 肖凌燕.女性遭受家庭暴力的原因分析及心理治疗[J].西北农林科技大学学报(社会科学版),2008(6).

[59] 刘淑娟.增权理论视阈下针对妇女家庭暴力研究[J].东北师大学报(哲学社会科学版),2010(6).

[60] 卢玮.香港反家庭暴力服务的整合运作与启示[J].齐齐哈尔大学学报(哲学社会科学版),2017(1).

[61] 刘廷华.对防治家庭暴力的思考[J].太原理工大学学报(社会科学版),2012(5).

[62] 王君昌.社会工作介入农村家庭暴力的具体策略研究——基于社会心理学视角[J].云南农业大学学报(社会科学),2018,12(5).

[63] 徐忠明.解读包公故事中的罪与罚[J].现代法学,2002(6).

[64] 孙海涛.论家庭暴力案件调解筛查制度的构建[J].理论月刊,2018(4).

[65] 刘晓善.家庭暴力犯罪立法模式研究[J],贵州社会科学,2008(4).

[66] 谢乐鹏,王翔.家庭暴力成因及受害者权益保护探讨[J].商,2015(7).

[67] 黎光宇.域外警察介入家庭暴力法律制度架构之探析[J].江西公安专科学校学报,2008(9).

[68] 陈昭.社会转型期对家庭暴力问题的探析[J].中国校外教育,2009(8).

[69] 思睿.家庭暴力法律问题研究[J].法制博览,2018(4).

[70] 杜健.浅析家庭暴力问题[J].电子制作,2014(15).

[71] 陈兴良.刑法知识的转型与刑法理论的演进[J],人大法律评论,2009(5).

［72］刘柏纯.刑罚个别化之价值评析［J］.政法学刊,2006(6).

［73］王晖,池中莲.对家庭暴力案件适用虐待罪的反思［J］.克拉玛依学刊,2013(1).

［74］张建霞.浅析防治家庭暴力救助措施的优化［J］.赤峰学院学报(汉文哲学社会科学版),2014(3).

［75］刘怡纯.我国反家庭暴力法的立法完善探析［J］.法制与经济,2018(6).

［76］束彦璇.家庭暴力犯罪预警管理机制的构想［J］.法制与经济,2019(4).

［77］刘松霭,邵丹,王培沛.就业预警机制的中国文献综述研究［J］.黑龙江科学,2019,10(7).

［78］成都市妇联.着力推进反对家庭暴力预警机制建设［J］.中国妇运,2016(1).

［79］栾风焕,杜亚松.家庭功能评估量表的应用现状［J］.中国儿童保健杂志,2016,24(12).

［80］余定猛,王俊.家暴治理体系中公安机关面临的挑战与应对［J］.中国人民公安大学学报(社会科学版),2018,34(5).

［81］陈瑞.妇女组织干预家庭暴力的司法应对［J］.社会与公益,2019(6).

［82］朱严谨.充分发挥基层民主自治组织在预防和阻止家庭暴力中的作用——浅谈有效预防和阻止家庭暴力制度的构建［J］.湖南公安高等专科学校学报, 2009 (6).

［83］周飞.浅谈公安机关介入家暴预防机制的建立［J］.上海公安高等专科学校学报,2015,25(4).

［84］白艳.家庭暴力社会干预［J］.学术交流, 2008(8).

［85］MCDONALD S E, SHIN S, CORONA R, et al. Children exposed to intimate partner violence: identifying differential effects of family environment on children's trauma and psychopathology symptoms through regression mixture models［J］. Child Abuse Negl, 2016, 58 (8).

［86］DARGIS M, KOENIGS M. Witnessing domestic violence during childhood is associated with psychopathic traits in adult male criminal offenders［J］. Law Hum Behav, 2017,41(2).

［87］ERNST A A, WEISS S J. Adult intimate partner violence perpetrators are significantly more likely to have witnessed intimate partner violence as a child than nonperpetrators［J］. The American journal of emergency medicine,2009,27(6).

［88］ CANNON E A, BONOMI A E. The intergenerational transmission of witnessing intimate partner violence［J］. Archives of pediatrics&adolescent medicine, 2009,163(8).

［89］ JIRAPRAMUKPITAK T. Family violence and its 'adversity package': A community survey of family violence and adverse mental outcomes among young people［J］. Social psychiatry and psychiatric epidemiology,2011,46(9).

［90］START E. Rethinking homicide: violence, race and the politics of gender［J］. Int J Health Serv, 1990(20).

［91］HOITZWORTH-MUNROE A, Stuart GL. Typologies of male batterers: three subtypes and the differences amongs them[J]. PsycholopyBu11,1994,116(3).

[92] Dai L, Wang L. Review of family functioning[J]. Open Journal of Social Sciences,2015,3(12).

[93] CAMPBELL J C. Assessing dangerousness in domestic violence cases: History, challenges, and opportunities[J]. Criminology,2005,4(4).

[94] HOLY C. Will she be safe? A critical analysis of risk assessment in domestic violence cases[J]. Children and Youth Services Review,2008(30).

学位论文:

[1] 邢红枚. 家庭暴力受虐妇女杀夫犯罪问题研究[D]. 北京:中国政法大学,2009.

[2] 简文宸. 家庭暴力犯罪中"恶逆变"的实证研究[D]. 南昌:南昌大学,2016.

[3] 马驰. 被害人恶逆变犯罪问题研究[D]. 上海:华东政法大学,2016.

[4] 徐钰. 受虐妇女"恶逆变"犯罪问题研究[D]. 上海:华东政法大学,2018.

[5] 李永红. 女性家庭暴力犯罪与防治[D]. 北京:中国政法大学,2006.

[6] 李璟雯. 被害人恶逆变预防研究[D]. 上海:华东政法大学, 2012.

[7] 王青然. 人身安全保护令法理分析[D]. 武汉:中南民族大学,2018.

[8] 罗杰. 家庭暴力立法与实践研究[D]. 重庆:西南政法大学,2012.

[9] 王虹茹. 反家庭暴力议题的媒介呈现研究[D]. 合肥:安徽大学,2015.

[10] 严涵潇. 目睹家庭暴力大学生亲密关系特质的质性研究[D]. 北京:北京建筑大学,2019.

[11] 罗晓云. 婚姻冲突对学龄儿童心理行为问题的影响状况及影响路径研究[D]. 昆明:云南师范大学,2007.

[12] 张勇. 孕期家庭暴力与孕妇心理、产后抑郁、新生儿神经生化及遗传——环境交互作用对婴儿认知行为的影响[D]. 长沙:中南大学,2008.

[13] 郭开元. 中国家庭暴力犯罪研究[D]. 北京:中国政法大学,2003.

[14] 杨静慧. 家庭变迁背景下未成年人道德养成研究[D]. 徐州:中国矿业大学,2018.

[15] 赵甫. 犯罪预防的被害人视角[D]. 重庆:西南政法大学,2007.

[16] 杨娜. 家庭暴力与社会支持——家庭暴力社会工作干预模式探索[D]. 天津:南开大学,2006.

[17] 刘艳红. 社会工作干预家庭暴力的协作模式研究[D]. 石家庄:河北师范大学,2015.

[18] 梁静然. 论家庭暴力中的正当防卫[D]. 石家庄:河北经贸大学,2017.

[19] 杨文博. 论人格缺陷[D]. 武汉:武汉大学,2013.

[20] 杨静妍. 受家暴女性"恶逆变"犯罪之心理分析与防范策略[D]. 上海:华东政法大学,2013.

[21] 孔超. 我国《反家庭暴力法》中人身安全保护令制度研究[D]. 南京：南京大学，2019.

[22] 陈佩佩. 社会工作介入农村家庭暴力问题研究[D]. 湘潭：湘潭大学，2017.

[23] 夏梦麒. 警察干预家庭暴力研究[D]. 厦门：厦门大学，2018.

[24] 宋致远. 家庭暴力的警察干预问题研究[D]. 北京：中国人民公安大学，2017.

[25] 黄环宇. 清代"赘婚"制度及其相关法律问题分析[D]，南昌：南昌大学，2010.

[26] 李曼. 美国家庭暴力司法救济制度研究——以国际人权法为视角[D]，长沙：湖南师范大学. 2009.

[27] 严莉. 家庭暴力与女性权益的保护[D]. 上海：复旦大学，2011.

[28] 王国珍. 家庭暴力防控的理论分析和机制完善——以丈夫对妻子的家暴为中心[D]，重庆：重庆大学，2006.

[29] 周玉兰. 国际人权框架下的家庭暴力[D]. 哈尔滨：黑龙江大学，2006.

[30] 刘露莲. 泰国反家庭暴力法中公力救济研究[D]. 上海：上海外国语大学，2019.

[31] 张翔. 夫妻忠实协议的法律调整[D]. 重庆：西南政法大学，2009.

[32] 王凯. 刑法中的偶然防卫定性问题研究[D]. 重庆：西南政法大学，2013.

[33] 刘丹文. 论家庭暴力犯罪中的正当防卫[D]. 苏州：苏州大学，2017.

[34] 张利宏. 我国机动车交通事故责任强制保险制度法律问题研究[D]. 长春：吉林大学，2011.

[35] 夏阳. 我国人身保护令制度研究[D]. 南昌：江西财经大学，2020.

[36] 杨琦. 我国反家庭暴力法律制度研究[D]. 荆州：长江大学，2017.

[37] 孟洋. 公安机关反家庭暴力问题研究[D]. 济南：山东大学，2017.

[38] 于佳鑫. 庄河市基层妇联组织干预家庭暴力问题研究[D]. 大连：大连理工大学，2018.

[39] 梅传强. 犯罪心理生成机制研究[D]，重庆：西南政法大学，2004.

[40] BECKFORD P H. The impact of witnessing parentalvio-lence on adultchildren[D]. Dissertation Abstracts International，1994.

报纸：

[1] 王梦捷. 家庭暴力对儿童行为的影响及应对措施[N]. 中国妇女报，2018-05-29.

[2] 邓小波，李红，罗娟. 家暴危险评估制度全面建立[N]. 中国妇女报，2015-07-31.

[3] 薛淑兰，冉容，唐俊杰. 澳大利亚反家暴司法体系[N]. 人民法院报，2013-11-08.

附录一　家庭暴力犯罪基本情况问卷调查

您好！我们是《受家庭暴力女性“恶逆变”的犯罪预警研究》课题组，针对家庭暴力犯罪问题进行一些相关基本情况的调查，所有问题没有正误之分，请您按照您的自身情况如实填写。问卷收集到的信息将全部为研究所用，不会泄露您的个人隐私，谢谢您的支持！

1. 你的罪名是＿＿＿＿＿＿＿＿；刑期＿＿＿＿＿＿＿＿［填空题］

2. 你犯罪前生活在？

○A. 农村　○B. 小城镇　○C. 城市　○D. 其他（请说明）＿＿＿＿＿＿＿＿

3. 你的文化程度是？

○A. 小学及以下　○B. 中学/中专/中技/职高　○C. 大学专科

○D. 大学本科及以上

4. 你的婚姻状况是？

○A. 未婚　○B. 初婚　○C. 再婚　○D. 离异

○F. 丧偶

5. 最近这段婚姻持续了几年？

○A. 未婚　○B. 3 年及以下　○C. 4—7 年　○D. 8—15 年

○E. 16—20 年　○F. 20 年以上

6. 你犯罪前所从事的职业是＿＿＿＿＿＿＿＿？［填空题］

7. 你犯罪前的月工资/生活费处于以下哪个区间？

○A. 2 000 元及以下　○B. 2 000—5 000 元

○C. 5 000—8 000 元　○D. 8 000—10 000 元

○E. 10 000 元以上

8. 你的周岁＿＿＿＿＿＿＿＿；犯罪时的周岁＿＿＿＿＿＿＿＿［填空题］

9. 你有孩子吗？

○A. 没有　○B. 1个　○C. 2个　○D. 3个

○E. 4个及以上

10. 你犯罪前对于你生活的经济条件（收入水平、消费水平等）的满意程度？

○A. 十分满意　○B. 基本满意　○C. 不满意

○D. 其他（请说明）________

11. 你的犯罪前科次数？

○A. 0次　○B. 1次　○C. 2次　○D. 3次

○E. 4次及以上

12. 你在犯罪前是否时常处于以下情绪中？

○A. 烦躁易怒　○B. 敏感多疑　○C. 受挫自卑

○D. 郁闷愁苦　○E. 其他（请说明）________________

13. 你是几点开始实施的犯罪行为？

○A. 6:00—10:00　○B. 10:00—14:00　○C. 14:00—18:00

○D. 18:00—22:00　○E. 22:00—6:00

14. 你犯罪前排解压力/烦恼/苦闷的倾诉方式通常是？

○A. 从不向任何人诉说

○B. 只向关系极为亲密的1—2个人诉说

○C. 如果有人主动询问你会说出来

○D. 主动诉说自己的烦恼，以获得支持和理解

15. 你在犯罪前认为下列哪些观点是正确的？

○A. 家庭内部矛盾可以通过暴力手段来解决，外人或法律不应该干涉

○B. 女人应当受男人支配，男人打女人很正常

○C. 棍棒出孝子，子女不打不成才

○D. 老人是儿女生活的累赘

○E. 我认为以上观点都不正确

16. 婚后多久他开始有家庭暴力的行为？

○A. 结婚前就有　○B. 不超过一个月　○C. 一个月到一年

○D. 一年以后

17. 第一次发生家庭暴力后，他的反应是什么？

○A. 道歉，保证不再犯　　○B. 找人说情　　○C. 自己打自己

○D. 毫无悔意　　○E. 其他(请说明)________

18. 第一次发生家庭暴力后，你是什么心情？

○A. 不能忍受

○B. 能理解他，他有不顺心事

○C. 能理解他，是自己不好他才会这样做

○D. 事出有因，他以后会改

19. 第一次发生家庭暴力后，你向谁求助过？

○A. 没有　　○B. 求助家人　　○C. 求助单位领导

○D. 求助朋友　　○E. 求助警察　　○F. 求助妇联

○G. 求助居委会、村委会　　○H. 其他(请说明)____________

20. 第二次、第三次发生家庭暴力后，你是什么心情？

○A. 同第一次一样，仍然能理解他　　○B. 有点失望，但还是能原谅他

○C. 不能原谅　　○D. 其他(请说明)________________

21. 多次遭受家庭暴力后，你的想法是什么？

○A. 这就是我的命，只能认命　　○B. 家家都有类似的情况

○C. 很失望，但无法摆脱　　○D. 想跟他离婚/逃跑

○E. 其他(请说明)________________

22. 你遭受家庭暴力的原因是？

○A. 家庭琐事　　○B. 发泄情绪　　○C. 经济原因

○D. 情感原因　　○E. 孩子原因　　○F. 婆媳矛盾

○G. 其他(请说明) ________________

23. 你遭受家庭暴力时是否有人帮助过你？

○A. 是，受到过亲友的帮助

○B. 是，受到过其他人的帮助(例如妇联、村委会/居委会、警察等的帮助)

○C. 否，未受到过帮助

24. 邻居对你遭受家庭暴力的态度是什么？

○A. 邻居不知道我们家里有家庭暴力

○B. 一直劝架,认为男人打女人不对

○C. 刚开始劝,后来就不管

○D. 不敢管,怕报复

○E. 夫妻打架正常,懒得管

25. 娘家人对你遭受家庭暴力的态度是什么?

○A. 娘家人不知道我遭受家庭暴力

○B. 嫁出去的女儿泼出去的水,不管

○C. 曾经找他评理

○D. 不敢管

○E. 这是家务事,男人打女人很正常,忍忍就过去了

○F. 其他(请说明)________________

26. 当你遭受家庭暴力时,你的通常反应是?

○A. 忍气吞声　○B. 予以反击　○C. 报警

○D. 寻求(其他个人、机构)调解

○E. 试图与施暴人进行沟通

○F. 向法院请求帮助(申请人身安全保护令等)

○G. 其他(请说明)________________

27. 除了对你实施家庭暴力外,他还对其他人有暴力行为吗?

○A. 只打我　○B. 打孩子　○C. 打老人　○D. 全家人都打

○E. 经常和周围人打架

28. 家庭暴力对你的影响是?

○A. 无影响　○B. 离家出走　○C. 精神伤害　○D. 身体伤害

○E. 自杀或自杀未遂　○F. 其他(请说明)________________

29. 你想过离婚吗?

○A. 没有,不敢

○B. 没有,离婚丢人

○C. 想过,但离不了,他威胁恐吓我

○D. 想过,但离婚没生活来源,没办法生活

○E. 想过,但为了孩子有个完整的家

○F. 其他(请说明)________________

30. 你遭受的家庭暴力次数是?

○A. 有过几次　○B. 每月几次　○C. 每周几次

○D. 几乎天天

31. 你遭受过哪些伤害?

○A. 身体伤害　○B. 精神伤害　○C. 经济控制

○D. 性暴力　○E. 其他(请说明)________________

32. 请问对你实施家庭暴力的是你的?

○A. 父母亲　○B. 丈夫或男友　○C. 兄弟姐妹

○D. (外)祖父母　○E. 子女　○F. 其他(请说明)________

33. 请问施暴者平时是否存在以下特征或行为?

○A. 酗酒/烟瘾　○B. 毒瘾　○C. 外遇/出轨/嫖娼

○D. 赌博　○E. 父权、夫权主导思想根深蒂固

○F. 以上皆无　○G. 其他(请说明)________________

34. 遭受家庭暴力时,施暴者是否阻止你和外界的联系?

○A. 是　○B. 否

35. 请问施暴者是否曾受过治安或刑事处罚?

○A. 是　○B. 否　○C. 不清楚

36. 你因为家庭暴力而报警的次数是________________[填空题]

37. 你被家暴了________________次之后,你才选择报警的。[填空题]

38. 你遭受家庭暴力持续了________________年。[填空题]

39. 你认为报警对于解决家庭暴力有用吗?

○A. 有用　○B. 没用　○C. 不知道

40. 警察对于处理你报警的态度是?(如没有报警,请跳过此题)

○A. 敷衍了事,简单调解

○B. 清官难断家务事

○C. 认真处置,调查取证,协助你就医,鉴定伤情

○D. 采取强制措施,把他抓起来

○E. 其他(请说明)________________

41. 报警后你遭受家庭暴力的频率是?(如没有报警,请跳过此题)

○A. 比以前少了　○B. 和以前一样　○C. 比以前更多了

42. 你的犯罪对象是？

○A. 丈夫、前夫　○B. 共同生活的男友　○C. 亲生子女

○D. 养子女、继子女　○E. 亲生父母　○F. 养父母、继父母

○G. 兄弟姐妹　○H. 其他(请说明)________

43. 你在实施犯罪行为时，主观上出于？

○A. 过失，一时失手　○B. 故意，临时起意

○C. 故意，事先谋划　○D. 其他(请说明)________________

44. 你为什么要对他实施犯罪？

○A. 受够了这种日子，想要解脱

○B. 为了家人和孩子不再担惊受怕

○C. 发泄累积已久的不满情绪

○D. 想和别人在一起

○E. 以暴制暴，制止他对自己的暴力行为

○F. 其他(请说明)________________

45. 对你的犯罪行为，你感到后悔吗？

○A. 后悔，连累了家人

○B. 后悔，毁了别人也毁了自己

○C. 不后悔，终于解脱了

○D. 没想过

46. 除了实施犯罪，你没有其他的选择了吗？

○A. 实在没有，不这样做我就会被他折磨死　○B. 有

47. 你的家人对你犯罪的态度是？

○A. 理解，希望轻判我

○B. 不关心

○C. 感到意外，不理解我为什么要这样做

○D. 恨我，觉得我连累了家人

○E. 其他(请说明)________________

48. 实施犯罪时你的心情是怎么样的？

○A. 心情很压抑，感觉喘不上来气

○B. 非常绝望

○C. 歇斯底里感觉自己快崩溃了

○D. 其他(请说明)________________

49. 你实施犯罪的时候,他正在对你实施家庭暴力吗?

○A. 是的　　　　　　○B. 没有

50. 你在实施犯罪时是否意识到自己的行为是在犯罪?

○A. 是　　　　　　○B. 否

51. 犯罪后你是自首的吗?

○A. 是　　　　　　○B. 否

52. 犯罪后,你的感觉是?

○A. 轻松解脱　　○B. 害怕惶恐　　○C. 紧张不安

○D. 大脑一片空白　　○E. 其他(请说明)________________

53. 警察调查时,你坦白了所有的事实吗?

○A. 是,坦白交代

○B. 开始没有,后来坦白了

○C. 没有

54. 法律规定公安机关接到家庭暴力报案后应当及时出警,制止家庭暴力,按照有关规定调查取证,协助受害人就医、鉴定伤情,你对此了解吗?

○A. 不知道　　　　　　○B. 知道

55. 你从小生活的家庭中是否存在家庭暴力?

○A. 是,但没有对我实施

○B. 是,且对我实施

○C. 否,不存在家庭暴力

56. 你从小生活的家庭氛围如何?

○A. 融洽和谐　　○B. 氛围较紧张

○C. 家庭成员关系十分恶劣　　○D. 说不清

57. 你生活的地方,你是不是经常看见或听说有人在遭受家庭暴力?

○A. 是　　　　　　○B. 否

58. 你认为家庭暴力问题是什么性质的行为?

○A. 违法行为　　○B. 不违法　　○C. 家务事

○D. 说不清　　○E. 正常现象

59. 你生活的地方人们对家庭暴力的态度是?

○A. 司空见惯,习以为常,不会遭到谴责

○B. 会受到劝阻,但劝阻的力度不强

○C. 会受到亲友、同事、工作单位等的强烈谴责

○D. 我不清楚

60. 你认为妇女遭受家庭暴力时可以向哪些部门求助?

○A. 妇联 ○B. 法院 ○C. 民政部门 ○D. 公安局

○E. 其他 ○F. 不知道

61. 你在犯罪前是否听说过《中华人民共和国反家庭暴力法》?

○A. 是 ○B. 否

62. 你觉得对反家庭暴力的教育宣传力度如何?

○A. 力度较大,能够从多种途径接触到相关教育宣传

○B. 力度一般

○C. 力度薄弱,从未听说相关宣传

63. 你认为以下哪些行为属于家庭暴力?

○A. 殴打、捆绑、残害

○B. 限制人身自由

○C. 经常性谩骂、恐吓

○D. 侮辱、诽谤

○E. 精神虐待

○F. 经济控制

○G. 不履行赡养、扶养及抚养义务,有病不给医治

○H. 性暴力

○I. 其他(请说明)________________

64. 家庭暴力对你孩子的影响是?

○A. 毁了孩子 ○B. 影响很小

○C. 影响很大 ○D. 没影响

65. 我经常感觉无助,希望有人能帮助我解决问题,这种情况是否符合你以前的状态?

○A. 非常不符合 ○B. 不太符合 ○C. 不确定

○D. 比较符合　　　○E. 非常符合

66. 当面对极大的压力时，我会感到好像就要垮了似的，这种情况是否符合你以前的状态？

○A. 非常不符合　　○B. 不太符合　　○C. 不确定

○D. 比较符合　　　○E. 非常符合

67. 我经常感到紧张而且心神不定，这种情况是否符合你以前的状态？

○A. 非常不符合　　○B. 不太符合　　○C. 不确定

○D. 比较符合　　　○E. 非常符合

68. 我很少感到恐惧或焦虑，这种情况是否符合你以前的状态？

○A. 非常不符合　　○B. 不太符合　　○C. 不确定

○D. 比较符合　　　○E. 非常符合

69. 有时我觉得自己一文不值，这种情况是否符合你以前的状态？

○A. 非常不符合　　○B. 不太符合　　○C. 不确定

○D. 比较符合　　　○E. 非常符合

70. 有时候我感到愤怒，充满怨恨，这种情况是否符合你以前的状态？

○A. 非常不符合　　○B. 不太符合　　○C. 不确定

○D. 比较符合　　　○E. 非常符合

附录二　家庭暴力基本情况问卷调查(警察组)

您好,首先感谢您在百忙中抽出时间填写我们的调查问卷!

我们是《受家庭暴力女性“恶逆变”的犯罪预警研究》课题组,本问卷就我国家庭暴力的基本情况进行调查,收集到的信息将为课题研究所用,不会泄露您的个人信息或隐私,请您放心如实填写,谢谢您的支持与配合!

下列题目,如无特别说明,则均为单选题。

1. 您的性别是?

○A. 男　○B. 女

2. 您的年龄是(　　)周岁?[填空题]

3. 您所处的地级市是江苏省(　　)。

○A. 南京市　○B. 无锡市　○C. 徐州市　○D. 常州市

○E. 苏州市　○F. 南通市　○G. 连云港市　○H. 淮安市

○I. 盐城市　○J. 扬州市　○K. 镇江市　○L. 泰州市

○M. 宿迁市

4. 请问您的工作单位位于?

○A. 城市市区　○B. 城市郊县或城镇

○C. 农村乡下　○D. 其他(请说明)＿＿＿＿＿＿＿＿

5. 您的文化程度是?

○A. 高中或中专　○B. 大专　○C. 本科　○D. 研究生

6. 您的职务是?

○A. 派出所正或副所长　○B. 教导员

○C. 警长　○D. 警员

7. 请问您的从警途径是?

○A. 公安警察院校毕业　○B. 地方招警或招干

○C. 军人转业　　○D. 外单位调入

○E. 其他途径

8. 请问您从警多少年了？

○A. 5年及以下　　○B. 6—10年

○C. 11—15年　　○D. 16年及以上

9. 请问您的警种是？

○A. 刑事侦查　○B. 治安管理　○C. 交通巡逻　○D. 户籍管理

○E. 社区警务　○F. 法制监督　○G. 其他(请说明) ________

10. 您的婚姻状况？

○A. 已婚

○B. 未婚(请跳过第11题，到第12题)

11. 您有孩子么？

○A. 没有　○B. 有一个　○C. 有两个或以上

12. 您有兄弟姐妹吗？

○A. 有　○B. 没有

13. 您18岁以前主要生活在哪里？或您是在哪里长大的？

○A. 城市　　○B. 城市郊县城镇

○C. 农村乡下　　○D. 军营

○E. 其他

14. 您对目前的工作是不是很热爱？

○A. 很热爱　○B. 很讨厌　○C. 无所谓

15. 您对目前的工作能胜任吗？

○A. 能胜任　○B. 不能胜任　○C. 说不清

16. 您已经能适应工作了吗？

○A. 完全适应了　○B. 一般能适应　○C. 不适应

17. 您对工作感到有压力么？

○A. 非常大　○B. 比较大　○C. 一般　○D. 不大

18. 对于家庭暴力，您认为警察是否有必要进行干预？

○A. 有必要

○B. 视其严重程度而决定

○C. 没有必要

19. 请问您对《中华人民共和国反家庭暴力法》的了解程度?

○A. 明确清楚　○B. 比较清楚　○C. 略有了解　○D. 不了解

20. 请问您对《中华人民共和国反家庭暴力法》所规定的“家庭暴力”的内涵清楚吗?

○A. 明确清楚　○B. 比较清楚　○C. 略有了解　○D. 不了解

21. 法律规定公安机关接到家庭暴力报案后应当及时出警,制止家庭暴力,按照有关规定调查取证,协助受害人就医、鉴定伤情,请问您对此清楚吗?

○A. 明确清楚　○B. 比较清楚　○C. 略有了解　○D. 不了解

22. 家庭暴力的受害人可以向法院申请人身安全保护令吗?

○A. 可以　○B. 不可以　○C. 不清楚

23. 公安机关可以代家庭暴力的受害者向法院申请人身安全保护令吗?

○A. 可以　○B. 不可以　○C. 不清楚

24. 基层派出所有法律义务协助法院执行人身安全保护令吗?

○A. 可以　○B. 不可以　○C. 不清楚

25. 请问您认为以下哪些行为属于家庭暴力?[多选题]

□A. 殴打、捆绑、残害

□B. 限制人身自由

□C. 经常性谩骂、恐吓

□D. 侮辱、诽谤

□E. 精神虐待

□F. 经济控制

□G. 不履行赡养、扶养及抚养义务,有病不给医治

□H. 性暴力

□I. 其他(请说明)________________

26. 您是否认为家庭暴力就是家庭纠纷的一种?

○A. 是,两者处置方式相同

○B. 不是,但在实际执法过程中往往采取相同的处置方式

○C. 不是,两者处置的方式不同

○D. 不清楚

27. 实施家庭暴力如果构成治安或刑事案件，公安机关直接按其相应程序立案吗？

○A. 一般不立案 ○B. 立案 ○C. 视情况而定 ○D. 不清楚

28. 您所在基层派出所一年接到家庭暴力报案的数量是？

○A. 20起及以下 ○B. 21—50起

○C. 51—100起 ○D. 100起以上

○E. 不清楚

29. 根据您的经验，受害人一般在遭受第几次家庭暴力时寻求公安机关的干预？

○A. 第一次 ○B. 第二次 ○C. 反复多次 ○D. 不清楚

30. 您所在派出所处置家庭暴力案件的主要依据有？[多选题]

□A.《治安管理处罚法》

□B.《婚姻法》

□C.《反家庭暴力法》

□D.《妇女权益保障法》《老年人权益保障法》和《未成年人保护法》等

□E. 四部门《关于依法办理家庭暴力犯罪案件的意见》

□F. 领导指示

□G. 其他(请说明)________________

31. 您在处置家庭暴力案件时，和以下哪些部门或单位合作过？[多选题]

□A. 街道 □B. 民政 □C. 法院 □D. 医院

□E. 妇联 □F. 村委会 □G. 以上都没有

□H. 其他(请说明)______________

□I. 我没有处置过家庭暴力案件

32. 您是否会告知受害人及时找医生查看伤情而且将医生的报告留作日后证据？

○A. 会及时提醒

○B. 不会提醒

○C. 视情况而定

○D. 我没有处置过家庭暴力案件

33. 您是否愿意接收处理家庭暴力案件?

○A. 不愿意,不在考评体系内

○B. 不愿意,干预尺度难把握

○C. 无所谓,和其他案件一样处理

○D. 愿意

34. 请问您所在的单位对于反家庭暴力相关宣传教育工作的重视程度?

○A. 十分重视,经常宣传教育

○B. 比较重视,较多宣传教育

○C. 不太重视,偶尔宣传教育

○D. 不重视,极少宣传教育

35. 您认为公安机关接到家庭暴力报案的数量,呈现什么变化趋势?

○A. 逐年增加　　○B. 逐年减少

○C. 没有明显变化　　○D. 不清楚

36. 您认为在现阶段,我国家庭中发生家庭暴力的比例是什么情况?

○A. 20%以下　　○B. 20%—50%

○C. 50%以上　　○D. 不清楚

37. 您认为男性施暴人在整个家庭暴力案件所占比例是?

○A. 50%以下　　○B. 50%—90%

○C. 90%以上　　○D. 不清楚

38. 考虑到家庭暴力案件的特殊性,您认为在处置家庭暴力案件时应当如何平衡教育调解和处罚之间的关系?

○A. 以教育调解为主,不到万不得已不处罚

○B. 教育调解与处罚并重

○C. 以处罚为重心

○D. 不清楚

39. 您认为家庭暴力案件是否也应像其他案件那样,按照法律规定询问当事人、证人、提取证据、勘查现场和制作笔录等?

○A. 没有必要

○B. 严格按照程序调查取证

○C. 视情况而定

40. 您认为是否有必要根据家庭暴力的危险等级对家庭暴力案件进行分类专项统计？

○A. 有必要，以便公安机关有效地介入

○B. 家庭暴力案件少，分类的意义不大

○C. 没有必要区分，暴力程度严重的直接进入治安或刑事案件程序

○D. 不清楚

41. 您认为社区民警是否应当对有可能产生家庭暴力的家庭进行专门登记？

○A. 应当　　○B. 没有必要

○C. 派出所无权主动干预　　○D. 不清楚

42. 您认为公安机关是否需要配备处理家庭暴力案件的专职人员？

○A. 需要　　○B. 不需要

43. 有人认为我国公安机关长期警力不足，为了打击严重危害社会治安的犯罪行为，对家庭暴力的干预不能要求过多。您是否同意这样的说法？

○A. 非常同意　○B. 同意　○C. 不清楚　○D. 不同意

○E. 非常不同意

44. 请问您认为当前公安机关对家庭暴力案件的处置效果如何？

○A. 没有明显效果，施暴人仍会继续暴力行为

○B. 能够比较有效地控制施暴人的行为

○C. 效果显著，施暴人基本不会再犯

○D. 不清楚

45. 您认为如果家庭暴力案件得不到妥当处置，会演化为家庭暴力犯罪吗？

○A. 很可能会　　○B. 大部分不会

○C. 基本不会　　○D. 不会

46. 您在处置家庭暴力案件时最希望达到的目标是？［多选题］

□A. 阻止正在发生的暴力，防止事态升级造成公共危害

□B. 遏制施暴人，将施暴人绳之以法

□C. 确保当事双方不致发生进一步的暴力

□D. 确保一次性处理结束，不再占用司法资源

47. 家庭暴力行为往往关系着受害人的隐私和其未来的生活,您认为警察在采取干预措施时是否应当考虑隐私权的保护问题?

○A. 保护隐私权 ○B. 顾不上 ○C. 没有必要 ○D. 想不到

48. 如果您还有其他想说的,请在此留言,或发到我们的信箱 liubin@jspi.cn。[填空题]________________________________

附录三　家庭暴力基本情况问卷调查(公众组)

您好，首先感谢您在百忙中抽出时间填写我们的调查问卷！

我们是《受家庭暴力女性“恶逆变”的犯罪预警研究》课题组，现就我国家庭暴力的基本情况进行问卷调查。本调查问卷收集到的信息将为课题研究所借鉴，不会泄露您的个人信息或隐私，请您放心如实填写，谢谢您的支持与配合！

下列题目，如无特别说明，则均为单选题。

1. 您的性别是？

○A. 男　　○B. 女

2. 您的年龄是(　　)岁？[填空题]

3. 请问您的文化程度是(含在读)？

○A. 小学及以下　　○B. 初中

○C. 高中或中专、中技、职高　　○D. 本科或大专

○E. 研究生

4. 您18岁以前主要生活在哪里？或您是在哪里长大的？

○A. 城市　　○B. 城市郊县城镇

○C. 农村乡下　　○D. 军营

○E. 其他(请说明)______________

5. 请问您现在生活的区域是？

○A. 城市　　○B. 城市郊县城镇

○C. 农村乡下　　○D. 其他(请说明)______________

6. 请问您的婚姻状况是？

○A. 未婚　　○B. 初婚　　○C. 再婚　　○D. 离异

○E. 丧偶

7. 您所经历的婚姻时间为(　　)。

○A. 未婚　　○B. 3年及以内　○C. 4—7年　　○D. 8—15年

○E. 16—20年　○F. 20年以上

8. 请问您所处家庭的家庭类型是?

○A. 夫妻二人　　○B. 夫妻和孩子

○C. 多代大家庭　　○D. 单亲家庭

○E. 重组家庭　　○F. 其他

9. 请问您的职业属于下列哪一类?

○A. 国家机关、党群组织、企业、事业单位人员

○B. 专业技术人员

○C. 办事人员和有关人员

○D. 商业、服务业人员

○E. 农、林、牧、渔、水利业生产人员

○F. 生产、运输设备操作人员及有关人员

○G. 军人

○H. 学生

○I. 自由职业者

○J. 失业人员、待业人员

○K. 离退休人员

○L. 其他(请说明)________________

10. 请问您的月收入处于以下哪个区间?

○A. 2000元以下　　○B. 2000—5000元

○C. 5001—8000元　　○D. 8000—10000元

○E. 10000元以上

11. 请问您认为发生在家庭成员之间的以下哪些行为属于家庭暴力行为?[多选题]

□A. 身体侵害　□B. 精神侵害　□C. 经济控制　□D. 性虐待

□E. 其他(请说明)________________

12. 请问您认为以下哪些具体行为属于家庭暴力行为?[多选题]

□A. 殴打、辱骂家庭成员

□B. 因女方不生育或女方不生男孩而受到歧视虐待

□C. 强迫过性生活

□D. 取笑对方的缺陷或弱点

□E. 长时间不与配偶沟通

13. 我国在国家层面上是否有防止家庭暴力的单项立法?

○A. 有　　○B. 无

14. 2016 年 3 月 1 日起国家实行《中华人民共和国反家庭暴力法》,您对此有所听闻吗?

○A. 有　　○B. 无

15. 您认为家庭暴力问题是什么性质的行为?[多选题]

□A. 违法行为　　□B. 不违法

□C. 家务事　　□D. 说不清

□E. 正常现象

16. 您认为当家庭成员之间发生冲突时,是否可以采用殴打等粗暴的方式来解决?

○A. 不可以　　○B. 可以

○C. 可以但需视情况而定

17. 您认为家庭暴力的诱发因素有哪些?[多选题]

□A. 家庭经济问题　　□B. 子女教育问题

□C. 夫妻感情问题　　□D. 工作问题

□E. 人际纠纷问题　　□F. 施暴者个人问题

□G. 受虐者个人问题　　□H. 承袭或模仿

□I. 其他(请说明)______________

18. 请问您是否曾耳闻、目睹过针对女性的家庭暴力?

○A. 是　　○B. 否

19. 您所了解到的针对女性的家暴有哪些表现呢?[多选题]

□A. 身体伤害　　□B. 辱骂、冷嘲热讽

□C. 经济控制　　□D. 长期不与之说话

□E. 性暴力　　□F. 其他(请说明)______________

20. 您认为女性遭受家暴的原因是什么?[多选题]

□A. 女性自身的问题

□B. 家长式作风、大男子主义传统的遗留影响

□C. 实施家暴者法律意识薄弱

□D. 我国现行法律制度的不完善

□E. 女性在经济上的弱势地位

□F. 其他(请说明)________________

21. 您认为妇女遭受家庭暴力时可以通过哪些方式解决问题?[多选题]

□A. 忍气吞声,亦不还手

□B. 报警

□C. 请家庭内部德高望重之人出面解决

□D. 寻求法律途径

□E. 寻求居委会或村委会、社区、民政、妇联、工会等部门的帮助

□F. 其他(请说明)________

22. 您认为妇女遭受家庭暴力时可以向哪些部门求助?[多选题]

□A. 妇女组织　　□B. 法院

□C. 民政部门　　□D. 公安局

□E. 其他途径　　□F. 不知道

23. 您知道有防止家庭暴力的相关机构或组织吗?

○A. 知道　　○B. 不知道

24. 您如何看待婚内性暴力?

○A. 婚内性行为合法并受法律保护,所以不存在强奸一说

○B. 这是对女性合法权利的侵害,女性应通过一切可能的方式维护自身合法权益

○C. 婚内强奸这种现象的确是客观存在的,但应由夫妻双方自己去解决,不应有外人的干涉

○D. 其他(请说明)________________

25. 您认为在同居时发生的暴力行为是否应该算作家庭暴力?

○A. 不是家庭暴力　　○B. 是家庭暴力

26. 您认为受暴妇女维持婚姻的原因有？[多选题]

□A. 为了孩子考虑　□B. 再嫁很难

□C. 还爱着丈夫　□D. 认为这是命

□E. 觉得丈夫爱自己　□F. 打架很正常

□G. 认为丈夫会改变　□H. 从未想过离婚

□I. 经济依赖丈夫　□J. 正在怀孕

27. 您认为家庭暴力对施暴男性的影响是？

○A. 无影响　○B. 威望更高

○C. 在家庭中受孤立　○D. 自责后悔

○E. 其他(请说明)________________

28. 您认为家庭暴力对受暴女性的影响有？[多选题]

□A. 无影响　□B. 离家出走

□C. 仇视或报复　□D. 精神损伤

□E. 身体损伤　□F. 自杀或自杀未遂

□G. 其他(请说明)________________

29. 您认为实施家庭暴力对这个家庭的影响是？[多选题]

□A. 无影响　□B. 家庭更团结

□C. 家庭不和　□D. 家庭破裂

□E. 经济损失　□F. 给孩子造成伤害

□G. 其他(请说明)________________

30. 家庭暴力是个人隐私,您的态度是？

○A. 非常同意　○B. 同意

○C. 不知道　○D. 不同意

○E. 非常不同意

31. 家庭暴力大多发生在农村地区,您的态度是？

○A. 非常同意　○B. 同意

○C. 不知道　○D. 不同意

○E. 非常不同意

32. 如果您目睹正在实施的家庭暴力时,您通常的做法是？

○A. 进行劝解　○B. 不去理睬

○C. 围观看热闹　　○D. 视情况而定

○E. 报警　　○F. 其他(请说明)______________

33. 丈夫对妻子施暴，大多数被打的妻子也有过错，您的态度是?

○A. 非常同意　　○B. 同意

○C. 不知道　　○D. 不同意

○E. 非常不同意

34. 对妻子完成的家务不满意时，丈夫可以殴打或辱骂妻子，您的态度是?

○A. 非常同意　　○B. 同意

○C. 不知道　　○D. 不同意

○E. 非常不同意

35. 妻子不服从时，丈夫可以殴打或辱骂妻子，您的态度是?

○A. 非常同意　　○B. 同意

○C. 不知道　　○D. 不同意

○E. 非常不同意

36. 妻子拒绝过性生活时，丈夫可以殴打或辱骂妻子，您的态度是?

○A. 非常同意　　○B. 同意

○C. 不知道　　○D. 不同意

○E. 非常不同意

37. 丈夫怀疑妻子不忠时，可以殴打或辱骂妻子，您的态度是?

○A. 非常同意　　○B. 同意

○C. 不知道　　○D. 不同意

○E. 非常不同意

38. 妻子不孝敬公公婆婆时，丈夫可以殴打或辱骂妻子，您的态度是?

○A. 非常同意　　○B. 同意

○C. 不知道　　○D. 不同意

○E. 非常不同意

39. 妻子没有生男孩，丈夫可以殴打或辱骂妻子，您的态度是?

○A. 非常同意　　○B. 同意

○C. 不知道　　○D. 不同意

○E. 非常不同意

40. 任何情况下丈夫都不应该殴打或辱骂妻子,您的态度是?

○A. 非常同意　　○B. 同意

○C. 不知道　　○D. 不同意

○E. 非常不同意

41. 妻子自己不想要时,可以拒绝与丈夫过性生活,您的态度是?

○A. 非常同意　　○B. 同意

○C. 不知道　　○D. 不同意

○E. 非常不同意

42. 父母之间的争吵、打骂通常会影响到下一代,您的态度是?

○A. 非常同意　　○B. 同意

○C. 不知道　　○D. 不同意

○E. 非常不同意

43. 很多家庭丈夫对妻子的暴力,继承了原生家庭父母之间的暴力模式,您的态度是?

○A. 非常同意　　○B. 同意

○C. 不知道　　○D. 不同意

○E. 非常不同意

44. 中国长期以来男尊女卑的社会风气是导致家庭暴力产生的重要因素,您的态度是?

○A. 非常同意　　○B. 同意

○C. 不知道　　○D. 不同意

○E. 非常不同意

45. 女性和男性经济地位的不平等也导致了家庭暴力,您的态度是?

○A. 非常同意　　○B. 同意

○C. 不知道　　○D. 不同意

○E. 非常不同意

46. 我国现行法律制度的不健全也导致了家庭暴力,您的态度是?

○A. 非常同意　　○B. 同意

○C. 不知道　　○D. 不同意

○E. 非常不同意

47. 警察的不作为导致家庭暴力频频发生,您的态度是?

○A. 非常同意 ○B. 同意

○C. 不知道 ○D. 不同意

○E. 非常不同意

48. 媒体的宣传报道和家庭暴力的发生也有一定的关联,您的态度是?

○A. 非常同意 ○B. 同意

○C. 不知道 ○D. 不同意

○E. 非常不同意

49. 家庭暴力施暴者大都是文化水平很低的人,您的态度是?

○A. 非常同意 ○B. 同意

○C. 不知道 ○D. 不同意

○E. 非常不同意

如果您是亲身经历过家庭暴力的女性,请您回答以下各题,没有则无需作答。

50. 请问您曾经亲身经历过来自家庭成员的哪些伤害?

○A. 身体伤害 ○B. 精神伤害 ○C. 经济控制 ○D. 性暴力

○E. 其他(请说明)________________

51. 请问对您实施家庭暴力行为的人是您的( )?

○A. 父母亲 ○B. 丈夫或男友 ○C. 兄弟姐妹

○D. (外)祖父母 ○E. 子女 ○F. 其他(请说明)________

52. 请问施暴者对您实施暴力行为的频率是一年几次?

○A. 3次以下 ○B. 3—5次 ○C. 6—8次 ○D. 经常

53. 请问施暴者对您实施暴力行为的程度?

○A. 重伤 ○B. 轻伤 ○C. 轻微伤

54. 请问施暴者平时存在下列哪些特征或不良行为?[多选题]

□A. 酗酒、烟瘾、毒瘾

□B. 脾气暴躁

□C. 外遇、出轨、嫖娼

□D. 赌博

□E. 爱慕虚荣、将钱财浪费在奢侈品上

□F. 父权、夫权主导思想根深蒂固

□G. 其他(请说明)________

55. 请问您是否拥有能够独立于您丈夫的经济条件?

○A. 是　　○B. 否

○C. 丈夫在经济上依赖于我　　○D. 我没有丈夫

56. 请问施暴者是否曾受过治安或刑事处罚?

○A. 是　　○B. 否　　○C. 不清楚

57. 请问您是否认为施暴者对您实施的家庭暴力行为达到了刑法定义的犯罪(包括但不限于虐待罪、故意伤害罪 、强奸罪 、侮辱罪、暴力干涉婚姻自由罪、遗弃罪等罪)的程度?

○A. 是　　○B. 否　　○C. 不清楚

58. 请问施暴者对您实施家庭暴力行为的主要原因是?[多选题]

□A. 经济原因

□B. 情感原因

□C. 琐事纠纷

□D. 施暴者个人品质、精神问题

□E. 其他(请说明)________

59. 请问施暴者对您实施家庭暴力的主要方式是?[多选题]

□A. 身体伤害　　□B. 辱骂、冷嘲热讽

□C. 经济控制　　□D. 长期不交流

□E. 性暴力　　□F. 其他(请说明)________

60. 请问您遭受暴力行为后的惯常应对方式是?[多选题]

□A. 忍气吞声　　□B. 予以反击

□C. 报警　　□D. 寻求(其他个人、机构)调解

□E. 对施暴者进行沟通或教育　　□F. 没所谓、习惯了

□G. 其他(请说明)________

61. 关于您的遭遇,或者关于我们的研究项目,如果您有其他想说的,请在此留言,我们会用心倾听。我们的邮箱 liubin@jspi. cn,如果您愿意回访,请您留下您的联系方式。[填空题]________

附录四　家庭暴力访谈提纲

一、基本情况

1. 姓名、年龄、职业、文化程度、生活区域、罪名、刑期等。

2. 家里还有什么人？孩子（几个、几岁）？孩子由谁抚养？他们生活得怎么样？

3. 能回忆一下你的丈夫/男友吗？他是怎么样的人——年龄、职业、文化程度、性格。

4. 你们是如何认识的？你们刚认识的时候，你觉得他怎么样？

5. 还记得他第一次为什么打你吗？打完你他的反应是什么？

6. 第一次打你你是什么感受？你采取了什么举动？

7. 后来又因为什么打你？你心里是怎么想的？

8. 他实施家庭暴力持续了多久？最严重的一次是怎样的情况？

9. 除了打你之外，他还有其他的家庭暴力行为吗？（精神暴力、经济控制、性暴力）

10. 你报警过吗？第几次打你你报警的？你报过几次警？警察做了什么？有效果吗？

11. 你想过离开他（离婚/逃跑）吗？为什么没实施？

12. 你平时有任何苦闷的事情你会找人倾诉吗？和谁倾诉？你遭受家庭暴力的事情你和谁倾诉的最多？你觉得你的性格是内向还是外向？你的朋友多吗？

13. 你的父母、公婆、周围的亲戚朋友对你遭受家庭暴力是怎么看的呢？

14. 你向其他人求救过吗？有哪些帮助？效果如何？

15. 你丈夫对你接触其他人的行为有过干预吗？

16. 你看过关于反家庭暴力的宣传吗？（电影、法律）

17. 你对于家庭暴力的看法是什么？你知道什么是家庭暴力吗？你知道应该向哪些部门求助吗？你知道《反家庭暴力法》吗？

二、犯罪过程

1. 为什么实施犯罪行为，原因？那天发生了什么事情？

2. 使用了什么工具？具体你是如何实施犯罪的呢？

3. 什么时候开始想杀他？是否有预谋？

4. 犯罪前的心情是怎么样？之后的心情呢？你有想过事情的严重性吗？

5. 你想过要救他吗？犯罪后，你是自首的吗？你坦白交代了所有的事实了吗？

6. 你后悔你所做的一切吗？

7. 对你孩子的影响？

8. 如果可以重新选择，你会怎么做？

9. 你认为走到今天这个地步，究其原因到底是什么？

三、犯罪后情况

出狱后的打算？